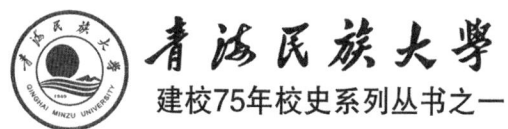

青海民族大学
建校75年校史系列丛书之一

琢玉成大器

青海民族大学建校 75 周年师生理论文集（2020—2024）

青海民族大学校史丛书编委会　编

青海人民出版社

图书在版编目（CIP）数据

琢玉成大器：青海民族大学建校75周年师生理论文集：2020—2024 / 青海民族大学校史丛书编委会编. —— 西宁：青海人民出版社，2024.7. -- （青海民族大学建校75年校史系列丛书）. -- ISBN 978-7-225-06744-5

Ⅰ．D674.4-53

中国国家版本馆CIP数据核字第2024KZ8850号

责任编辑　梁建强　郭晓龙　屈雯阳
责任校对　田梅秀
责任印制　刘　倩　卡杰当周
装帧设计　墨读工坊

青海民族大学建校75年校史系列丛书

琢玉成大器

——青海民族大学建校75周年师生理论文集（2020—2024）

青海民族大学校史丛书编委会　编

出 版 人	樊原成
出版发行	青海人民出版社有限责任公司
	西宁市五四西路71号　邮政编码：810023　电话：(0971) 6143426（总编室）
发行热线	(0971) 6143516/6137730
网　　址	http://www.qhrmcbs.com
印　　刷	青海天和地矿印刷有限公司
经　　销	新华书店
开　　本	720mm×1020mm　1/16
印　　张	18
字　　数	300千
版　　次	2024年7月第1版　2024年7月第1次印刷
书　　号	ISBN 978-7-225-06744-5
定　　价	55.00元

版权所有　侵权必究

谨以此书献给：

中华人民共和国成立75周年
青海解放75周年
青海民族大学建校75周年

丛书编委会

主　　任：黄世和

副 主 任：马维胜

委　　员：阿进录　赵海兴　马成俊　肖玉兰

　　　　　卓　玛　吴生满　尧命发　钱建国

主　　编：马维胜

副 主 编：阿进录

编　　辑：苏中颖　祁仁增　唐满龙

序

2024年是中华人民共和国成立75周年、青海解放75周年，也是青海民族大学建校75周年。为总结学校75年来的办学经验和丰硕成果，坚守建校初心，讲好民大故事，作为校庆活动的一项重要工作，校史丛书编委会专门组织编写了《琢玉成大器——青海民族大学建校75周年师生理论文集（2020—2024）》和《桃李沐春阳——青海民族大学建校75周年纪念文集》。这两本文集共同的特点，在于用满腔的热情、真实的感受、具体的实例、深入的思考，从特定的视角如实反映了学校75年的发展史。

青海民族大学是青藏高原上的第一所高等学府，也是新中国第一所民族院校，她使命特殊、历程特殊、贡献特殊，始终与祖国共奋进、与时代共发展、与青海共命运，见证了青海教育由小到大、由弱到强、由落后向现代的历史性转变，更是青海乃至祖国发生翻天覆地变化的缩影，她的历史就是新青海建设的重要章节。

近年来，学校以高度的政治责任感和使命感，把学习宣传贯彻习近平新时代中国特色社会主义思想作为首要政治任务，切实抓好理论研究阐释工作，充分发挥我校哲学社会科学人才优势，组织各级领导干部和专家学者紧密围绕理论和现实问题开展研究。《琢玉成大器》一书精心选取了全校师生学习习近平新时代中国特色社会主义思想的理论成果，且是在《中国教育报》《青海日报》等党报党刊公开发表的彰显民大师生学思想、强党性、重实践、建新功的实际成效的理论文章70篇，充分展示了师生理论研究的丰硕成果和昂扬奋进的精神风貌。

《桃李沐春阳》收录精心选取的校庆70周年之后，广大校友、师生的回忆文章72篇，以及"省垣艺术家进民大"主题活动的诗歌散文作品29篇和书画摄影作品30幅。这些文章里面有老领导、老同志和老校友的深情回忆，从中能深切感受到学校创办的特殊使命和光辉历程、几代民大人的创业艰辛，以及对母校的深深眷恋和浓浓深情。书中还展示了师资队伍的卓然风采，老教授扎根高原、钻研学术、教书育人、淡泊名利，老领导为学校发展殚精竭虑、默默奉献，挂职干部不忘援青帮扶初心、勇担教育扶贫使命，他们是学校建设的重要力量，更是学校无比珍惜的宝贵财富。同时，书中对部分在不同领域发光发热的优秀校友的风采进行了展示，他们已成为新青海建设的中坚力量和栋梁之材，为建立和巩固新生的人民政权，为青海的民主改革、民族团结、社会稳定、经济发展、生态保护和各项事业的进步作出了其他高校无法替代的特殊贡献，在他们身上充分体现了"进德修业 自强不息"的校训精神，他们的事迹必将启发、影响、带动和激励广大青年学子。省垣艺术家们则通过诗歌、散文、书画等不同艺术题材，关注民大发展历程，展示民大办学成效，体现了社会各界对学校发展的关心支持。

2024年6月，习近平总书记再次来到青海考察，并对民族工作、教育工作和对口支援工作等作出重要指示，让我们感到无比温暖、深受鼓舞。是的，一个时代有一个时代的主题，一代人有一代人的使命。这两本文集对于推动大学文化建设、讲好民大故事、激励各族师生积极投身于民族复兴伟业，对于促进全校师生懂青海、爱青海、兴青海，提振干事创业的精气神，对于凝聚全校师生、广大校友和全社会共同推动民大发展的正能量，都具有重要价值，是传承民大精神的一幅组图，也是学校75年办学历史的有力见证。

在习近平新时代中国特色社会主义思想指引下，在省委、省政府的亲切关怀下，在对口支援高校的倾情帮扶下，青海民族大学将继续不忘初心、牢记使命、踔厉奋发、勇毅前行，通过培养大批有理想、有本领、有担当的各民族优秀人才来创造更加辉煌的未来，完成历史赋予的特殊使命！

马维胜

2024年6月

目 录

2020 年

把握"五个坚持" 建设"四个好"大学努力培养德智体美劳
　　全面发展的优秀人才 ··· 薛建华 /001
狠抓改革创新，培养德智体美劳全面发展的优秀人才 ············ 索端智 /004
系好人生第一粒扣子
　　——读《习近平的七年知青岁月》 ······························· 阿进录 /007
因地制宜地实施整体性保护方略 ·· 唐仲山 /017
净化优化政治生态重在严明政治纪律和政治规矩 ······ 狄凯生　史秋梅 /019
问题导向为引领　构筑青海扶贫长效机制 ················ 狄凯生　史秋梅 /025
党建引领构建铸魂育人体系 ································· 权生鳌　马兴文 /029
努力争做新时代合格共产党员 ······························ 史秋梅　狄凯生 /033
党的领导是打赢疫情防控阻击战的根本保证 ··························· 王　健 /036
落实立德树人根本任务　努力提升思想政治教育工作水平 ······ 薛建华 /039
凝心聚力确保如期打赢脱贫攻坚战 ······································· 柴让措 /042
黄河文明与河湟文化 ··· 马成俊 /044
深入落实《意见》 推动党的十九届四中全会精神
　　在青海落地生根 ··· 李　琼 /052
小康全面不全面，生态环境质量是关键 ·································· 胡西武 /056
在更高起点上开启全省民族团结进步事业新征程 ····················· 汪丽萍 /058

2021 年

以政治建设为统领推动新时代党的建设 ·································· 汪丽萍 /062
推进民族高等教育高质量发展 ··· 马维胜 /066

高扬生态文明主题　传承高原坚守精神	阿进录 /068
打造国家清洁能源产业高地　助推青海经济高质量发展	马元良 /073
以社会工作助力青海乡村振兴	荣增举 /076
铸牢中华民族共同体意识　推动民族高校高质量发展	薛建华 /079
在党史学习教育中铸魂育人	权生鳌 /082
适应社会需求　办好民族高等教育	薛建华 /084
赓续共产党人实事求是精神血脉	陈国飞 /087
中国共产党实现中华民族伟大复兴的百年探索	韩喜玉 /090
坚持社会主义办学方向　推动高等教育高质量发展	尕宝英 /093
传承好青海红色文化	李　琼 /095
试论我国文化自信与文化软实力的内生关系	何九甫 /098
践行中央民族工作会议精神　铸牢中华民族共同体意识	
——民族团结进步创建事业中的"青海经验"	张兴年 /102
践行中央民族工作会议精神　铸牢中华民族共同体意识	
——民族团结进步创建事业中的"青海启示"	张兴年 /105
青海省能否率先实现碳达峰碳中和	胡西武　李　毅 /108
构建清洁低碳能源体系　促进人与自然和谐共生	栾申洲 /110
如何实现2035年中等收入群体	
规模显著扩大	李　毅　张夏恒　栾申洲 /113
把青春奋斗融入党和人民事业	阿进录 /117
打造"三座殿堂"　坚定"四个自信"	
——青海民族大学"青海省爱国主义教育基地"	
建设纪实	阿进录 /121
坚持"九个必须"　办好民族高等教育	薛建华 /126
打造民族事务治理体系和治理能力现代化青海样板	傅利平　拉扎加 /129
持续深入推进黄河青海流域生态保护和高质量发展	杨鑫光 /132

2022年

三江源国家公园建设要下好下活"一盘棋"	陈文烈　郭云东 /135
青海生态农畜产品价值实现的市场化路径研究	陈昭彦 /141

青海民族大学思想政治工作创新发展的调研报告……………阿进录 /145
以铸牢中华民族共同体意识为主线办好人民满意的民族高等教育
　　………………………………………………………马维胜 /150
要把问题导向当作一个重要工作方法………………………马维胜 /156
推进青海红色旅游高质量发展的几点思考…………………谢文军 /160
以"五个明确"为引领　坚定不移沿着习近平总书记
　　指引的方向前进…………………………………………马文祥 /164
履行好铸牢中华民族共同体意识的时代使命………………陈永祥 /167
坚持把"两个维护"作为根本政治原则
　　——访青海民族大学马克思主义学院院长、教授李琼……戴美玲 /170
着力做好三篇文章　推进民族高等教育高质量发展…………马维胜 /172

2023 年

中国式现代化与人类文明新形态的创造…………………………马维胜 /180
以党的二十大精神助推法治青海建设水平………………………王　刚 /193
谱写生态旅游高质量发展新篇章……………………………………王玉峰 /197
思政引领　铸魂育人…………………………………………………杨　颖 /200
在青藏高原厚植中国式现代化的生态经济根基………陈文烈　丹琛措 /203
新时代用好调查研究传家宝的实践路径…………………许　晓　李海明 /208
大学之"大"与大学之"学"………………………………………马维胜 /213
三江源地区人与自然和谐共生现代化的科学实践………………赵　艳 /216
打造国际生态旅游目的地的几点思考………………………………马延孝 /219
以党的自我革命为青海发展提供坚强保障…………………………刘进龙 /222
扎实推进党史学习教育融入高校思政课……………………………杨　颖 /225
统筹推进新时代"五位一体"总体布局建设
　　更高水平平安青海……………………………………马文祥　闫志敏 /227
青海民族大学铸牢中华民族共同体意识工作实践…………………阿进录 /232
种好民族高校国家通用语言教育"责任田"………………………雷富英 /236
田野调查是中国特色区域国别学的基本方法………………………马海龙 /242

2024 年

大力推动青海文化产业高质量发展……………………………马玉琴 /245
新发展理念下少数民族优秀传统文化现代化转型路径研究……马玉琴 /249
扎实践行"懂青海、爱青海、兴青海"……………………………于　俊 /257
主动适应新质生产力发展要求推进青海哲学社会科学
　高质量发展的思考……………………………………………胡西武 /262
大兴务实之风、清廉之风、俭朴之风……………………………于　俊 /265
"三江源"打造"双碳"高地………………………………胡西武　李中昊 /270
围绕主线，书写青海篇章…………………………………马成俊　刘子平 /272

后　记………………………………………………………………阿进录 //275

2020 年

把握"五个坚持" 建设"四个好"大学 努力培养德智体美劳全面发展的优秀人才

薛建华

坚持党的领导，强化党的建设。中国特色社会主义最本质的特征是中国共产党的领导，中国特色社会主义制度的最大优势是中国共产党的领导。习近平总书记指出："加强党对高校的领导，加强和改进高校党的建设，是办好中国特色社会主义大学的根本保证。"青海民族大学 70 年改革发展取得的成就证明，只有加强党的领导，才有学校的发展进步；只有加强党的领导，才有学校的光明未来。立足新时代，我们必须进一步把加强党的领导贯穿学校发展始终，自觉以"四个意识"定向，以"四个自信"奠基，以"两个维护"铸魂，认真落实党委领导下的校长负责制，党委对学校实行全面领导，切实承担管党治党、办学治校的主体责任，在把方向、管大局上态度鲜明，在抓班子、带队伍上团结奋进，在作决策、保落实上敢为善成。坚持党要管党、全面从严治党，结合省委巡视整改工作，切实加强基层党建工作，创新体制机制和方式方法，提高党建工作针对性和实效性，有效发挥院系党总支的政治核心作用，配强教师、学生党支部书记，使基层党组织成为师生最贴心、最信赖的组织依靠，成为学校教书育人的最强战斗堡垒。

坚持立德树人，抓好人才培养。习近平总书记强调，办好高等教育，事关国家发展、事关民族未来。大学之所以事关国家发展、事关民族未来，是因为大学最根本的任务是培养人才。因此，培养什么人的问题也就成为大学的首要问题。省委相关领导也指出，与时俱进推动青海教育现代化高质量发展，要解决好"为谁育人""育什么人""怎么育人""谁来育人"的问题。建校以来，青海民族大学始终坚持社会主义办学方向，坚持立德树人根本任务，先后培养了89000多名各类人才。他们为建立和巩固新生的人民政权，为青海的民主改革、民族团结、社会稳定、经济发展和各项事业的进步做出了重大贡献，成为建设富裕文明和谐美丽新青海的中坚力量和栋梁之材，改革先锋杰桑·索南达杰就是杰出代表。"国无德不兴，人无德不立"，"立德"才能更好"树人"。这就要求我们紧紧抓住立德树人这个根本任务，把它作为检验学校一切工作的根本标准，融入学校教育教学各环节，大力推进习近平新时代中国特色社会主义思想进教材、进课堂、进头脑，探索实施"专题化教学、项目化实践、多元化评价"思政课教育改革，纵深推进"四爱三有"教育，完善全员育人、全过程育人、全方位育人"三全育人"工作机制，强化辅导员、学业导师、心理健康教育等工作的落实，努力培养大批有德有才、德才兼备、扎根高原、奉献青海的好学生。

坚持改革创新，增强发展动力。改革是事业发展的不竭动力，对改革开放最好的纪念，就是用改革的精神、改革的思维、改革的办法，推动学校各项事业更好发展。青海民族大学发展的历程，也是改革创新的历程。多年来，学校顺应时代大势，在教育体系、学科建设、专业设置等方面不断地改革创新，逐渐发展成为一所综合性大学，这是改革创新结出的硕果。立足新时代，学校要以改革创新的精神，持续抓好各方面的工作。要以建设好民族大学、现代大学、开放大学为目标，积极进行人才培养模式、教学方式、评价机制、后勤服务改革，形成具有活力的现代大学体制机制和人才培养体系。瞄准区域、行业的发展需求，调整优化学科结构、专业设置，在巩固人文社科学科专业优势基础上，加快建设理工类应用型专业。突出本科教育，建立管评分离的教学管理制度，创新课堂教学模式，健全质量保障和评价体系。深入推进人才强校战略，加强师德师风建设，创造一流人才汇聚的环境，集中资源加大对中青年骨干教师的培养支持力度，打造在西部地区具有影响力的人才高地。

坚持彰显特色，育好优良校风。特色是高校的生命，没有特色，就办不好大学。青海民族大学始终坚持在特色发展上下功夫，藏学、民族学、社会学、法学、管理学等传统专业保持了优势，建筑、药学、交通等一些新专业发展的势头也很好。要系统总结学校扎根青海大地办大学的优良传统和宝贵经验，紧紧围绕青海经济社会发展新需求，进一步明确办学定位，突出办学特色，坚定走特色发展之路，形成具有民大特色的学科、人才、科研优势。注重生态招生、贫困招生、涉藏地区招生，建设立足青海特色，培育服务青海的人才，努力培养下得去、留得住、干得好、用得上的特色人才。高起点建设博士点和国家级、省级一流学科，切实增强服务国家战略的能力。持续不断抓好校风建设，营造教风严、学风浓、校风正的良好风气，营造健康向上、格调高雅的校园文化氛围。积极发挥全国民族团结进步创建工作示范高校的引领作用，进一步培养各民族学生的中华民族共同体意识，巩固各民族手足相亲、守望相助、团结和睦的良好局面，形成一批特色突出、影响广泛的民族团结品牌活动，努力使学校成为全省民族团结的模范之地。

坚持服务社会，贡献地方发展。教育的最终目的是服务社会，青海民族大学的历史就是一部为青海服务的历史。立足新时代，要突出青海地域特色搞科研、抓教学、建智库，在国别与区域研究、民族团结、寺院管理、涉藏地区社会稳定、青藏高原生态环境保护等领域开展深度研究，为省委、省政府提供高质量的智库研究报告。要进一步发挥好人才、智力、创新等优势，与民族地区签订全方位合作协议，重点围绕藏药研究、蕨麻研究推广种植、唐卡艺术传承、光伏电研究推广、民族文化旅游、生态保护、藏毯产业发展、盐湖化工、新能源、新材料、干部培养等方面开展具体合作，实现学校与地方经济社会协同发展，增强学校对经济社会发展的驱动能力，更好服务"一优两高"战略。

省委领导在青海民族大学宣讲全国教育大会精神时指出："青海民族大学有悠久的历史，有鲜明的特色，有特殊的贡献，有开放的视野，有美好的未来，更有好校长、好老师、好学生、好校风，所以民大就是一所与祖国共奋进、与时代共发展、与青海共命运的好大学。""好大学"既是建军书记对青海民族大学办学历史的高度评价，更是面向新时代的殷切期待。我们坚信，在习近平新时代中国特色社会主义思想的指引下，只要认真贯彻落实全国、全省教育大会精神，按照"五个坚持""四个好"的标准去努力奋斗，建成在国内外有影响力和知名度的综合性大学、高水平大学、西部一流大学的美好蓝图在不远的将来一定会变成光辉灿烂的现实。

（作者为青海民族大学原党委书记，文章刊自《青海日报》）

狠抓改革创新，培养德智体美劳全面发展的优秀人才

索端智

近年来，青海民族大学以习近平新时代中国特色社会主义思想为指引，认真贯彻全国、全省教育大会精神，把立德树人作为学校工作的主线和检验一切工作的根本标准，努力培养德智体美劳全面发展的优秀人才，取得积极成效。

构建"三全"育人机制。习近平总书记指出："思想政治工作是学校各项工作的生命线。"我们深刻认识到，思想政治工作绝不是单纯一条线的工作，而是全方位的，无处不在的，无时不在的，融入式、嵌入式、渗入式的，不能搞成"两张皮"。为此，我们在工作中不断探索形成了"全员育人、全过程育人、全方位育人"工作机制。一是探索构建全员育人工作机制。形成由30名专职辅导员、88名兼职辅导员、509名学业导师组成的"全员育人"三级联动机制。学校在逐年配齐专职辅导员的基础上，规定凡是新入职教师、院系党总书记、团总支书记必须担任兼职辅导员工作；要求全校党政管理和教学科研人员都要成为10名学生的学业导师，大学4年包干到底，学业导师的主要职责是每月与学生至少谈心谈话一次，深层次地了解学生思想、学习、生活状况，强化学业指导，帮助解决学生实际困难。二是建立全过程育人机制。在实践中我们体会到，思政工作只有做到通盘考虑、阶段连贯、环节紧扣、不留空当，才能保证教育效果。为此，我们从学生入学教育到学生毕业典礼，对学生大学四年的学习成长作出系统规划，探索建立了分学期、模块化、渐进式的全过程育人新路径，并将思政教育分为17个模块，每个模块由2—3个专题讲座、1—2次实地参观、2—3部

相关影视资料片组成，并辅之以竞赛、演出等特殊内容，确保学生大学4年过得丰富而充实。三是建立全方位育人机制。做好思想政治工作，必须有效运用一切场合、一切载体、一切方式，从人员、时间、空间等方面提供切实保证。为此，我们从思想政治教育、课堂教学、社会实践、校园文化活动、心理健康教育、校园环境建设等方面合力推进思政教育，形成多角度、立体化、全方位教育氛围。

实行"三化"教学改革。思政课作为高校立德树人的主阵地和思政教育的主渠道，大学生对这门课抱有极大期望。为了切实提升思想政治教育亲和力和针对性，满足学生成长发展需求和期待，我们探索实行"专题化教学、项目化实践、多元化评价"思政课教学改革。一是实行专题化教学。将每门思政课设置为10个左右的专题讲座，每个专题讲座既强调传授理论和知识的精确性，更强调解决学生的实际问题。引入教学竞争机制，每个专题至少由两名老师同时讲授，学生自选授课教师。鼓励学生参与思政课教学，有些专题安排学生讲课，增强学生的学习主动性和互动性。二是强调项目化实践。要求每个思政专题必须与社会实践、学生党建及第二课堂有机结合，让学生从课堂走到当下的社会生活中，开展校内实践和校外实践。校内实践主要由任课教师向学生提供"项目化实践"的主题和内容。学生以班为单位，5—8名学生为一组，自己选择课内实践主题和内容。校外实践主要是以课程为依托，在教师的带领和指导下，大学生带着课堂教学中的难点、热点和焦点问题，开展行为体验、现场观摩、调查研究。三是开展多元化评价。切实实现教考分离，将学生的考核分为常规模块、应用模块与测试模块，既关注学生基本知识点的储备，更注重培养其分析和解决问题的意识和能力。通过思政课教学改革，把课堂教学、实践教学、综合考评紧密联系在一起，把教学主体与客体、教学过程与结果紧密结合在一起，克服了思政课教学中理论与实践、过程与结果相脱节的局限，思政课变得说理更透彻、素材更鲜活、案例更生动、方法更灵活，学生的课堂抬头率和课程满意率大幅提升，学生对参与社会实践的热情得以充分激发，学生对思政课的获得感明显增强。

推进"三项"特色工作。思想政治工作只有针对教育对象的实际情况，才能做到有的放矢，产生积极的教育效果。结合民族高校的特殊情况，我们在全面推进思想政治教育工作的同时，突出重点，强化特色，推进了三项特色工作。一是推进民族团结进步校园创建工作。从"在民族高校不谋民族团结就不足以谋发展"的认识高度,从厚植爱国主义情怀的角度,探索建立课堂讲授+专题讲座+科学研究+社会实践+知识竞赛+选树典型的"六位一体"民族团结进步教育模式,在全校师生中实现了民族团结进步教育的全覆盖,切实增强了各族学生的中华民族共同体意识,涌现了一批维护民族团结的典型,促进了各民族师生的交流交往交融,学校也被命名为第四批全国民族团结进步创建活动示范高校,成为全省民族团结进步教育的模范之地。二是推进精品社团建设。出台《关于加强社团建设的若干意见》,从社团发展目标、管理体制、社团的指导与活动、星级社团评选办法、经费投入、激励机制等十个方面对进一步加强学生社团建设提出具体措施,使社团真正成为思想政治教育、校园文化和社会实践活动的重要载体和主力军。目前,共有学生社团72个,每年参与社团活动的学生达20000人次,涌现出国旗班、校园广播电视台等一批精品社团,IT实践社获得共青团中央2017年度大学生"小平科技创新团队"奖、全国互联网+创新创业大赛总决赛银奖。三是扎实开展"四爱三有"教育。为了教育广大学生争做"热爱领袖、热爱党、热爱祖国、热爱青海,有理想、有本领、有担当"的优秀青年,学校把"四爱三有"教育主动融入思政理论课教育教学全过程和主题班会、升国旗仪式、知识竞赛、主题征文等活动中,并充分利用广播、电视、校报、校园网、微信、文化走廊等舆论宣传阵地,积极宣传党的十八大以来,在以习近平同志为核心的党中央的正确领导下,全国、全省特别是青海省高等教育取得的辉煌成就,在全校范围营造了"四爱三有"教育的浓厚氛围,达到了让"四爱三有"教育随处可见、随时可学的效果。

新时代,我们将进一步学习贯彻全国、全省教育大会精神,按照王建军书记来青海民族大学宣讲全国教育大会精神时提出的"五个坚持"和"四个好"的要求,落实立德树人根本任务,立足"一优两高"战略,坚持问题导向,强化改革创新,着力培养德智体美劳全面发展的社会主义建设者和接班人。

(作者为青海民族大学原党委副书记、校长,文章刊自《青海日报》)

系好人生第一粒扣子
——读《习近平的七年知青岁月》

阿进录

青年是一个人成长的关键阶段，走好青年阶段的道路，系好人生第一粒扣子，对人的一生成长极其重要。古今中外无数仁人志士的奋斗经历反复证明了这个道理。捧读《习近平的七年知青岁月》，了解习近平总书记在陕北梁家河度过的七年艰苦知青岁月，领略他从英俊少年成长为人民领袖走过的人生历程，体会他扎根中国最基层的农村经受的种种生活磨炼，感悟他爱学习、能吃苦、存仁心、有理想等可贵品格，不知不觉被感染。掩卷沉思，习近平总书记那清瘦、和善、睿智、奋进的青年形象萦绕在我的脑海中，我愿把自己的心得体会写出来与大家共同分享。

爱学习，腹有诗书气自华

爱学习是青年习近平的显著特点。

青年习近平爱学习爱到了痴迷的地步。荀子在《劝学篇》里说："不积跬步，无以至千里；不积小流，无以成江海。"讲的就是勤奋学习的道理。自古以来，关于勤学有废寝忘食、焚膏继晷、夜以继日等成语，讲的都是珍惜时间和学习应有执着态度。曾国藩说："学问之道无穷，而总以有恒为主。"青年习近平的勤学态度和有恒精神为我们提供了一个极具说服力的成功范例。从书中很多人的回忆中我们了解到，习近平插队下乡，随身带去的是两个特别沉的箱子，里面装的全是书。他热爱读书，"痴迷"读书，每时每刻都在汲取知识，炕沿上、铺盖上、枕头边，全都是书。他每天下地干活回来，吃完饭就看书，到了晚上，他就点一盏煤油灯看书，煤油烟经常把他脸、鼻子熏得黑乎乎的。就是在这样的环境下，他每天都要看到大半夜，困得实在睁不开眼时才睡觉。有时候上山干活，他也在兜里装上一本书，中间休息的时候，他就拿出来看。有时他在山上放羊，把羊赶到山坡上去吃草，自己就坐在地上读书。每次去延川县城时，也总是背着鼓鼓囊囊的一挎包书，随时随地想尽办法找书、看书。为了借到歌德的《浮士德》，他跑了30多里路。有一次，他去峨眉山、都江堰、二郎庙的时候，只要看到那里门上的对联好，他就认真地抄下来，然后细细品味。从人们的深情回忆中，我们仿佛清晰地看到了青年习近平求知若渴、持之以恒、惜时如金的身影。在梁家河，青年习近平年纪虽小，但有强大的自律能力，能够始终坚持读书学习，始终做到不急不躁、不慌不忙，该干活干活、该读书读书，这种从容、这种坚韧、这种任随"云卷云舒、花开花落"的淡定，是最令人感佩的地方。我们常说，胸有大志的人，往往是一个很自律的人，青年习近平就是这样一位严格自律的典范，而一个高度自律的人，往往没有做不成的事。并且，年轻时候的广泛阅读、刻苦学习不光是储备知识、增长见识，更重要的是养成一种好学乐学的习惯、一种积极健康的生活方式、一种孜孜不倦的价值追求，这正是影响一个人一辈子的精神力量。青年习近平也十分爱惜书。据雷平生回忆："我下乡所带的那些书，在离开梁家河时基本都留给了他。没想到几十年过去了，他依然保存着。那些有关军事和历史方面的书，依旧静静地保存在他的书架上，只是陈旧了许多。"这些书都留下了青年习近平的青春印记，也必定是他藏书中最宝贵的一部分。2013年，习近平总书记在中央党校《依靠学习走向未来》的讲话中指出："学习需要沉下心来，贵在持之以恒，重在学懂弄通，不能心浮气躁、浅尝辄止、不求甚解。领导干部一定要把学习放在重要的位置上，如饥似渴地学习，哪怕一天挤出半小时，即使读几页书，只要坚持下去，必定会积少成多、积沙成塔、积跬步以成千里。"这既是他对全党同志的殷切期望，更是他自身好学上进、严格自律精神的真实写照。

青年习近平学习、读书的面非常广，中国的、外国的，古代的、现代的，哲学的、历史的、文学的、军事的、自然科学的，尤其是政治理论方面的书籍，他涉猎最多。青年习近平在插队期间很认真地阅读了马列经典著作《共产党宣言》《资本论》，研读了如谢缅诺夫的《中世纪史》、范文澜的《中国通史简编》以及《史记选》《汉书选》《后汉书选》《三国志》等中外史学著作，阅读了《离骚》《古诗源》《李白诗选》《三曹诗选》以及《静静的顿河》《战争与和平》《悲惨世界》《鲁迅全集》等中外文学经典，还读了大量的军事和国际政治著作，如《战争论》《毛泽东军事文选》《罗斯福见闻秘录》等。他不光大量阅读原著，还与人深入交流、探讨学习心得，形成了自己立体、全面、系统的观点，也为自己的未来奠定了坚实的理论基础、思想基础和文化基础。党的十八大以来，习近平总书记围绕治党、治国、治军，内政、外交、国防，发表了大量讲话，提出了许多新思想、新观点、新论断，形成了习近平新时代中国特色社会主义思想，这一切都是有根源、有基础、有背景的，都是以青年时代的博览群书为底色的。他特别喜欢读古典诗词，在读得兴奋的时候，就跑到院子里面大声朗诵，有时候在山上劳动的时候也会朗诵，李白的《将进酒》等诗词他都能背诵下来。这些都充分体现了青年习近平对传统文化的热爱，也反映出他深厚的古典文化底蕴。2014年10月15日，习近平总书记在文艺座谈会上的讲话中，谈到自己年轻时读了不少文学作品，涉猎了当时能找到的各种书籍，其中许多精彩章节、隽永文字至今记忆犹新，从中悟出了不少生活真谛。我们确信，青年时期的阅读，对习近平总书记形成正确的世界观、人生观、价值观，形成高尚的品格、高雅的情趣以及高度的文化自信产生了极其重要的影响。这说明了读书学习对青年人成长的重要意义，尤其对于容易犯浮躁毛病的当代青年而言，青年习近平无疑是刻苦读书、勤奋学习的好榜样。青年习近平还有一个特点，就是善于在实践中学习，善于向人民群众学习，善于读无字的书。据村民王宪平回忆，青年习近平也经常问他一些农活方面的事情，比如怎么锄地，怎么耕地，怎么翻土，怎么赶牲口，什么样的地适合种什么样的作物，什么样的土质爱长什么，等等。正因为不耻下问，青年习近平学到了很多书本上学不到的知识，用习近平总书记自己的话说，就是"让我懂得了什么叫实际，什么叫实事求是，什么叫群众，这是让我获益终身的东西"。

　　青年习近平注重学习、思考、实践。习近平总书记指出："学习的目的全在于运用。领导干部加强学习，根本目的在于增强工作本领、提高解决实际问题的水平。"青年习近平在村民眼中，不只是一个爱学习的好青年，而且是一个话不多、爱思考的好后生，而且他所思考的都是老百姓身边实实在在的事情。他特别关注老百姓的日常生活，紧紧围绕百姓的需求去反复思考，并将成果付诸实践。他曾带领群众修道路、打淤地坝、办铁业社、建代销点、打大口井、发展沼气，这些都是将自己的所见所闻所学转化为实践的具体体现。梁家河因为植被稀疏，燃料紧缺是村里一个老大难问题。1974年1月8日的《人民日报》报道了四川推广沼气的新闻后，引起他的关注和兴趣，产生了到四川学习办沼气的想法。后来，他两次到四川学习经验。经过深入学习和实践，梁家河等3个村子3个月就实现了85%~90%的沼气化，解决了绝大部分村民沼气做饭、点灯的问题，其中习近平担任大队支部书记的梁家河村效果最好。从此以后，沼气池得到大面积普及，解决了困扰这个地区多年的燃料不足问题。这看似是件小事，但在百姓眼里却是大事。青年习近平始终把群众的困难当作大事，把所学所思转化为解决实际困难的办法，这不只反映青年习近平的学风，也体现了他知行合一、实干兴邦的人生理想和"先天下之忧而忧，后天下之乐而乐"的民本思想。青年习近平还在村里办"青年夜校"，成为县上的试点，每天给二三十个年轻人讲课、识字，还教唱歌跳舞。

"腹有诗书气自华。"青年习近平在梁家河下乡插队期间，没有虚度年华，没有放松对自己的要求，始终坚持刻苦读书，深入思考，积极实践，并在持之以恒的学习思考实践中，积淀了丰厚的文化知识，锻炼了扎实的理论功底，开拓了广阔的胸襟视野，培养了深厚的为民情怀。党的十八大以来，习近平总书记发表了一系列重要讲话，每发一文，不论长短，总是旁征博引、妙语连珠、充满自信，给人以启迪，其中蕴含着深刻的哲理、真挚的情怀、雄辩的逻辑、磅礴的气势、洋溢的才华、自信的风度，体现了一种大思想、大见识、大格局、大情怀，这是梁家河七年知青岁月勤学苦读的必然结果。

能吃苦，千磨万击还坚劲

能吃苦是青年习近平留给我最深的印象。

小小年纪，吃得了非常人之苦。青年习近平1969年1月来到了梁家河插队落户，一去就是7年，成为年龄最小、去的地方最苦、插队时间最长的知青。15岁的年纪，离开父母，离开优越的城市生活，来到条件最为艰苦的农村，对任何人都是一种考验。有人说，陕北很苦、延安更苦、延川极苦、梁家河最苦，充分说明了梁家河的状况。但从坐火车离开北京的那一刻，青年习近平就显示出了他性格的坚毅。同行的知青回忆说："他站在车厢里，没有流泪，只是长时间凝视着他的姐姐。"习近平总书记自己回忆时也说："离开京城，投入一个陌生的环境，周围遭遇的又是不信任的眼光，年仅15岁的我，最初感到十分的孤独。但我想，黄土高坡曾养育了我的父辈，她也一定会以自己宽大的胸襟接纳我这个不谙世事的孩子。于是，我真诚地去和乡亲们打成一片，自觉接受艰苦生活的磨炼。几年中，我过了跳蚤关、饮食关、劳动关、思想关。"

来到农村，首先要适应农村的生活。包括跳蚤、上厕所、洗澡等方面的城里人觉得不可思议的情况接踵而来，考验着一个人的忍耐力。最初，跳蚤咬得青年习近平浑身红肿，看上去吓人，但他持续了一年多就适应了；厕所是露天旱厕，冬天冷，冻屁股，夏天苍蝇蚊子骚扰不断；洗澡也是入乡随俗，青年习近平一一克服了，适应了，习惯了。吃饭问题更是对人的考验。不是吃得好不好的问题，而是饱不饱的问题，这一直困扰着下乡知青。尤其对一个正在疯长身体的青年来说，吃饭问题更为紧要。但事实是缺油少菜，粗粮为主，肚子里总是感觉空空的，吃上一顿酸菜都成为奢望。可不久青年习近平便对粗粝的杂粮咽得下、吃得香，对陕北的饭菜还很有感情。看一个人能不能吃苦，从饮食上就能判断出来。而对待劳动的态度最能体现一个人的意志品质。有些人怕劳动，有些人挑肥拣瘦，有些人磨洋工。青年习近平虽一开始不适应高强度的劳动，挣的工分没有妇女高，但两年后就能拿到壮劳力的10个工分，成了种地的好把式，后来又成为大队党支部书记、延川县先进青年。村民回忆说："近平干活能受下罪，吃下苦，一点儿城里娃娃的娇气劲儿都没有。""近平从村里往地里挑粪，那扁担把他的肩膀磨得一层一层掉皮、出血，他就把衣服脱下来，垫在肩膀上。垫得薄了，不管事儿，扁担还是磨得肩膀受不了；垫得厚了，使不上劲，扁担又容易掉下来。没过多久，近平的肩膀上磨出了厚厚的茧子，就不怕扁担磨了，也不用垫衣服了。"陕北高原严酷的自然环境和艰苦的劳动生活，锻造了他刚强的意志品质和顽强拼搏的奋斗精神。当然，最难的是过思想关。习近平总书记在自己的回忆中说，在上山下乡时，他年龄小，又是被形势所迫下去的，没有长期观念，也就没有注意团结问题。后来，听了姨姨、姨夫关于依靠群众的教育，他努力跟群众打成一片。一年以后，他跟群众一起干活，生活习惯，劳动关也过了。

常言说，刀在石上磨，人在苦中练。每个人都有一个历练和成长的过程，有了知青"这碗酒垫底"，以后人生岁月中遇到的各种风浪和困难又算得了什么呢？等过了思想关，一切就顺理成章，就再也没有能够难倒青年习近平的事，面对一切困难，他都能够坦然面对、乐观看待。

有数据表明，1969年到延安插队的北京知青有26601人，到1972年因国家招工、招干、招生、征兵以及病退、困退共11955人，1973年走了11709人，1974年走了1241人，1975年初又走了705人，到1975年末，整个延安地区仍待在农村的北京知青只有991人，占最初下乡知青总数的3.7%。到1975年10月，青年习近平最后一个离开梁家河村，后到清华大学学习，他也成为最后离开延川县乃至延安地区的极少数北京知青之一。回望这段知青岁月，很多人有自己的反思，基调是一种愤懑不平心曲的宣泄。对这段经历，青年习近平更多是以积极乐观、平和理性的态度面对，既看到艰苦的一面，更能从中寻找到成长进步的力量。习近平总书记感慨地说："七年上山下乡的艰苦生活对我的锻炼很大，后来遇到什么困难，就想起那个时候在那样的困难条件下还可以干事，现在干吗不干？你再难都没有难到那个程度。""这个对人的作用很大。一个人要有一股气，遇到任何事情都有挑战的勇气，什么事都不信邪，就能处变不惊、知难而进。"2018年12月12日，青海省委书记王建军在青海民族大学宣讲全国教育大会精神时，向青年学生郑重推荐《习近平的七年知青岁月》时说了自己真切的感受："我有一个深切的体会，就是没有白吃的苦，你吃的苦都会照亮前方的路，你的付出都会变成礼物，你的努力都会成为财富。"我自己作为一名70后，生在农村、长在农村，也吃了不少苦头，深知农村之苦、农民之难，但走过来以后，感觉苦难未尝不是一笔财富，至少比城里人更能体会奋斗的滋味，也更珍惜来之不易的幸福生活。

支撑青年习近平的力量是理想信念。在梁家河期间，青年习近平没有因为条件的艰苦和命运的不公而抱怨和气馁，心中始终抱着对党的坚定信仰。他先后写了八次入团申请书、十份入党申请书，可谓愈挫愈坚、矢志不渝。"我那时已没有那种凄苦之感，或者是一种自卑感，只是一个感觉，就是党内、团内好人越多，坏人会越少，不入白不入，除非你不能让我入。"青年习近平靠的就是一种对党朴素的感情，申请入党。而入党的目的，则是为了改变眼前这些劳苦大众的生活。习近平总书记说："15岁来到黄土地时，我迷惘、彷徨；22岁离开黄土地时，我已经有着坚定的人生目标，充满自信。作为一个人民公仆，陕北高原是我的根，因为这里培养出了我不变的信念：要为人民做实事！""上山下乡的经历对我们影响是相当深的，形成了一种情结叫'黄土情结'。在遇到困难时想到这些，就会感到没有解决不了的问题。人生的道路要靠自己来选择，如何选择一条正确的道路，关键是要有坚定的理想信念。否则，环境再好照样会走错路。"现在，我们每个人特别是青年人总是面临种种抉择，有时候还比较迷惘、彷徨，看不清前进的方向，有的人取得成绩沾沾自喜、追名逐利，遇到问题怨天尤人、垂头丧气，对自身、社会、人生的理解很肤浅。究其原因，关键在于没有解决好理想信念这个总开关问题，没有找到人生的价值所在，没有看清我们所处时代的使命与自身的担当，缺乏埋头苦干、拼命硬干、为民请命、舍身求法的精神，缺乏豁出去永远跟党走的坚定决心。习近平总书记在北京大学视察座谈时曾说过："每一代青年都有自己的际遇和机缘，都要在自己所处的时代条件下去谋划人生、创造历史。"这些话值得我们每个人深思。当前，党的奋斗目标就是为实现中华民族伟大复兴的中国梦而努力奋斗，我们的国家离世界舞台的中央越来越近，我们的民族洗刷百年屈辱、扬眉吐气、阔步前进，我们每个人遇到了前所未有的新时代，生逢盛世，每个人都需要围绕这个时代谋划未来，创造有价值的精彩人生。

孟子曾说："天将降大任于是人也，必先苦其心志，劳其筋骨，饿其体肤，空乏其身，行拂乱其所为，所以动心忍性，曾益其所不能。"深刻阐明了欲成大事者，必须要有过人的意志。清朝诗人郑板桥的古诗《竹石》写道："千磨万击还坚劲，任尔东西南北风。"赞美了一种坚韧、顽强、刚劲的风骨。梁家河七年正是青年习近平锻炼意志的人生第一站。在他身上，集中体现了中国传统文化刚健有为、自强不息的精神。从他身上，我们明白了一个深刻的道理：当遇到压力和困难的时候，谁有毅力、有定力、有耐力，谁敢面对，谁能坚持、扛住、不放弃，谁就能取得最后的胜利。

存仁心，心中为念农桑苦

存仁心，这也是青年习近平最让我感动的地方。

为人稳重是青年习近平给人的突出印象。文安驿公社干部杨世忠说："我对近平最初的印象，就是感觉到这个十七八岁的后生显得很成熟、稳重，言谈举止、做事为人就像个大人一样，根本不像同龄的有些娃娃那么浮躁、不懂事。"很多村民反映：青年习近平"劳动能吃苦，很忠厚，很踏实，从不溜奸耍滑。他话也少，从来不跟人乱开玩笑，也从不骂骂咧咧、打打闹闹"。

青年习近平很好地做到了与人为善。梁家河村民张卫庞说了一句很让人感动的话："再糙的饭近平也吃得香，再穷的人近平也看得起。"青年习近平与人交流、谈话的时候，即使对方是再穷的人，他也全神贯注地倾听，不像有些人，见了穷人就扭过头去。"在习近平眼里，没有高高低低，没有看得起谁，看不起谁，他待人讲话，总是面带笑容，总是很和气。"看得起穷人，从根本上说体现了一个人的善良品质。"近平这个人，心地非常善良。按陕北人的说法，很'仁义'。他在梁家河，对贫下中农，对老人、儿童、残疾孩子，都是一片爱心，真诚相待。"心地善良的人，总是能够设身处地地替别人考虑，让人感到温暖。村民聂瑞兰回忆习近平到她家里吃饭时的情况时说："近平从兜里掏出来粮票和钱塞给我，我说什么也不要，他拗不过我，就走了。等他走了以后，我去收拾桌子。拿起碗后，我才发现碗底下压了1斤2两粮票和3毛钱。那时候，这些粮票和3毛钱，可是超过这两碗热汤面几倍的价值了。"这里既体现了那个时代干部的作风，更显示出青年习近平与人为善的优良品格。还有很多与人为善的故事，比如掏光自己的钱和粮票给讨饭老人并把外套脱给人家，帮助冯俊德老人拉车，给张卫庞送棉被、大衣、针线包，给吕候生治腿病，和和气气对待智力上稍有欠缺的"灵娃"，将个人奖品三轮摩托车换成村里用的手扶拖拉机……从这些点点滴滴的故事中，我们更加真切地感受到了一个有血有肉、有情有义、有仁爱之心的青年习近平。与人为善，这既是个人道德水平的标志，也体现一个人的家风家教。开国元勋习仲勋家教极严、家风极好。习仲勋曾对子女们说："我没给你们留下什么财富，但给你们留了个好名声！"他也曾说过："我这个人呀，一辈子没有整过人，一辈子没有犯'左'的错误。"

这些话体现的是革命家习仲勋与人为善的高尚品格，青年习近平也很好地传承了这种家风和品格。

青年习近平始终怀着感恩之心。应该说，七年的知青生活在习近平总书记的人生道路上是一个重要阶段。虽然他受了不少罪，吃了不少苦，虽然后来职务越来越高，但习近平总书记始终心怀感恩，不忘初心。离开梁家河以后，他始终没有忘记乡亲们，从多次信件往来中，从在不同地方接待乡亲并给他们治病的举动中，从协调解决村里很多困难问题中，从1993年重返旧地中，我们真切感受到习近平总书记的情深意长，真是应了他自己说的那句话，"当我离开梁家河，人虽然走了，但是心还留在这里。那时候我就想，今后如果有条件、有机会，我要从政，做一些为老百姓办好事的工作。"2015年2月13日，习近平总书记回延川县梁家河村看望父老乡亲时，跟村里的老朋友、老熟人，全都见了面，还跟村里人合影，到各家各户去看，还视察了果园、农田。他这次回去，与当初离开梁家河整整时隔40年，但他能叫出每个人的名字，不光是经常联系的人，就是那些40多年没联系的人，他一见面就能认出是谁，大名、小名也都能叫出来，而且梁家河的每一座山、每一条沟叫什么名，他都记得清清楚楚。这体现的是什么？我想就是对这块土地的深厚感情，对父老乡亲的一种深厚情谊，归根结底就是一种感恩之情与仁爱之心。

胸怀苍生的领袖情怀。《孟子》说："仁者，爱人。"习近平总书记在多年的工作实践中，始终胸怀苍生，心系人民，把民心民愿作为"第一信号"、安民利民作为"第一选择"、民情民意作为"第一标准"，全力以赴地解决人民群众关心的实际问题，尤其把脱贫攻坚作为头等大事和第一民生工程，在中华大地描绘出民生改善的壮丽画卷，使人民群众的获得感、幸福感空前增强。立足于全面建成小康社会，习近平总书记指出："小康不小康，关键看老乡。""小康路上一个都不能掉队。"这里面体现的是总书记一以贯之、质朴真挚的为民情怀。立足民族地区发展相对薄弱的实际，他还一再强调，"全面实现小康，少数民族一个都不能少，一个都不能掉队"，充分体现出各民族同荣辱、共进退的手足之情，释放出为最广大人民谋福祉、谋幸福的博爱精神。十九届中共中央政治局常委同中外记者见面会上，习近平总书记再次发出掷地有声的庄严承诺："全面建成小康社会，一个不能少；共同富裕路上，一个不能掉队。"习近平总书记还说过："像爱自己的父母那样爱老百姓，为老百姓谋利益，带着老百姓奔好日子，绝不能高高在上，鱼肉老百姓，这是我们共产党与那些反动统治者的根本区别。"这种政治宣言、人民立场、博大胸怀，体现的是中国共产党的本质特征，也体现了习近平总书记的执政理念，这一切都与他在梁家河度过的七年艰苦知青岁月息息相关。

  历史和实践证明，在我们这样的大国，在全面建成小康社会的征程中，在实现中华民族伟大复兴的中国梦的历史进程中，没有中国共产党坚强有力的领导，没有一个伟大的人民领袖，民族复兴的伟业就很难成功。王沪宁在其《政治的人生》中曾指出："什么是政治家？应该是具有至死不渝的信念、学贯中西的知识、高山仰止的人格、高瞻远瞩的眼光、百折不挠的毅力、海纳百川的胸襟、总揽全局的能力，等等。中国的民主革命依靠了一个杰出的领袖集团，现在也需要。"习近平总书记作为全党的核心、人民的领袖、军队的统帅，在他身上集中体现了一个伟大政治家的全部特点。作为当代青年，我们应从习近平总书记青年时期不断成长的动人故事中，感悟成才之道，汲取精神力量，学习领袖、热爱领袖、忠诚领袖，热爱学习、肯于吃苦、心存仁爱，乘着新时代的浩荡东风，放飞青春梦想，担当强国使命，努力成为堪当时代大任的有用之材、栋梁之材。

（作者为青海民族大学党委副书记，文章刊自《青海党的生活》）

因地制宜地实施整体性保护方略

唐仲山

从"国家级文化生态保护实验区"到"国家级文化生态保护区",我国的非物质文化遗产和文化生态保护工作经历了开创—摸索—成熟的过程。《国家级文化生态保护区管理办法》的颁布是全国文化工作者,尤其是已设立的21个国家级文化生态保护实验区所在地管理部门和工作人员、理论研究人员,以及传承人群等10多年来艰苦实践的经验结晶,标志着我国的非物质文化遗产保护工作进入一个成熟、崭新的历史阶段。

我国自古以来就是自然生态多样和人文生态多元的多民族国家,设立、制定和实施区域化的文化生态保护办法,是尊重区域文化,实事求是、因地制宜的整体性保护方略,是具有开创性、开放性和开拓性的非遗保护制度,也是中国特色社会主义道路发展中文化传承与先进文化建设的重要举措,体现了国家层面对中华民族文化遗产保护的顶层设计和战略站位。归根结底,这是对中国特色社会主义的制度自信与文化自信的彰显。

自2008年青海省第一个国家级文化生态保护实验区"热贡文化生态保护实验区"设立以来,"格萨尔文化(果洛)生态保护实验区"和"藏族文化(玉树)生态保护实验区"又于2014年和2017年分别获批。青海省由此成为迄今全国唯一拥有3个国家级文化生态保护实验区的省份。

随着3个国家级文化生态保护实验区建设工作的开展,青海省文化和旅游厅紧密关注省内人口较少民族、特有民族文化的保护,分别设立"互助土族文化生态保护区""德都蒙古族文化生态保护区""循化撒拉族文化生态保护区"3个省级文化生态保护区,并制定了相关管理办法和条例。

2017年12月5日《青海省非物质文化遗产保护办法》颁布,自2018年2月1日起施行。该保护办法不仅对青海省非物质文化遗产项目的保护作出制度性保障，而且为县级以上政府根据实际需要设立文化生态保护区拓展了保护权责，同时强调了"文化生态保护区在保持非物质文化遗产代表性项目真实性、整体性和传承性的基础上，可以依托代表性项目资源，发展符合本地特色的旅游活动"。这既保证了非物质文化遗产的活态传承，又明确了文化和旅游融合发展的指导性原则。

《办法》总则第三条规定，国家级文化生态保护区建设要以习近平新时代中国特色社会主义思想为指导，充分尊重人民群众的主体地位，贯彻新发展理念，弘扬社会主义核心价值观，推动中华优秀传统文化创造性转化、创新性发展。青海省国家级、省级文化生态保护（实验）区相关规划的制定和实施工作，也是紧密围绕这一原则和目标开展的。

保障制度的落实需要一个稳定的保护机构的推动。青海省"热贡文化生态保护实验区管理委员会"的设立，是全国少有的专门性保护机构，在全国非遗保护工作中具有示范性意义。作为所在地文化部门，黄南藏族自治州文化和旅游局为推进保护工作设立了二级局"非遗局"，配合"热管会"开展互补性保护业务。这是符合《办法》"有文化生态保护区建设管理机构和工作人员"要求的。借鉴热贡文化生态保护实验区机构建设的成功经验，果洛、玉树两州也积极争取人员编制、办公环境与组织条件，设立专门性机构，负责统筹、指导、协调、推进相关国家级文化生态保护区建设工作。

《办法》明确生态区建设要坚持保护优先、整体保护、见人见物见生活的理念。青海省各族人民千百年来创造和传承的非物质文化遗产是其物质和精神追求的成果。我们必将秉承这一理念，顺应时代发展，适度开发和延展，创造更加丰富的物质和精神产品，使得非遗在满足社会需求的条件下得到更好的传承和发展。

当前，青海省委、省政府正全力推进"坚持生态保护优先、推动高质量发展、创造高品质生活"的"一优两高"战略部署。相信青海省的非物质文化遗产保护和文化生态保护区建设，必将在全力推进文化和旅游融合发展的实践中，为促进经济社会全面协调可持续发展发挥重要而积极的作用。

（作者为《青海民族大学学报》编辑部教师，文章刊自《中国文化报》）

净化优化政治生态重在严明政治纪律和政治规矩

狄凯生　史秋梅

为深入贯彻落实习近平新时代中国特色社会主义思想和党的十九大精神，切实加强党的政治建设，坚持和加强党的全面领导，推动全面从严治党向纵深发展，不断提高党的执政能力和领导水平，确保全党统一意志、统一行动、步调一致向前进。近日，中共中央印发了《关于加强党的政治建设的意见》，对如何加强党的政治建设指明了方向，并指出"加强党的政治建设，必须把营造风清气正的政治生态作为基础性、经常性工作，浚其源、涵其林，养正气、固根本，锲而不舍、久久为功，实现正气充盈、政治清明"。严守政治纪律和政治规矩，这是确保政治生态风清气正的底线和红线。这就要求广大党员干部必须深刻把握严明党的政治纪律和政治规矩的重要意义，充分发挥"关键少数"的示范带头作用，把旗帜鲜明讲政治落实到党的领导、党的建设和改革发展稳定各项工作中，着力推动全面从严治党向纵深发展。

一、全面掌握政治纪律和政治规矩的科学内涵

2015年，习近平总书记在党的十八届中央纪委五次全会上发表重要讲话强调，要按照全面建成小康社会、全面深化改革、全面依法治国、全面从严治党的要求，坚持思想建党和制度治党，严明政治纪律和政治规矩、加强纪律建设，深化纪律检查体制改革、完善党风廉政建设法规制度，落实"两个责任"、强化监督执纪问责，持之以恒落实中央八项规定精神，坚决遏制腐败现象蔓延势头，坚守阵地、巩固成果、深化拓展，坚定不移推进党风廉政建设和反腐败斗争。2019年，习近平总书记在省部级主要领导干部坚持底线思维着力防范化解重大风险专题研讨班上强调，坚持以习近平新时代中国特色社会主义思想为指导，全面贯彻落实党的十九大和十九届二中、三中全会精神，深刻认识和准确把握外部环境的深刻变化和我国改革发展稳定面临的新情况新问题新挑战，坚持底线思维，增强忧患意识，提高防控能力，着力防范化解重大风险，保持经济持续健康发展和社会大局稳定，为决胜全面建成小康社会、夺取新时代中国特色社会主义伟大胜利、实现中华民族伟大复兴的中国梦提供坚强保障。对于一名党员，纪律是高压线；对于一个政党，纪律是生命线。我们一定要按照习近平总书记的要求，牢固树立纪律和规矩意识，在守纪律、讲规矩上做表率。

（一）政治纪律和政治规矩的基本要求

习近平总书记强调，遵守党的政治纪律，最核心的，就是坚持党的领导，坚持党的基本理论、基本路线、基本纲领、基本经验、基本要求，同党中央保持高度一致，自觉维护中央权威。党的十八大以来，以习近平同志为核心的党中央多次强调政治纪律和政治规矩的重要性。政治纪律被提升到前所未有的新高度。保证全党服从中央，维护党中央权威和集中统一领导，是党的政治建设的首要任务，是最根本的政治纪律和政治规矩。各级党组织和广大党员、干部要始终同以习近平同志为核心的党中央保持高度一致，确保全党统一意志、统一行动、步调一致向前进。我们要把严守纪律、严明规矩放到重要位置来抓，坚定地执行习近平总书记提出的遵守政治纪律和政治规矩的"五个必须"，旗帜鲜明地反对和纠正"七个有之"，加大对违反党的纪律和规矩行为的惩戒力度，使纪律"高压线"真正通上"高压电"，将规矩的紧箍扎得更紧，让纪律观念和规矩意识在广大党员、干部心中牢牢扎根。

（二）违反政治纪律和政治规矩的现实表现

从现实看，新形势下，我们面临执政考验、改革开放考验、市场经济考验、外部环境考验"四大考验"和精神懈怠危险、能力不足危险、脱离群众危险、消极腐败危险"四种危险"，具体表现有：

一是奉行自由主义，不能自觉与党中央保持一致。1937年，毛泽东同志在《反对自由主义》中总结自由主义的11种表现，其中第四种是"命令不服从，个人意见第一。只要组织照顾，不要组织纪律。"当前奉行自由主义的现实表现是，在原则问题和大是大非面前立场摇摆，对涉及党的理论和路线方针政策等重大政治问题阳奉阴违，工作中、行动上不一致，对中央政策搞"选择性执行""附加性执行"，甚至搞"欺骗性执行"。

二是奉行山头主义和宗派主义，破坏党的团结统一。有的党员干部拉帮结派，以利益输送为纽带，以人身依附为特征，将正常交往庸俗化、圈子化、派系化，异化同志关系，破坏政治规矩，危害政治生态。习近平总书记严肃指出："党内决不能搞封建依附那一套，决不能搞小山头、小圈子、小团伙那一套，决不能搞门客、门宦、门附那一套，搞这种东西总有一天会出事！"比如"系统性腐败""塌方式腐败""家族式腐败"……其重要原因就是形成了事实上的人身依附关系。清除圈子文化"污染源"，就要挖出其深埋于地下、盘根错节的根系，将被传染的"病树"清理干净，精心呵护整片"森林"。

三是组织意识淡漠，不遵循组织程序。不少党员干部把持不住自己，无视组织规程，事前不请示、事后不报告，先斩后奏、边斩边奏，甚至斩而不奏；或是"大事小事一言堂"，该组织民主决定的，却越权专断；或是该集体研究的擅自表态，该征求意见的省略程序，把个人意见强加给集体，用个人决定代替组织决定，等等。

四是理想信念不坚定，政治立场站不稳。一些党员干部奉行虚无主义，理想信念不坚定，政治立场不稳。党员干部中，有的不信马列信鬼神，是非观念淡薄、原则性不强，当政治逃兵，面对错误言论与行为不亮剑、不抵制，在政治挑衅面前态度暧昧、消极躲避；有的信奉"多栽花、少栽刺"的庸俗哲学，满足于当"太平官""圆滑官""老好人"，等等。

二、加强纪律建设，严守政治纪律和政治规矩

党章第三十七条规定："党组织必须严格执行和维护党的纪律，共产党员必须自觉接受党的纪律的约束。"这一规定指出了党的纪律的严肃性和强制性。党的纪律一经制定，对各级党组织和全体党员都具有约束力，而不能合意的就执行，不合意的就不执行。党的十八届六中全会重申，"坚持纪律面前一律平等，遵守纪律没有特权，执行纪律没有例外，党内决不允许存在不受纪律约束的特殊组织和特殊党员"。政治纪律和政治规矩就是党员干部不能逾越的政治红线。严明党的政治纪律和政治规矩，无论是在过去、现在还是将来，都有着重要而深远的意义。

（一）守纪律、讲规矩是我党发展史上一以贯之的优良传统

"我们党是靠革命理想和铁的纪律组织起来的马克思主义政党，纪律严明是党的光荣传统和独特优势。"从诞生之日起，我们党就把严明纪律写在自己的旗帜上。毛泽东同志在《反对主观主义和宗派主义》一文中指出，"路

线是王道，纪律是霸道，这两者都不可少。"历史雄辩地证明，党的发展壮大一刻也离不开严明的政治纪律和政治规矩。从成文的"三大纪律、八项注意""不拿群众一针一线"，再到进京赶考前定下的"六条规矩"，都充分表明，重规矩、明纪律是中国共产党革命胜利、赢得民心的重要法宝，推进党的事业迈向新的胜利，必须把守纪律讲规矩的优良传统传承下去。

（二）严明政治纪律和政治规矩是实现国家治理体系和治理能力现代化的基本前提

党的十八大以来，党中央始终强调依法执政既要求党依据宪法法律治国理政，也要求党依据党内法规管党治党。这是我们党对依法执政内涵作出的新概括。实现国家治理体系和治理能力现代化，必须善于使党的主张通过法定程序成为国家意志，善于使党组织推荐的人选通过法定程序成为国家政权机关的领导人员，善于通过国家政权机关实施党对国家和社会的领导，善于运用民主集中制原则维护中央权威、维护全党全国团结统一。如果不能同党中央在思想上政治上行动上保持高度一致，自觉执行党的纪律和规矩，如果表面上喊着同党中央保持一致、实际上没当回事，违背中央大政方针各自为政、各行其是，如果党内政治生活搞帮派团伙、搞利益集团，不仅坚持党的领导无从谈起，国家治理体系和治理能力现代化也将成为空中楼阁。

（三）严明政治纪律和政治规矩是优化党内政治生态的必然要求

在党的十八届六中全会上，习近平总书记强调："做好各方面工作，必须有一个良好政治生态。政治生态污浊，从政环境就恶劣；政治生态清明，从政环境就优良。政治生态和自然生态一样，稍不注意，就很容易受到污染，一旦出现问题，再想恢复就要付出很大代价。"全面从严治党、加强和规范党内政治生活，极为重要的任务就是净化优化党内政治生态。净化优化党内政治生态，制度是根本保障。纪律、规矩是制度的重要体现，是净化优化党内政治生态的刚性约束、基本规范。强化制度治党，离不开严明纪律、严守规矩。少数党员、干部以权谋私、恃权腐败，容易引起"破窗效应"和"劣币驱逐良币"现象。因此，必须拿起"规矩"和"纪律"这两大武器，净化优化党内政治生态。

（四）党的纪律是多方面的，政治纪律是最重要、最根本、最关键的纪律，遵守党的政治纪律是遵守党的全部纪律的基础

"纪纲一废,何事不生？"党员干部违法乱纪往往是从破坏规矩开始的。

因此，只有做到守纪律、讲规矩，自觉维护党的团结统一，才能确保全党统一意志、统一行动、步调一致。"不矜细行，终累大德"，不守规矩特别是不守政治规矩是最大的危险。政治问题和贪污腐败、违反党纪和触犯国法，其实是一条藤上的两个瓜，往往是相伴而生的。不懂规矩、不守纪律，长此下去就会言行失当、失范、失控、失节。

三、自觉提升党性修养，做守纪律讲规矩的明白人

党员干部的党性修养不会随着党龄的积累而自然提高，也不会随着职务的升迁而自然提高，需要通过自身努力、自觉追求才能获得提升。这就要求党员干部必须不断改造主观世界，不断陶冶品格、提升思想境界。

（一）坚定理想信念，牢记初心使命

思想是行动的先导，思想建设是党的基础性建设。党的十九大报告要求把坚定理想信念作为党的思想建设的首要任务。这为新时代加强党的思想建设指明了方向、划出了重点，凸显了理想信念在党的思想建设中的重要性。《格言联璧》讲道："志之所趋，无远弗届；穷山距海，不能限也。志之所向，无坚不入；锐兵精甲，不能御也。"有了坚定的理想信念，就补足了精神之钙，面对困难与挫折才会"无坚不入"，面对利益诱惑就不会发生"出轨越界""跑冒滴漏"等问题。

（二）增强公仆意识，坚定政治立场

邓小平同志曾经说过："领导就是服务。"党员干部的权利、责任和义务，归结为一句话，就是为人民服务，做人民公仆。只有准确把握人民群众的所需、所急、所忧、所盼，为群众热情服务，排忧解难，广大党员干部才能赢得人民群众的信任和拥戴，才能称得上是合格的人民公仆。我们要严明党员干部"公私观"。党员干部的合法权益与私心、私欲、私利不是同一个概念，不能混为一谈。作为党员干部要秉持全心全意为人民服务的根本宗旨，首先要讲大公无私、公私分明、先公后私、公而忘私。其次要坚守不因私废公、不以权谋私的底线。习近平总书记在党的十八届中央纪委六次全会上强调："每一位领导干部都要把家风建设摆在重要位置，廉洁修身、廉洁齐家，在管好自己的同时，严格要求配偶、子女和身边工作人员。"党员干部要管好亲属和身边工作人员。敦促和约束他们本分做人，对可能导致干部违背纪律、规矩特别是政治纪律和政治规矩的苗头性、倾向性问题要早防范、早纠正。党员干部一定要自重自省自警自励，培养健康生活情趣。"良由大道远而难遵，邪径近而易践。"一些党员干部之所以蜕化变质，

往往就是从生活作风不检点、生活情趣不健康开始的，是从吃喝玩乐这些看似小事的地方跌倒的。党员干部要本着"与人不求备，检身若不及"的精神，自觉坚守底线，培养健康的生活情趣。

（三）强化组织观念，提高政治忠诚度

习近平总书记指出："对党绝对忠诚要害在'绝对'两个字，就是唯一的、彻底的、无条件的、不掺任何杂质的、没有任何水分的忠诚。"强化组织观念是共产党人的必修课程，有组织观念、组织观念强是每一名党员的基本政治品质。组织是党的生命线和力量源泉，是共产党员政治上最坚实的依靠。共产党人要心怀敬畏尊崇党，在内心深处把党置于神圣地位，时刻维护党中央定于一尊、一锤定音的权威。要在是非面前分得清、关键时刻靠得住，在党言党、在党忧党、在党为党、在党兴党。

（四）严格党内政治生活，提高政治觉悟

党内政治生活能够让党源源不断地生成创造力、凝聚力和战斗力，也是党员干部成长进步的摇篮。党内生活严肃才能营造良好的政治生态，而只有政治生态好，我们才能锻造一支风正、气清、心齐并富有创造力和强劲活力的干部队伍。要丰富"三会一课"的内容，如在主题党日活动、开展警示教育等方面不断创新方式，注重在坚持、加强、创新中提高质量。要完善和落实民主集中制。民主集中制是党的根本组织制度和领导制度，也是中国特色社会主义民主政治的鲜明特点。坚持贯彻民主集中制，既要防止民主不够，杜绝出现"一言堂""家长制"等问题，也要防止集中不够，避免议而不决、决而不行等问题。要用好批评和自我批评武器。毛泽东同志曾说过："定期召开会议，进行批评和自我批评，这是一种同志间互相监督，促使党和国家事业迅速进步的好办法。"在现实政治生活中，不少党员干部开展自我批评难，开展相互批评更难。究其原因，根本在于党性不强，为私心所扰、为人情所困、为关系所累、为利益所惑。因此，无论批评还是自我批评，都要实事求是、出于公心、与人为善，不搞"鸵鸟政策"，不马虎敷衍，不文过饰非，不发泄私愤。

（作者分别为中共青海省委党校教师、青海民族大学马克思主义学院教师，文章刊自《青海日报》）

问题导向为引领 构筑青海扶贫长效机制

狄凯生　史秋梅

党的十九大报告指出："让贫困人口和贫困地区同全国一道进入全面小康社会是我们党的庄严承诺。"青海省位于六盘山片区和国家扶贫开发重点县实现全覆盖的最特殊类型贫困地区，贫困问题集区域性、艰巨性于一体，是全面建成小康社会的重点和难点所在。当前，青海省多措并举推动扶贫工作，成效显著。但今后一段时期的扶贫开发工作进入攻坚期，啃的是"硬骨头"，趟的是"深水区"，打的是"攻坚战"，靠以往方式、单一措施、常规手段难以奏效，必须通过改革创新，依托"一优两高""五四战略"，融入"乡村振兴"战略，形成更加协调、更有效率、更可持续的扶贫开发新体制、新机制，才能推动我省基础设施发展滞后、产业扶贫带动力不强、"造血式"扶贫机制建立困难、精准发力不够等问题的深入解决，才能不断提升扶贫效果。

一、精准把握精准扶贫领域突出问题

（一）基层党组织战斗力仍需提升

党员年龄结构大、年轻党员流动性大、家族因素仍在一定程度上制约着党的建设，影响着基层党组织战斗堡垒作用和党员先锋模范作用的发挥。

（二）产业持续发展困难大

产业扶持见效慢，贫困户增收缺乏项目支撑，发展后劲不足，普遍存在养殖产业收益预期一般，产业规划缺乏长期性、合理性、科学性的问题。脱贫进入巩固期的扶贫村，没有完善的应对方式防止返贫，扶贫的长效机制仍需进一步探索。部分地区培育了一些优势产业，但仍存在扶贫产业项目可持续发展难、产业集中难等问题，产业规模小，与市场体制不适应，后续资金缺乏，导致经济效益难以成规模化发展。"公司+农户""合作社

+农牧户"等产业模式科学化管理水平有待提高,服务体系不够健全,科技创新能力不足。

(三)内生动力还未充分激发

基层政府及村民自治组织思想上不重视发展集体经济,村民参与集体经济的顾虑多,积极主动性不够。部分村干部存有落后的观念,在创新乡村发展方式上思路不清、办法不多,不善于将资源优势转化为经济优势。一是一些贫困群众等靠要思想还比较严重,国家诸多惠农政策的实施和兑现,使部分贫困户产生了严重的依赖思想,一些贫困户等着帮扶,等着给钱。二是缺乏劳动力和致富技能。贫困户主观脱贫意识差,发展意识不强,加之80%以上的贫困户是因缺劳力和缺资金致贫,稳定脱贫的难度大。

二、全面推动精准扶贫长效机制建设

党的十九大报告充分肯定了脱贫攻坚取得历史性成就,同时也指出了所面临的阶段性困难,对今后脱贫攻坚工作做了进一步部署安排。因此,我们要以党的十九大精神为指引,巩固好当前青海取得的发展成果,不断创新思路,完善机制,细化各项措施落地落实,真正做到脱真贫、真脱贫。

(一)进一步强化产业支撑带动机制

"十三五"时期是我们确定的全面建成小康社会的时间节点,到2020年要实现全部地区脱贫摘帽,这不仅需要我们补齐、补足贫困地区基础设施短板,不仅需要我们在"八个一批"上铆足劲下足功夫,更需要我们在如何提高贫困户内生脱贫动力上想办法找路子,要不断激发贫困户的内在"造血"功能,就要求我们把着眼点放在贫困户通过就业帮扶如何提升技能技术上。贫困人口要实现稳定脱贫,根本途径就是要发展效益好、受益期长、群众能稳定增收的产业。一是要做大做强合作社。继续加大对合作社的扶持力度,由村两委班子和驻村工作队帮助其建立完善相关管理制度,并积极筹措资金帮助其实施好试验性规模化养殖计划;帮助合作社在种植中药材方面积极发挥带动作用,将无劳动力贫困户的土地通过入股、承包等方式流转到合作社,由合作社统一种植经营,增强抗风险能力。二是要鼓励发展特色产业。对近年来已产生良好效益的大雁、土猪、绵羊养殖和当归种植,要及时总结种植养殖经验,并协调县相关部门加强技术指导和项目扶持,适度扩大养殖和种植规模,尝试推进订单式种养或"公司+农户种养"模式,改变农户自产自销、粗放经营的模式,逐步培育打造成村级特色产业。要完善利益机制，提高贫困人口在农产品销售和休闲农业、乡村旅游中的参与度。要加大政策激励，对参与消费扶贫有突出贡献的企业、社会组织和个人，采取适当方式给予奖励激励。三是提升基础设施水平。要通过集中社会资金，以补齐社会民生事业、区域协调发展等短板，大力推动基本医疗卫生等公共服务均等化，推动电商扶贫、产业扶贫、消费扶贫融合发展，进一步提升我省基础设施建设水平。四是推动消费拉动扶贫。根据国务院办公厅印发的《关于深入开展消费扶贫助力打赢脱贫攻坚战的指导意见》，要动员社会各界扩大贫困地区产品和服务消费，推动各级机关和国有企事业单位等带头参与消费扶贫，推动东西部地区建立消费扶贫协作机制，动员民营企业等社会力量参与消费扶贫。要大力拓宽贫困地区农产品流通和销售渠道，打通供应链条，拓展销售途径，加快流通服务网点建设。要全面提升贫困地区农产品供给水平和质量，加快农产品标准化体系建设，提升农产品规模化供给水平，打造区域性特色农产品品牌。要大力促进贫困地区休闲农业和乡村旅游提质升级，加大基础设施建设力度，提升服务能力，做好规划设计，加强宣传推介。

（二）充分激发群众内生动力

按照习近平总书记在党的十九大报告中提出的扶贫同扶志、扶智相结合的要求，继续加大党的十九大精神、国家和省上惠农支农利农以及脱贫攻坚政策知识的宣传教育力度，把扶志和扶智作为精准扶贫的重要内容，不断创新宣传教育方式，通过制定完善村规民约、移风易俗、选树脱贫典型等方式，培育文明乡风、良好家风、淳朴民风，促使贫困户向上向善，依靠自身勤劳致富，由"要我脱贫"向"我要脱贫"转变。以发挥党校智库作用和思想教育优势及以扶贫先扶志为先导的模式，为提高扶贫脱贫的可持续性必将注入强大的动力，为按时间节点完成全面脱贫攻坚任务必将贡献重要的智力支持作用。依托"扶贫扶志"课题研究，形成具有长效机制的研究机构，形成以贫困户全覆盖"扶志"帮扶员的多级联动系统。坚持扶贫与扶志扶智结合，帮助农民转变落后观念，转换思维模式和行为方式，消除等靠要思想，激发贫困群众的积极性和创造性，树立自强自立观念、自力更生观念、市场经济观念、勤劳致富观念、科技观念等，尽早甩掉贫困落后的帽子。

（三）建立综合协调机制形成扶贫帮建合力

精准扶贫涉及多个单位，如乡镇党委政府、村级组织、帮建单位、帮建企业、产业合作社等，结构较为复杂，甚至各有各的想法和计划。如果职责不清，任务不明，各自为政，就会大大影响扶贫效率。建议建立和完善协调机制，明确主导单位和责任主体，督促新结对帮扶单位出谋划策办实事，分解具体任务，各司其职，各负其责，心往一处想，劲往一处使，拿出切实可行的帮扶规划、帮扶措施，以实现贫困村的顺利脱贫。推动多级联动系统的良性运行，为"扶贫扶志"长效研究机构提供了大量真实、准确的一手数据，这些数据又进一步促进了研判环节的精准识别，为我们的对症下药提供了良方。围绕促进贫困人口稳定脱贫和贫困地区长远发展，坚持政府引导、社会参与、市场运作、创新机制，着力激发全社会参与消费扶贫的积极性，着力拓宽贫困地区农产品销售渠道，着力提升贫困地区农产品供应水平和质量，着力推动贫困地区休闲农业和乡村旅游加快发展，在生产、流通、消费各环节打通制约消费扶贫的痛点、难点和堵点，推动贫困地区产品和服务融入全国大市场。

（四）建立资金使用、财政扶贫长效体系

全面统筹青海省财政，树立一盘子思想，提升资金配置效率，形成全方位、多领域的资金帮扶机制，倡导"多渠道引水、一个水龙头出水"的资金新格局，按照贫困村及贫困户分布情况，多点多面集约发展投资，增强资金使用的针对性和有效性。加大扶智资金投入，提升技能培养水平，真正解决好目前扶贫中普遍存在的培训技能与就业创业实践不衔接、经营活动与市场不衔接、资金扶持滞后等问题。依据每个被帮扶者的条件、特长以及可就业的产业领域等，建立精准衔接的帮扶机制，实施针对性强的系列化帮扶措施，特别对自我创业经营的，要从技能培训、资金支持到经营活动、市场销售等方面开展系列帮扶，真正做到扶上马再送一程，建立起自身的脱贫"造血"机制。

（作者分别为中共青海省委党校教师、青海民族大学马克思主义学院教师，文章刊自《青海党的生活》）

党建引领构建铸魂育人体系

权生鳌　马兴文

自 2015 年 9 月省政府决定由青海民族大学集中举办青海高校预科教育以来，学校预科教育学院党总支积极探索党建引领育人工作新思路、新方法，全面提升党建工作质量，倾力打造富有预科特色、符合少数民族预科学生成长规律的党建思政品牌，创建了一整套以党建引领为方法的育人平台，有效地落实了铸魂育人和立德树人根本任务。

着力增强党组织的生机和活力

学院党总支把加强自身建设，增强党组织战斗力、引领力作为重要任务，突出重点，持之以恒抓党支部建设，形成了党总支把方向、管大局，党支部抓落实、管具体，党员发挥先锋作用的新常态、新气象。

加强党支部组织建设，把思想政治强、有责任担当的年轻人选拔到党支部书记和委员岗位上来。学院领导班子成员分别编排到各党支部中，督促改进党支部的工作，并对个别后进党支部进行重点整顿，扭转了以往党员思想上对学习不够重视、组织生活流于形式等问题。

开展党总支和党支部委员会成员系列教育培训，分别就"党员政治纪律、政治规矩""总支委员和支部书记及支部委员的职责任务""党支部工作计划落实"进行专题培训，使党支部书记和委员学习掌握了党支部工作的基本知识、基本方法，各项工作进一步规范。

压实党支部责任，改革党支部工作计划制定方式，由学院党总支按学期统一制定党支部工作计划，除固定学习内容、学习时间以及组织生活会、民主评议党员、党员讲党课等重要党组织活动外，留足党支部自选活动的时间和空间，党总支审核党支部自选活动方案，从根本上解决了以往党支部活动不会搞、不知搞什么等诸多问题。

实行党支部委员会向党总支委员会定期汇报工作制度，各党支部就党建计划实施、党员思想状况、"三会一课"的落实等情况向党总支委员会作汇报，党总支指出各支部工作中的问题和不足，并提出改进意见。

选树典型，带动党支部工作和党员先锋作用的发挥。"七一"期间开展评选表彰先进党支部、优秀党支部书记、优秀党员活动。

教职工政治理论学习和党组织活动固定化、常态化，每月双周三为政治理论学习时间，各党支部根据计划，组织所属教职工特别是党员，深入学习研习近平新时代中国特色社会主义思想、党的十九大精神及党章党规党纪，采取视频学习、通读学习、集体观看影片、重点发言交流等多种形式把学习引向深入，通过学习使全体党员"四个自信"更加坚定，"四个意识"进一步增强，坚决做到"两个维护"。每月单周三为主题党日时间，各党支部组织党员和所属教职工，按照党总支的安排进入各教学班开展"思想品德融入讨论式学习教育"活动。

拓宽党建引领育人新渠道

学院党总支根据少数民族预科生特点，把党组织生活平台延伸到育人具体项目中，形成了自成体系、富有实效的党建引领思想政治教育的新模式。

创设"思想品德融入讨论式学习教育"平台，培养正确的思想信念和坚定的价值追求。学院党总支带领各党支部调研分析了青海高校民族预科生的特点：一是学生受当地生活环境的影响，习惯没有养成，不能很好地适应信息时代社会规范。二是民考民学生不擅讲汉语，从而造成了交流单一，思想上已经形成的观念认识需要得到改进的状况。三是少数民族预科生思维方式、价值观念等方面需要进一步调适。四是从小学到大学，思想政治教育的普遍做法是说教灌输，学生思想上对灌输式教育习以为常，甚至有不同程度的抵触情绪，收效甚微。

针对以上特点，学院党总支站在铸魂育人的高度，在预科生中开设习近平新时代中国特色社会主义思想课程的基础上，为进一步筑牢思想根基，精心设计了"思想品德融入讨论式学习教育"平台。创新了教育的方式和方法，将习近平新时代中国特色社会主义思想中的各个专题、社会主义核心价值观所涉及的具体问题作为教育的内容。学生围绕设计的12大专题、24个方面的教育内容，每月单周三下午以班为单位开展发言讨论，保证每名同学对每个专题都有发言机会。学院党总支带领全体教职工分别进班级对学生的发言作点评指导，并进行打分，全年平均分值被纳入学生专业分配综合考评成绩中。

创设"金桥追梦 读书明理"教育平台，从文化视角培养学生"四个自信"。每班组建文学、文化、政治、历史四个读书团队，每月重组一次。每人每月完成一本名著、经典著作的阅读任务，其中《习近平的七年知青岁月》《钢铁是怎样炼成的》等书籍是必读书目。每读完一本书后写出读后感并分组举行读书心得交流会，对其中表现优异者学院授予"读书之星"荣誉称号，每月评选一次，给予名著书籍奖励。各党支部安排党员和职工分班抓好督促检查落实。加强中华文化教育。在语文教学中固定化、常态化举办课本剧大赛，配合"金桥追梦读书明理"活动，从树立坚定的理想信念和正确的民族观、祖国观的角度，在预科生中开展"藏族优秀文化系列专题教育"。通过历史篇、发展篇、文化篇、人物篇讲解，使学生牢固树立了祖国观，增强了对党的深厚感情，深刻认识到汉藏文化的交融及藏汉和谐相处的历史和传统。

党建促育人工作取得实效

预科教育学院党总支牢牢抓住党支部建设这个重心，紧紧围绕铸魂育人要求，切实落实立德树人根本任务，取得显著成绩。

通过"融入讨论式学习教育"，使民族预科生思想政治教育从灌输说教的被动状态向学生自己谈思想、谈认识，融入其中的全新的教育方式转变。在预科生中，主动培养自身正确的世界观、人生观、价值观的行动蔚然成风，达到了思想政治、品德修养和中国文化教育的双重提升，学生的整体素质有了大幅度提高，每届学生中递交入党申请书的学生达到70%以上。预科教育学院成为学校乃至全省民族团结进步的先进典型。

升入本科后，学生的思想政治坚定、学习后劲足，在各类团学活动中表现突出，本科院校对预科教育给予了充分肯定和积极评价。通过"金桥追梦读书明理"活动，广大少数民族预科生深入研读政治、历史、中华优秀文化，从学习知识的角度培养了学生对中华文化的深刻理解，增强了"四个自信"。"藏族优秀文化系列专题教育"中把"五个认同"意识和"三个离不开"思想的培养贯穿进去，增强了爱国主义观念，从而成为维护祖国统一、民族团结、社会稳定的中坚力量。

（作者均为青海民族大学预科教育学院教师，文章刊自《青海日报》）

努力争做新时代合格共产党员

史秋梅　狄凯生

习近平总书记在党的第十九届四中全会上指出："坚持和完善党的领导制度体系,提高党科学执政、民主执政、依法执政水平。""坚决维护党中央权威,健全总揽全局、协调各方的党的领导制度体系,把党的领导落实到国家治理各领域各方面各环节。"党的领导制度体系的根本在于党员干部本身的素养,在于党员干部要加强党性锻炼和政治历练,努力做一名新时代合格共产党员。

一、始终保持党的先进性和纯洁性,以忠诚干净担当锤炼新时代共产党人的政治品格。新时代,党员干部在面对大是大非、矛盾困难、危机失误、歪风邪气时,能否经受"四大考验"、克服"四种危险",确保党始终成为中国特色社会主义事业领导核心,关键在于要保持党的先进性。先进性和纯洁性是马克思主义政党的本质属性,也是政治建设的一个永恒课题。

将坚定理想信念,锤炼对党忠诚作为新时代党员干部的根本政治素养。对党忠诚老实、与党同心同德,听党指挥,为党尽责,是共产党人纯洁的政治品质,也是坚持党的领导的重要政治保证。全体党员干部要自觉在思想上政治上行动上同以习近平同志为核心的党中央保持高度一致。坚定理想信念,坚定对马克思主义的信仰、对中国特色社会主义的信仰,增强忠诚于党、忠诚于人民、忠诚于马克思主义的思想自觉。深入学习贯彻习近平新时代中国特色社会主义思想,坚持读原著、学原文、悟原理,学会运用马克思主义立场观点方法观察问题、分析问题、解决问题,不断增强党员干部队伍的纯洁性和先进性,加强和规范党内政治生活,严肃党内政治纪律和政治规矩,严格执行党的组织生活制度,提高"三会一课"质量,认真召开组织生活会,落实谈心谈话等制度。增强党内政治生活的政治性、时代性、原则性、战斗性，全面净化党内政治生态。

牢记初心使命，锤炼忠诚、干净、担当的新时代党员干部的根本政治品格。当前，世界格局加速调整、国内改革进入深水区，全面从严治党和反腐败斗争任重道远，面对不断变化的世情国情党情，我们必须从新的历史起点审视新形势、新挑战、新要求，必须更加不忘初心、牢记使命，更加自觉地维护好最广大人民的根本利益。不断增强自我净化、自我完善、自我革新、自我提高的能力，努力在顺应时代中锤炼党性，在锤炼党性中更好跟上时代，无愧于时代。要以强烈的政治责任感和历史使命感，保持奋斗姿态，发扬斗争精神，增强斗争本领，努力创造经得起实践、人民、历史检验的实绩。

二、始终保持党的先进性和纯洁性，以为民务实清廉永葆新时代共产党人的政治本色。人民立场是马克思主义政党的根本政治立场，人民利益是我们党一切工作的根本出发点和落脚点。中国共产党在成立之初就确立了"全心全意为人民服务"的宗旨，一切从人民的利益出发，始终将人民放在心中最高位置。

将坚守为民情怀、践行为民务实作为新时代党员干部的根本政治意识。当前，一些党员在为民服务上不实在、不上心、不尽力，在面对群众反映的困难时有畏难情绪，不作为、乱作为。这与新时代党员干部的标准和要求有差距。坚定为民务实的政治意识，我们要坚守人民立场，为民谋事，为民谋利，为民尽责。着力解民之忧困、保民之生活，努力使民生工作更有力度、更有温度。要以牢固的公仆意识践行初心，坚持从群众实际出发想问题、做决策、办事情。要以钉钉子精神抓工作落实，不断增进人民福祉，不断增强人民群众的获得感、幸福感、安全感。

将严明政治纪律，保持清正廉洁作为新时代党员干部的根本政治立场。政治纪律是党的最根本、最重要的纪律，是管方向、管立场、管根本的总要求。我们党是靠革命理想和铁的纪律组织起来的马克思主义政党，只有严明的政治纪律，才能够消除影响党先进性的隐患，始终保持党的先进性。要严守党的政治纪律和政治规矩，在大是大非面前，在关系和决定党和国家前途命运的关键问题上，始终保持清醒的政治头脑。要时刻牢记党员身份，用好批评与自我批评，带头坚持原则，修正错误。要正确处理习近平总书记指出的"八个关系"，把好世界观、人生观、价值观这个"总开关"，自觉同特权思想和特权现象作斗争，坚决预防和反对腐败，永葆中国共产党人的政治本色。

（作者分别为青海民族大学马克思主义学院教师、中共青海省委党校教师，文章刊自《青海日报》）

党的领导是打赢疫情防控阻击战的根本保证

王 健

2月12日,习近平总书记主持召开中央政治局常委会会议,分析当前新冠肺炎疫情形势,研究加强疫情防控工作,强调各级党委、政府和各级领导干部要扛起责任、经受考验,既有责任担当之勇、又有科学防控之智,既有统筹兼顾之谋、又有组织实施之能,切实抓好工作落实,在大战中践行初心使命,在大考中交出合格答卷。

2020年新春伊始,一场阻击新冠肺炎疫情的战役在中华大地打响。疫情发生以来,党中央高度重视,习近平总书记亲自部署、亲自指挥,中央政治局常委会召开会议专题研究,中央应对疫情工作领导小组多次开会研究部署疫情防控工作,中央指导组积极开展工作。在党中央统一领导、统一指挥下,各地各部门各司其职、协调联动,紧急行动、全力奋战。在这场没有硝烟的战争中,中国共产党的坚强领导,为中国人民坚定了信心,提供了强有力的领导保证。

党的领导为打赢疫情防控阻击战提供了政治保障。1月25日,正值大年初一,面对来势汹汹的疫情,中共中央政治局常务委员会召开会议,专门听取新型冠状病毒感染的肺炎疫情防控工作汇报,对疫情防控特别是患者治疗工作进行再研究、再部署、再动员。1月28日,中共中央印发《关于加强党的领导、为打赢疫情防控阻击战提供坚强政治保证的通知》,发动广大党员干部,在阻击疫情战役中,不忘初心、牢记使命,将人民群众的安全、健康放在第一位。84岁高龄的钟南山、73岁的李兰娟,带领专家组,从专业的角度指导全国上下抗击疫情。无数党员干部响应党的号召,义无反顾冲上抗击疫情第一线。各级党委（党组）以"不忘初心、牢记使命"主题教育成果为检验抓手，增强"四个意识"、坚定"四个自信"、做到"两个维护"，把思想和行动统一到以习近平同志为核心的党中央决策部署上来。党的领导给我们提供了强大的政治保障，在这个没有硝烟的战场上，我们每个人都有了坚定信心，全国上下在思想和行动上，迅速凝聚起来，众志成城。

党的领导为打赢疫情防控阻击战提供了强大的组织领导力。疫情暴发以来，各党政军群机关和企事业单位等紧急行动、全力奋战，广大医务人员无私奉献、英勇奋战，广大人民群众众志成城、团结奋战，打响了疫情防控的人民战争，打响了疫情防控的总体战，全国形成了全面动员、全面部署、全面加强疫情防控工作的局面。习近平总书记对坚决打赢疫情防控阻击战作出全面部署，鼓舞和动员全党全军全国各族人民万众一心、众志成城，切实做好各项防控工作，坚定信心坚决夺取这场人民战争的伟大胜利。在党的坚强领导下，各级党委（党组）发挥党的领导作用，积极动员和选派专家和医护人员中的党员、干部勇挑重担、迎难而上，在医疗救护、科研攻关、基础预防等岗位发挥积极作用。基层党组织发挥战斗堡垒作用，党员发挥先锋模范作用，为抗击疫情贡献力量。在不畏艰险、无私奉献的精神召唤下，广大医护人员、党员干部、基层社区干部迎难而上，投身于疫情防控一线。在疫情防控阻击的关键时期，基层党组织和党员坚决贯彻落实党中央的决策和部署，严格落实联防联控措施，建立健全区县、街镇、城乡社区等防护网络，全力以赴打好防疫阻击战。

党的领导为打赢疫情防控阻击战提供了制胜法宝。党的领导是打赢疫情防控阻击战的根本保证，党领导的中国是各族人民群众的坚强后盾。疫情就是命令，防控就是责任。各级党委和政府按照党中央决策部署，全面动员，全面部署，全面加强工作，把人民群众生命安全和身体健康放在第一位，把疫情防控工作作为当前最重要的工作来抓，切实将党的领导落实到疫情防控工作中，紧紧扎牢打赢疫情防控阻击战的防线，汇聚起抗击疫情的强大合力。任何困难都战胜不了伟大的中国人民、战胜不了伟大的中国共产党坚决打赢疫情防控阻击战的信心。只要我们以高昂的战斗精神投入这场战斗，就一定能取得最终的胜利。

统筹做好疫情防控和经济社会发展，既是一次大战，也是一次大考。

各级党委和政府、各级领导干部要扛起责任、经受考验,既有责任担当之勇、又有科学防控之智,既有统筹兼顾之谋、又有组织实施之能,切实抓好工作落实,在大战中践行初心使命,在大考中交出合格答卷,确保打赢疫情防控的总体战、阻击战,努力实现全年经济社会发展目标任务。

(作者为青海民族大学马克思主义学院教师,文章刊自《青海日报》)

落实立德树人根本任务 努力提升思想政治教育工作水平

薛建华

培养什么人是教育的首要问题。应该明确，培养社会主义建设者和接班人是我们教育的根本任务。习近平总书记在全国教育大会上强调，"要在坚定理想信念上下功夫""要在厚植爱国主义情怀上下功夫""要在加强品德修养上下功夫""要在增长知识见识上下功夫""要在培养奋斗精神上下功夫""要在增强综合素质上下功夫"。这"六个下功夫"，为做好新时代青年人才的培养工作指明了方向。

要在坚定理想信念上下功夫。坚持和发展中国特色社会主义，坚定理想信念是首要的，而且是最重要的。作为高等教育工作者，我们需要用远大的理想信念教育学生"扣好人生第一粒扣子"，夯实奋斗的基础，巩固发展的根本。加强理想信念教育，关键要用习近平新时代中国特色社会主义思想铸魂育人，要发挥思想政治理论课的主渠道作用。近年来，我们积极探索实行"专题化教学、项目化实践、多元化评价"思政课教学改革，着力实施"青年马克思主义者"培养工程，全面推进习近平新时代中国特色社会主义思想进学科、进教材、进课堂、进课题、进培训、进头脑，奠定了广大青年学生自觉做共产主义远大理想和中国特色社会主义共同理想的坚定信仰者、忠实实践者的思想基础。

要在厚植爱国主义情怀上下功夫。教育引导学生听党话、跟党走，扎根人民、奉献国家。对于广大青年来说，热爱祖国是立身之本、成才之基。爱国主义的本质就是坚持爱国和爱党、爱社会主义高度统一。我们致力于将爱国主义主题教育融入思政理论课教育教学全过程和主题班会、升国旗仪式、主题征文等活动中，让爱国主义精神在学生心中牢牢扎根。作为民族院校，弘扬爱国主义精神，必须把维护祖国统一和民族团结作为重要着力点和落脚点。为此，我们探索建立"课堂讲授+专题讲座+科学研究+社会实践+知识竞赛+选树典型"的"六位一体"民族团结进步教育模式，教育学生牢固树立正确的历史观、民族观、国家观、文化观，切实铸牢学生的中华民族共同体意识。

要在加强品德修养上下功夫。教育引导广大青年学生培育和践行社会主义核心价值观，踏踏实实修好品德，成为有大爱大德大情怀的人。德是一个人的道德和品行，中华民族自古以来就有崇德尚善的优良传统，育人的根本在于立德。我们致力于制定实施培育和践行社会主义核心价值观实施方案，广泛开展以学雷锋服务等社会公益实践为主要内容的"社会主义核心价值观宣传月"活动，引导青年学生自觉树立和践行社会主义核心价值观，明大德、守公德、严私德，追求更有高度、更有境界、更有品位的人生。落实文明校园创建工作任务，发挥榜样群体的引领作用，设置系列党性锻炼平台，帮助学生从小事做起，注重品德修养。

要在增长知识见识上下功夫。教育引导广大青年学生不断更新知识、丰富学识、增长见识。知识是每个人成才的基石，在学习阶段一定要把基石打深、打牢。知识代表着智慧、聪明和学识，知识见识决定一个人发展的深度和广度，是衡量学生素质最重要的标准。知识见识从哪里来？归根结底要从学习中来，从实践中来。我们牢牢抓住全面提高人才培养能力这个核心点，主动对接经济社会发展需求，始终围绕促进学生成长成才来展开教育教学工作，教育引导学生珍惜学习时光，全面丰富知识体系，增长人生阅历，沿着求真理、悟道理、明事理的方向前进。

要在培养奋斗精神上下功夫。教育引导广大青年学生树立高远志向，做到进德修业、自强不息。幸福都是奋斗出来的，奋斗本身就是一种幸福。新时代青年学生肩负着实现中华民族伟大复兴的重任，而实现这一伟大目标，离不开艰苦奋斗、勇于担当，所以必须要培养他们不懈奋斗的精神。我们致力于组织开展顶岗支教、学雷锋志愿服务等实践活动，锻炼学生的意志品质，强化学生的实践能力，深化学生对国情省情的认识，培养艰苦奋斗精神。在教学中，教育学生坚定信心、同舟共济、经受考验，广大青年学生积极投身志愿服务工作，展示了青年的责任担当。

要在增强综合素质上下功夫。教育引导广大青年学生培养综合能力，成为德智体美劳全面发展的时代新人。学生的综合能力不仅仅体现为思考和思维的能力，也体现为判断选择、语言表达、组织管理、沟通协调、批判反馈等各方面的素质和水平。综合素质强才更能适应各种复杂的环境，才能从容面对人生的顺境逆境，才能把发展的道路走得更好。在具体实践中，一方面要突出体育、美育、劳动教育等课程的设置，另一方面，要积极开展社团文化艺术节、高雅艺术进校园及学术科技、演讲辩论等一系列校园文化品牌活动，引导督促广大青年学生在参与校园文化活动过程中锻炼表达沟通、团队合作、组织协调、实践操作的综合能力。

我们要坚持社会主义办学方向，落实立德树人的根本任务，以习近平总书记"六个下功夫"要求，有力促进全校思想政治工作迈上新台阶，汇聚起教育事业改革发展的磅礴力量。

（作者为青海民族大学原党委书记，文章刊自《青海日报》）

凝心聚力确保如期打赢脱贫攻坚战

柴让措

3月6日，习近平总书记在决战决胜脱贫攻坚座谈会上的讲话中指出："克服新冠肺炎疫情影响，凝心聚力打赢脱贫攻坚战，确保如期完成脱贫攻坚目标任务，确保全面建成小康社会。"距离全面建成小康社会的目标越来越近，面对疫情造成的不利影响，要保质保量打赢脱贫攻坚战，急需在以下几方面下功夫：

深度贫困区脱贫靶向再发力。青海省是党中央明确的"三区三州"深度贫困地区之一，经省级核查，剩余的17个贫困县、170个贫困村符合摘帽退出标准。针对深度贫困区脱贫，应采取更集中的支持、更有效的举措靶向发力，在新增财政专项扶贫资金和新增涉农资金方面倾斜支持，优先安排公益性基础设施项目、社会事业领域重大工程建设项目，增加金融对深度贫困地区的支持，坚决攻克贫中之贫、困中之困。强化对当地因病致贫等特殊贫困群体的精准帮扶。资产收益扶贫措施主要向因病致贫返贫家庭倾斜，做好农村最低生活保障工作的动态化精细化管理，确保病有所医、残有所助、生活有兜底。

基层社会治理施政显实力。疫情延缓了脱贫攻坚的步伐，一些地区出现贫困劳动力外出务工受阻等具体问题。如何把疫情带来的影响降到最小，巩固脱贫攻坚战成果，成为当下我省脱贫工作重中之重。近期以来，青海省着力加快建立同疫情防控相适应的经济社会运行秩序。根据各地区情况，从就业政策、岗位供给等方面，制定补贴、社保费阶段性减免、失业保险稳岗返还、就业补贴等政策落地细则，帮助企业稳岗减负，降低求职者就业成本。同时继续强补"两不愁三保障"，采取有效措施，做好支持贫困劳动力务工就业。解决好青海特色扶贫农畜产品滞销问题，以实际行动履职尽责,坚决打赢决战脱贫攻坚这场硬仗。

产业发展精准帮扶再用劲。产业扶贫既是促进贫困人口较快增收达标的有效途径,也是巩固长期脱贫成果的根本举措。立足贫困地区资源禀赋发展特色产业、实施产业扶贫,能够有效提高贫困地区自我发展能力,实现由"输血式"扶贫向"造血式"扶贫转变。虽然青海省在围绕发展壮大特色优势产业,实现基层地区精准脱贫方面取得较大成效,但同时也面临着贫困人口自我发展能力与精准脱贫成效存在不稳定性等问题。因此,要实现当地产业帮扶脱贫就需要努力克服疫情影响,落实分区分级精准防控策略,集中精力加快推进脱贫攻坚,特别是要组织好产销对接,开展消费扶贫行动,利用互联网拓宽销售渠道,多渠道解决农产品销售问题。因地制宜发展资源经济,支持贫困村对村级集体未承包到户的土地等资源集中开发或引进企业联合开发集体经济增收项目,增强贫困村的"造血"能力。

各方协助多措并举固成果。脱贫攻坚不是某一个部门、某一个地方的事,而是需要各方力量相互配合,互补短板,方能如期脱贫;脱贫攻坚也不是短期的、临时性的事务,需要持久追踪,巩固成果,方能避免返贫。持续扎实做好东西部扶贫协作、对口支援等工作,继续动员全社会力量参与脱贫攻坚。整合一切可以整合的资源,团结一切可以团结的力量,向脱贫攻坚精准施策、精准发力,已是当前的重要政治任务,是确保如期打赢脱贫攻坚的重要保证。脱贫摘帽不是终点,而是新生活、新奋斗的起点。要接续推进青海省全面脱贫与乡村振兴的有效衔接,需进一步把产业发展作为脱贫攻坚与生态建设、乡村振兴的关键衔接点,充分运用乡村振兴的手段和要素,合力攻坚、顽强作战,高质量完成脱贫攻坚目标任务,确保如期全面建成小康社会。

(作者为青海民族大学马克思主义学院教师,文章刊自《青海日报》)

黄河文明与河湟文化

马成俊

黄河文明是中华文明的一个重要组成部分，也是一种在全世界有影响的文明类型。在人类历史上，黄河文明孕育了中国北方社会的多元文化，对于上古时期中华文明的形构具有重要的意义。在当下的生态环境保护语境中，黄河流域生态保护和高质量发展是一个备受关注的话题。黄河发源于青藏高原，地处青藏高原的青海省作为黄河的源头，在黄河流域生态环境保护中责任重大。长期以来，河湟文化是黄河文明体系中一个必不可少的组成部分，在当下的语境中，河湟文化迎来了一次前所未有的发展机遇。同时，在实现生态环境保护的前提下如何促进河湟文化的传承与发展，也是摆在我们面前需要缜密思考的一个问题。

黄河是中华文明的摇篮，黄河流域的生态保护与治理对当代中国来说迫在眉睫。2019年9月18日，黄河流域生态保护和高质量发展座谈会在郑州召开，习近平总书记明确提出了黄河流域生态保护和高质量发展的主要目标任务："要坚持绿水青山就是金山银山的理念，坚持生态优先、绿色发展，以水而定、量水而行，因地制宜、分类施策，上下游、干支流、左右岸统筹谋划，共同抓好大保护，协同推进大治理，着力加强生态保护治理、保障黄河长治久安、促进全流域高质量发展、改善人民群众生活、保护传承弘扬黄河文化，让黄河成为造福人民的幸福河。"《在黄河流域生态保护和高质量发展座谈会上的讲话》中，习近平总书记特别提道："上游要以三江源、祁连山、甘南黄河上游水源涵养区等为重点，推进实施一批重大生态保护修复和建设工程，提升水源涵养能力。"由此可见，地处黄河上游的青海在黄河流域生态保护中的重要使命和重大责任。

习近平总书记指出："要推进黄河文化遗产的系统保护，守好老祖宗留给我们的宝贵遗产。"他在论述黄河文明在中国历史上的意义时,概括了黄河流域内的四个重要文化,其中包括河湟文化:"在我国5000多年文明史上,黄河流域有3000多年是全国政治、经济、文化中心,孕育了河湟文化、河洛文化、关中文化、齐鲁文化等,分布有郑州、西安、洛阳、开封等古都,诞生了'四大发明'和《诗经》《老子》《史记》等经典著作。"

当下,在黄河流域的生态保护过程中,加强黄河文明的研究,特别是黄河文明与河湟文化的研究,对于促进青海省的生态保护与地方经济社会的发展具有重要的意义。

黄河:中华文明的摇篮

文明是指人类所创造的物质财富和精神财富的总和,是社会进入特定阶段之后表现出来的状态,是衡量社会发展进步的标志。就历史上影响世界的文明板块来说,有古希腊文明、古罗马文明、古巴比伦文明、古埃及文明、中华文明、古印度文明、古阿拉伯文明、古波斯文明等。

文化是人类社会特有的现象,是人的衍生物,文化由人类创造并为人类所使用。其实,今天学界谈到的"文化",是一个来自日语的词汇,近代引入中国,对应的是英语中的"culture",与古代汉语中的"文化"有所不同。一般情况下,文明的内涵与外延要大于文化,文明是文化的集合体,一种文明系统会把不同的文化整合其中。由于文明有一个不断演进的过程,人们往往用进化论的理念看待文明,而在认识文化的过程中用"文化相对论"的观点,所以,文明与野蛮相对,文化则与自然相对,文化没有高级与低级、先进与落后之分。

历史上的世界文明体系大部分与大江大河具有密切的关联,比如古埃及文明与尼罗河、古巴比伦文明与"两河"(底格里斯河和幼发拉底河)、古印度文明与印度河—恒河等。一方面,人类在生产生活过程中需要大量的水资源,包括生产用水与生活用水,历史上的水利灌溉与手工业生产就需要一定量的水才能进行;另一方面,往往在大河流的两岸形成了一定面积的冲积平原,有些甚至是大平原。这些冲积平原地势平坦,土壤肥沃,水利灌溉便利,非常适于农业生产。文明体系的形成与人类社会的发展之间具有密切的关联,河流为人类社会的生存与发展提供了重要的保障。

黄河在早期中华文明的形成过程中有着重要的意义，在黄河的不同流经地段及其支流区域形成了一些冲积平原，适于耕作和居住，在此基础上铸就了中国早期的农耕文明，并形成了黄河流域的聚落和城市。

在黄河干流流经地段形成了一些大的平原，比如关中平原、河套平原、华北平原等。与此同时，在黄河的一些支流流经地区，也形成了一些面积比较大的平原。

在黄河流域的基础上形成了一条黄河文化带，黄河文化带由一系列大小不等的文化圈构成，其中有好多文化圈就是在黄河支流流经区域形成的。由于这些黄河的支流流经一定的区域，特别是在汇入黄河的入口地段，即在黄河的干流与支流之间的三角地带形成了淤积平原，是非常适于从事农耕生产活动的地带，形成了比较发达的农耕文明。长期以来，以黄河流域为中心，不同区域人群之间进行了长期的互动，促进了文化的流通和传播，进一步形成了多元文化的融合。在黄河流域形成的黄河文化带，是中国北方文化的核心，后来在此基础上形成了中原文化并孕育了华夏文明。

由于组成黄河文化带的不同文化圈具有一定的独特性，也就形成了各自不同的地域文化，比如羌藏文化圈、河湟文化圈、秦汉文化圈、河洛文化圈、三晋文化圈、齐鲁文化圈等，并形成了不同的文化性格。就这些地域文化圈而言，有很多是在黄河支流流域的基础上形成的。湟水流域、泾河—渭河流域、洛河流域、沁河与汾河流域、大汶河流域分别是河湟文化圈、秦汉文化圈、河洛文化圈、三晋文化圈、齐鲁文化圈的重要组成部分。在某种程度上来说，黄河流域不同地段的支流哺育了黄河文化带上的不同地域文化。

随着黄河流域文明的集聚与发展，以黄河流域为中心，兴起了一些在世界上有重要影响的王朝，诸如秦、汉、唐、北宋等。这些王朝的政治、经济、文化中心一般设在黄河流域，相应地，在黄河流域也就兴起了一些古代大城市，这些大城市是不同历史时期的国都。秦王朝定都咸阳，西汉的国都是长安（今西安），东汉定都洛阳，隋唐两个朝代建都长安，最终形成了以长安—洛阳—开封为中轴的黄河中游地段的城市带。汉、唐这些强盛的王朝把都城设在黄河流域的关中平原和中原地区。作为帝都的长安、洛阳和开封，也就成了欧亚地区的核心区域。作为黄河支流的渭河养育了由东府、西府和长安组成的关中平原。长安是早期陆上丝绸之路的起点，是欧亚文明网络中的一个重要节点，也是黄河流域的历史名城。长安不仅仅是中国历史上盛世文明的体现，也是黄河流域当时社会发展水平的标志。有"十三朝古都"之称的长安，曾经在很长一段时间内是中国的政治、经济、文化中心。洛阳也有"十三朝古都"之称，先后有夏、商、周、东汉、魏、西晋、北魏、隋、唐等王朝在此建都，是华夏文明和中华民族的发源地之一，也曾经是丝绸之路的东方起点，在相当长时间内也是中国的政治、经济、文化中心。洛水是黄河的支流，在黄河与洛河之间的平原地区，以洛河之北的洛阳为中心，形成了河洛文化，河洛文化曾经是中原文化的核心。到了宋代，特别是发生于1127年的"靖康之变"以后，随着经济中心、文化中心的南移，黄河流域的一些城市才开始呈现出沉寂状态。而江浙地区成为国家粮仓和文化渊薮，从此，江南作为中国的经济文化中心持续了相当长的一段时间。

黄河是中华文明形成的基础，无论是在史前阶段还是历史时期，黄河哺育了华夏文明，中古时期的中原文明就是在黄河流域发展起来的。昔日辉煌的黄河文明为北方社会的发展奠定了基础，使当下的北方社会呈现出一定的历史厚重感，同时还为黄河流域提供了大量的文化遗产。在当下的黄河流域开展生态保护的前提下，促进黄河流域社会发展，传承与保护黄河流域文化遗产，同时做好文化遗产的适当开发与利用正当其时。

多元交融的河湟文化

湟水是黄河上游的重要支流，大通河又是湟水最大的支流，黄河、湟水、大通河的流经区域及其延伸地带就是我们通常说的河湟地区。河湟地区是青海省的重要组成部分。在历史上河湟地区是一个多民族聚居区域，长期以来，不同的民族之间"你来我往，我来你往，你中有我，我中有你"，不断互动，交往交流交融现象十分频繁，形成了一个多元文化交融地带。由此，多元文化格局是河湟文化的主要特征。河湟地区是黄土高原与青藏高原之间的过渡地带，也是历史上羌藏民族与中原汉族生产生活的地理边界与文化边界，在这一"中间区域"，居住着汉族、藏族、回族、土族、东乡族、撒拉族、蒙古族、保安族等不同民族（其中土族、撒拉族、保安族为人口较少民族），使这一地区成为多民族交流交往交融的典型地区，是整个黄河流域民族众多、文化多样的一个地区。河湟地区很早以前就出现了人类的文明形态，比如卡约文化、辛店文化等，从史前社会开始，河湟文明一直延续到现在。

就地理区域来说，河湟有狭义和广义之分。狭义的河湟主要包括青海省海东市、西宁市和海北藏族自治州、海南藏族自治州、黄南藏族自治州的农业地区。广义的河湟除了青海省之外，还包括甘肃的临夏回族自治州。其实，历史上的洮（州）岷（州）地区，即今天的卓尼县和岷县，也属于河湟文化的延伸地段。历史上河湟地区的范畴要大于今天对于河湟的理解。1929年甘肃、青海分省之后，河湟文化区为甘青两省的省界所割裂，河湟地区的范畴相应地变小，同时河湟内部的文化特征也发生了一系列的变化，当下所说的河湟就是狭义的属于青海的河湟。

在文化的分类中，最为普遍的一种分类逻辑是把文化分为物质文化、制度文化、精神文化这样三个大的类别。就河湟物质文化来说，最为重要的特点就是在农耕文化与游牧文化基础上的多元复合文化。不同的文化在河湟地区跨民族传播，形成了特定物质文化事象在多民族当中共享的现象，在此基础上生成了地域性质的物质文化。以饮食文化为例，在河湟地区各民族的饮食结构中，肉食和奶制品所占比重大，茯茶和酥油在各民族当中普遍流行，在传统社会农作物的种植中，青稞占有相当的比例，青稞面也就在河湟地区各民族的饮食结构中占有一定的比重。在食物共享性的基础上形成了多民族共同体，特别是历史上以粮食为中心的多民族共同体。历史上河湟地区的农业生产为游牧社会的粮食供给提供了重要保证，粮食把河湟地区的农耕民族与游牧民族关联在一起，形成了多民族共同体。在以粮食为中心的多民族交往交流过程中，也实现了不同民族在其他方面的互动和交流，包括物质和精神两个层面的交流。与河湟地区多元文化相对应，历史上在当地流行的制度文化具有多元性，当考察河湟地区历史上的社会制度时，也存在一种多元性特征。在河湟地区历史上存在的社会组织制度有县府制，比如西宁府、循化厅、贵德厅、丹噶尔厅、巴燕戎格厅等；同时在河湟地区还出现过部落制度与土司制度，部落制度主要在藏族、蒙古族聚居地区流行，而在农耕与游牧之间的过渡带还出现过土司制度，主要在土族、撒拉族聚居地区流行。由于河湟地区的多民族存在，不同民族之间的文化呈现出一定的差异性，河湟地区的精神文化具有多元性。与河湟文化的多元性相对应的是，河湟精神文化呈现的包容与开放，也是河湟文化最基本的特征。在精神文化方面，有些文化事项在多民族之间流播，成了河湟地区各民族共有的精神财富，在河湟地区广为流行的"花儿"，是在河湟地区各民族当中共同传唱的民歌。英雄史诗《格萨尔》在藏族、蒙古族、土族甚至撒拉族的民间传说中也广泛流传。

河湟地区的文化具有多元性、一体化、共生性特征。由于历史、地理、宗教等方面的差异，河湟地区的文化也出现了一些区隔性，这些区隔性主要表现为在地域、民族等基础上形成的一些共同体。河湟地区的文化由于具有区隔性特征，在地域、民族的基础上形成了不同的文化圈和文化丛，存在文化差异，呈现出多元性。在多元的基础上，河湟文化形成了一体化的特征。从历史上的地域共同体、宗教共同体、制度共同体，到后来的社会共同体。由于河湟地区的生产生活方式之间存在差异性，不同民族之间在物质文化和精神文化之间进行互补，多民族之间历来不断互动，形成了共生性。

河湟地区由于地处青藏高原与黄土高原之间，是一个多重文化的交汇区，历史上不同民族先后进入河湟谷地谋求生存，由于河湟谷地的自然区隔性特征，形成了河湟地区的多元文化。河湟地区与黄土高原、蒙古高原毗邻，历史上由于各种原因，以上两个地区的民族不断进入河湟地区。就河湟地区的语言来说，有属于汉藏语系汉语族和藏语族的；有属于阿尔泰语系突厥语族（撒拉族）和蒙古语族（蒙古族、土族、东乡族、保安族）的。就民族来说，河湟地区的世居民族有汉族、藏族、回族、土族、东乡族、撒拉族、蒙古族和保安族等民族，这一点在前面已经提及。就宗教信仰来说，有道教、汉传佛教、藏传佛教、伊斯兰教、基督教等，还有不同类型的民间信仰或种类繁多的俗信。1982年5月费孝通先生首次提出"西北民族走廊"的概念，在西北民族走廊中，除了河西走廊之外，主体部分是河湟走廊（其中包括洮岷走廊）。走廊的意义在于多元文化的汇集，河湟走廊中呈现出多民族、多语言、多宗教并存与多元文化共生的状态。河湟文化在多元的基础上形成了多元一体的格局，是构建和铸牢中华民族共同体意识的理论模型，也是民族团结的典范所在。丝绸之路的南线穿越河湟地区，这一段被称为"高原丝绸之路"，又叫"青海道"。一方面，当丝绸之路河西走廊段不畅通时，商队改道河湟地区；另一方面，河湟地区有着丰富的物产，特别是游牧产品，具有重要的商业意义。丝绸之路的贯通，促进了历史上河湟地区多民族之间的交流、交融。

历史上王朝国家的社会治理历来重视河湟地区，因为河湟地区具有重要的战略地位，对于青藏高原和蒙古高原，甚至整个西北地区至关重要。当代河湟地区的发展仍然关乎国家战略，河湟地区对于青藏高原的民族团结和社会稳定具有重要意义。河湟文化是多元文化的一个"范本"，为国家和社会治理提供了成功的范式和丰富的经验。

河湟生态文化保护

2016年8月22日至24日，习近平总书记在青海省考察期间强调，青海最大的价值在生态、最大的责任在生态、最大的潜力也在生态，必须把生态文明建设放在突出位置来抓，尊重自然、顺应自然、保护自然，筑牢国家生态安全屏障，实现经济效益、社会效益、生态效益相统一。

保护好青藏高原的生态，就应该加强河湟地区的生态保护，因为河湟地区是确保"一江清水向东流"的关键地区。"绿水青山就是金山银山"，作为"母亲河"的黄河是保护水生态、水环境的重要对象，就黄河的生态保护而言，上游是一个重要的组成部分。河湟地区位于黄河上游，做好河湟地区的环境保护，对于黄河来说具有重要的意义。青藏高原的生态保护已经取得了一定的成就，在此基础上既要做好黄河上游干流区的保护，也要做好黄河上游支流区湟水流域、大通河流域的保护，这是当下河湟地区生态保护的一个重要的任务。在河湟地区的生态保护过程中，水生态与水环境的保护是一个重要的课题，只有做好河湟地区水环境的保护，才能筑牢黄河上游的生态安全屏障，这是当下河湟地区对于黄河的意义之所在。

河湟地区在历史发展过程中，已经取得了社会可持续发展的经验和智慧，河湟地区的各民族在历史上对于青藏高原的生态保护起过非常重要的作用。当下，在生态保护的前提下，以青藏高原的生态农业、生态畜牧业、民族特色手工业推动河湟地方社会经济发展。在河湟地区，自然环境与文化生态环境之间具有密切的关联，每一个民族、每一种文化都在特定的"生境"之中，自然生态与文化生态息息相关，在加强自然生态保护的同时，应该加强河湟地区多民族文化生态保护，加强对文化生态保护试验区的建设。特别是做好河湟地区的文化遗产保护、非物质文化遗产传承与保护、地方文化产业的开发，对于促进河湟地区的民族团结与社会稳定具有重要的意义。在河湟地区的生态保护过程中，把生态保护、生态治理与民生问题相结合，通过生态保护促进河湟地区的高质量发展。

大江大河流域文明在人类社会发展史上具有重要的意义，在江河流域的基础上形成了一些文明类型和地域文化。黄河文明是中华文明的核心，河湟文化属于黄河文化带或黄河文明的重要组成部分。河湟地区应该充分发掘和利用黄河文明，阐明河湟文化与黄河文明之间的内在关系，使河湟文化成为黄河文明中一颗璀璨的明珠。

（作者为青海民族大学副校长，文章刊自《青海日报》）

深入落实《意见》推动党的十九届四中全会精神在青海落地生根

李 琼

2020年,是我国全面建成小康社会和"十三五"规划收官之年,也是谋划"十四五"规划的开局之年,更是我省决胜全面建成小康社会、实现第一个百年奋斗目标的关键之年。在这一重要节点,中共青海省委召开十三届八次全体会议,审议并通过了《中共青海省委关于贯彻党的十九届四中全会精神推进地方治理制度创新和治理能力建设的意见》(以下简称《意见》),具有重大历史和现实意义。这次全会,以抓好党的十九届四中全会精神的贯彻落实为核心要义,以努力推进地方治理制度创新和治理能力建设为目标要求,是我省坚持和维护中国特色社会主义制度,以实际行动推进治理体系和治理能力现代化作出的重大战略部署。全省各级各部门要提高政治站位,强化行动自觉,认真抓好《意见》的实施落实,推动党的十九届四中全会精神在青海落地生根。

一是要将党的十九届四中全会精神落实到"坚持和完善党的领导制度"上,体现在不断增强"四个意识"、坚定"四个自信"、做到"两个维护"上。制度是在立足国情的基础上长期发展、渐进改进、内在深化的结果。一个国家选择什么样的国家制度和国家治理体系,是由这个国家的历史文化、社会性质、经济发展水平决定的。中华人民共和国成立70年来,之所以能创造世所罕见的经济发展和社会长期稳定的奇迹,形成"中国之治"和"西方之乱"的鲜明对比,最根本的是因为我们党领导人民建立和完善了中国特色社会主义制度,不断加强和完善国家治理体系和治理能力建设。中国特色社会主义制度和国家治理体系是以马克思主义为指导、植根中国大地、具有深厚中华文化根基、深得人民群众拥护的制度和治理体系,是党和人民长期奋斗、接力探索、历尽千辛万苦、付出巨大代价取得的根本成就。《意见》强调:"推进地方治理制度创新和治理制度能力建设,关键在加强党的全面领导。"我省在推进地方治理现代化的过程中,将会面临更加复杂的形势和日益严峻的挑战,要战胜这些前进中的困难和问题,就必须发挥党中央集中统一领导的定海神针作用,需要我们在增强"四个意识"、坚定"四个自信"、做到"两个维护"上,更加坚定、更加有力、更加自觉。各级领导干部作为"关键少数",要做政治上的明白人,始终坚持和遵循中国特色社会主义制度的根本制度、基本制度、重要制度,以实际行动引导各族群众尊重制度、维护制度,坚决抵制"钻制度空子""打擦边球"的行为,带头同不守制度、破坏制度的现象作斗争。在全社会大兴"自觉尊崇制度、严格执行制度、坚决维护制度"之风,使党中央的大政方针和决策部署在青海一以贯之、落地见效。

二是要将党的十九届四中全会精神落实到推进地方治理制度创新上,体现在不断提升治青理政能力和水平上。《意见》强调:"各级党委和政府以及各级领导干部要坚持把制度执行力作为推进地方治理的重要能力。"明者因时而变,知者随事而制。贯彻全会精神,最重要的是坚持以制度创新为主线,以提升治理能力为抓手,以实现"一优两高"为目标。从省情出发,突出"一个尤其,两个事关"的战略地位,着力固根基、扬优势、补短板、强弱项,把制度执行贯彻到地方治理、部门治理、行为治理、基层治理、单位治理的全过程,落实到"五位一体"总体布局和"四个全面"战略布局的各方面,构建系统完备、科学完备、科学规范、运行有效的地方治理制度体系,加强系统治理、依法治理、综合治理、源头治理。充分发挥制度在指引方向、规范行为、提高效率、维护稳定、防范化解风险上的重要作用。通过创新和完善生态保护优先制度,坚决扛起筑牢国家生态安全屏障的重大责任,建立自然生态系统保护新模式,打造美丽中国、靓丽青海的名片。通过创新和完善经济高质量发展制度,打造现代化经济体系,聚合形成具有青海特色的发展格局和优势。通过创新和完善统筹城乡的民生保障制度,着力补齐民生短板,不断提升保障水平,让人民群众过上更加富裕、更加体面、更加幸福的生活。通过创新和完善保持社会稳定维护国家安全制度,以"平安青海"和"市域社会治理现代试点"为抓手,建设人人有责、人人尽责、人人享有的社会治理共同体。通过创新和完善城市治理制度，推动城市精细治理，让城市更加宜业、更加宜居、更加宜人。通过创新和完善农牧区治理制度，打造中国特色社会主义乡村善治之路，建设充满活力、和谐有序的乡村社会。通过创新和完善社区治理制度，打造配套完善、文化浓郁、邻里和谐、治理有效的温馨社区。通过创新和完善促进民族团结进步制度，打造共同团结奋斗、共同繁荣发展的新时代全国民族团结进步青海样板。

三是要将党的十九届四中全会精神落实到找准国家治理与地方治理的结合点上，体现在不断把制度优势转化为治理效能上。《意见》强调："加快推进我省地方治理制度创新，切实把制度自信转化为行动自觉，把制度优势转化为治理效能。"不日新者必日退。只有不断推进改革创新，不断打破束缚生产力发展的体制机制弊端，才能更好地发挥中国特色社会主义制度的优越性。我们要清醒地认识到，同党中央对青海的重托期望相比，同全省人民群众的期盼相比，同实现国家长治久安的艰巨任务相比，我们迫切需要立足青海特殊省情，找准国家治理与地方治理的结合点，摸索和完善地方治理的青海模式。任何层级的社会治理都是建立在社会共识的基础上，团结统一的思想基础是我省社会治理的强大精神支撑。贯彻落实党的十九届四中全会精神，推进地方治理体系和治理能力现代化，必须大力弘扬新青海精神，充分尊重基层群众的首创意识，鼓励大胆探索，形成各具特色的区域、行业、领域治理模式和治理机制。比如，"三单四制"共建机制、"社区民族之家"服务平台、"强村带寺"治理机制等，都是我省坚持从基层实际出发，大胆实践取得的好经验好做法。各地区各部门要紧密结合《意见》要求，形成合力、一体推进、一体落实，担负起推进地方治理制度创新和治理能力建设的政治责任，力争推出更多可复制可推广的制度经验。在推进地方社会治理的实践中，彰显青海特色、发挥青海优势、贡献青海智慧。

四是要将党的十九届四中全会精神落实到确保地方治理行稳致远上，体现在加快干部队伍建设上。《意见》强调："坚持把新时代干部队伍建设作为提高治理能力的重大任务。"推进地方治理制度创新和治理能力建设，必须要有与之相适应的高素质专业化干部队伍作保证，必须坚持把新时代干部队伍建设作为提高治理能力的重大任务。全省各级党组织要提高政治领导力、思想引领力、群众组织力、社会号召力,把广大党员、干部和各方面人才有效组织起来,把广大人民群众广泛凝聚起来,形成推进青海地方治理的强大合力。同时,全省各级党组织要高度重视加强对党员领导干部的思想淬炼、政治历练、实践锻炼、专业训练,努力培养干部的"战略、历史、辩证、创新、法治、底线"六种思维能力,不断增强干部的"学习、政治领导、改革创新、科学发展、依法执政、群众工作、狠抓落实、驾驭风险"八种本领,持续提升贯彻落实党中央重大决策、战略部署的工作能力和水平。实践长才干,历练出人才。要积极营造能够让干部想干事、能干事、干成事的环境氛围,健全完善干部选拔、培育、管理使用的全链条机制,健全完善激励干部担当作为的制度机制,构建科学规范、运行高效、开放包容的人才发展治理体系,把懂治理、善治理、敢治理的干部人才充实到领导班子中来,为推进我省地方治理制度创新和治理能力建设,提供有力的人才支撑和智力保障。

潮平两岸阔,风正一帆悬。省委十三届八次全会为我省地方治理制度创新和治理能力建设绘制了蓝图,明确了方向。全省上下要切实增强政治责任感和历史使命感,锐意进取,大胆创新,埋头苦干,不断探索和完善适合我省省情特点的地方治理新模式,在推进地方治理的实践中为国家治理贡献青海力量。

(作者为青海民族大学马克思主义学院教师,文章刊自《青海日报》)

小康全面不全面，生态环境质量是关键

胡西武

良好生态是全面小康的关键一环，习近平总书记指出："良好生态环境是全面建成小康社会的重要体现，是人民群众的共有财富。"青海是三江之源、"中华水塔"，地处青藏高原和地球第三极，在维护国家生态安全方面有不可替代的战略地位。生态报国是青海义不容辞的政治责任和时代担当，我们应切实肩负起青海重大生态责任，筑牢生态安全屏障，以优美生态标注全面小康成色。

一、习近平生态社会建设思想的理论内涵

生态良好是全面建成小康社会的内在要求，是新时代中国特色社会主义生态社会建设的重要内容。青海生态地位特殊，被誉为世界四大超净区之一，是我国主要生态产品输出供给地。但同时，青海生态环境敏感而脆弱，仍然面临着自然灾害频繁等多种威胁。全面建成小康社会，必须用更高的要求实施生态保护，更高的标准优化生态质量，提供更高质量的生态产品，建设更高水平的生态文明。

习近平总书记指出："小康全面不全面，生态环境质量是关键。"生态良好是全面建成小康社会的重要标志，是新时代中国特色社会主义生态社会评价的重要标准。如果只实现了增长目标，而在解决好人民群众普遍关心的突出问题方面没有进展，即使到时候我们宣布全面建成了小康社会，人民群众也不会认同。将生态良好明确为评判生态社会发展的新标准，丰富了马克思主义社会评价的体系内容。"建设生态文明，关系人民福祉，关乎民族未来。""保护生态环境就是保护生产力，改善生态环境就是发展生产力。"经济发展与生态保护、生态文明与社会发展之间具有相互促进、协调共生的对立统一关系，良好生态对于全面建成小康社会有重大意义。

二、坚持生态环境保护优先,全面建成小康社会的主要任务

优化生态环境,全面建成小康社会是在现有生态保护、生态修复、污染防控水平上,实现更高保护标准、更高生态效益、更高治理水平,是青海省实现高质量发展的新目标、新方向。我们应坚持以习近平生态文明思想为指引,担当青海责任,挖掘青海潜力,夺取全面建成小康社会的胜利。

优化生态环境,全面建成小康社会,一是提高政治站位,要坚决扛起生态环境保护的政治责任,以生态优先统领青海经济社会发展全局,使经济社会发展围绕生态保护部署、体现生态保护要求、服务生态保护展开、统筹协调推进。二是发展生态经济,以四种经济推动结构转型。优化生态环境,坚持生态产业化,产业生态化,以"五个示范省"建设和"四种经济形态"为抓手,加快建立生态经济体系,大力推进生态经济、循环经济、数字经济发展,实现传统产业结构向生态产业为主导的产业结构转型。三是培育生态文化,使绿色低碳成为时尚潮流。优化生态环境,全面建成小康社会,重要支撑是文化养成。要落实好习近平总书记"加快建立健全以生态价值观念为准则的生态文化体系"的重要指示,以价值认同与观念创新为重点,培养生态意识,倡导生态消费,丰富生态心理,养成生态行为,积极促进全社会思维方式、生产方式和生活方式变革,为推进生态文明建设提供理念支撑和文化滋养。四是坚守生态红线,对破坏生态行为"零容忍"。坚守生态环境质量只能变好、不能变坏的底线,向生态环保领域一切违规违纪违法行为做坚决斗争。通过建立健全生态治理的目标管理体系、社会共治体系、生态保护体系、绿色产业体系、污染防控体系和生态支持体系,走出一条生态保护良好、资源利用高效、绿色产业完备的经济社会协调发展新道路。

(作者为青海民族大学经济与管理学院教师,文章刊自《青海日报》)

在更高起点上开启全省民族团结进步事业新征程

汪丽萍

近日,青海省委、省政府印发《关于创建全国民族团结进步示范省的决定》(以下简称《决定》),提出全面推进民族团结进步示范省建设,开启新时代青海民族团结进步事业的新征程。在党中央坚强领导下,青海省始终致力于巩固和发展平等团结互助和谐的社会主义民族关系,新时代民族团结进步事业取得辉煌成就,走在了全国前列,实现了民族地区社会和谐稳定发展。各族人民亲如一家是中华民族伟大复兴实现的根本保证。我们要以铸牢中华民族共同体意识为主线,坚持共同团结奋斗、共同繁荣发展,把民族团结进步事业作为基础性事业抓紧抓好,在更高起点上创新全省民族团结进步事业。

一、民族团结进步创建是青海长期以来的全局性战略性工作

青海省多民族聚居,多宗教并存,多文化交织,是全国少数民族占比最高的省。民族团结进步创建既是我省优良传统的传承和创新,也是迫切的现实需要,更是着眼于未来的使命担当。长期以来,历届省委、省政府都把民族工作作为战略性、基础性、长远性工作。中华人民共和国成立初期,青海省委在党中央的领导下,贯彻执行党的民族政策,实现民族团结,引导各民族走上社会主义道路;党的十一届三中全会以后,全面恢复和落实党的民族政策,加强民族团结和加快青海经济社会发展;党的十八大以来,省委、省政府坚持以习近平新时代中国特色社会主义思想为引领,举全省之力创建民族团结进步先进区。

我省自1983年起持续开展"民族团结进步宣传月"活动,同年9月召

开历史上第一次全省民族团结进步先进集体、先进个人表彰大会。1989年9月和1995年12月，又召开两次表彰大会，极大促进了民族政策全面贯彻落实和民族团结。21世纪以来，民族工作日益深化。2003年起民族团结进步创建活动拉开帷幕，2005年1月，青海省委出台《关于进一步做好民族团结进步创建工作的意见》，提出明确的工作要求。2006年1月，全省民族团结进步工作领导小组提出，该项工作要推动实现全省经济社会又快又好发展，2011年8月，颁布《关于在全省深入开展民族团结进步示范区创建活动的意见》。2012年5月青海省第十二次党代会提出"民族团结进步示范区"建设，2013年又作出了"创建民族团结进步先进区"的战略部署，这标志着我省民族团结进步事业迈入了新的历史阶段。2016年8月，习近平总书记在青海视察时强调："我们国家是多民族国家，各民族是一家人，大家要相亲相爱、共同团结进步。"同年12月，省委十二届十三次全体会议提出"四个转变"，这是推动习近平总书记"四个扎扎实实"重大要求落地生根的科学实践，其中"实现从人口小省向民族团结进步大省转变"，就是在新的起点上推进民族工作的重大创新。2019年12月，省委十三届七次全体会议提出创建民族团结进步示范省的新战略，2020年9月23日，创建全国民族团结进步示范省动员会暨全省民族团结进步表彰会召开，安排部署新时代民族团结进步示范省创建工作，青海民族团结进步事业不断深化发展。

二、民族团结进步创建走在全国前列的"青海样板"

铸牢中华民族共同体意识是中华民族团结统一、发展进步的强大精神纽带和精神动力。围绕这条主线，青海民族团结进步示范省创建活动常态化、规范化并不断创新，书写了民族工作新篇章。

工作定位上，青海省始终将党的领导贯穿于民族工作全过程，把握民族关系、看待民族问题、开展民族工作不断提高政治站位，突出政治引领。特别是党的十八大以来，省委、省政府坚决贯彻落实习近平总书记关于民族工作的重要论述，聚全省之力推进民族团结进步先进区建设，全力打造新时代民族团结进步的"青海样板"，省委出台实施纲要和指导性文件，形成了党委主导、政府负责、全社会参与的党政军民齐抓共建的大创建格局，始终保持了高站位谋划、高起点推动的良好态势。

工作实践中，青海积极探索构建多项体制机制：实施"一把手"工程，建立了省州县乡四级党委书记负总责亲自抓的领导体制，在全国开创了党委总揽创建先例；面向全省设立民族团结创建奖、面向全社会表彰民族团结先进，在全国首创民族团结专项考核机制；建立省部共建机制，省政府与国家民委签署《建设民族团结进步大省合作协议》，开创党的十八大以来省部共建先例；建立思想教育引导机制，坚持把思想教育作为创建活动的基础性、先导性工作，铸牢中华民族共同体意识；持续推进涉藏州县社会治理创新，以法治保障民族团结进步；建立宗教工作"导"的机制，探索宗教中国化方向的青海实践；建立"民族团结进步进N"工作机制，推进创建工作融入基层、深入群众，形成共创共建共享的生动局面；建立"民族团结进步+"融合发展机制，推进创建工作向人文化大众化实体化方向发展；在全国率先制定示范单位动态管理办法，建立动态管理、优续劣汰机制，形成创建永远在路上的工作导向；在全国率先实施创建工作第三方评估，探索形成创建工作绩效管理机制；建立创建专项考核机制，与领导班子年度考核并列为全省两大考核体系等，开创了新时代青海民族工作蓬勃发展的新局面。

工作成效上，清醒的政治站位、高效完善的工作机制、持之以恒的创建活动，凝聚起全省上下共抓创建的磅礴力量，奠定了铸牢中华民族共同体意识，实现民族团结进步的政治、思想、社会、物质和法治基础。2019年底，青海在全国率先实现"三个第一"：第一个所有市州建成全国示范的省，第一个建成全国示范县市区数量过半的省，第一个一次性荣获全国模范集体县市区数量最多的省，提前实现了"三年打基础、八年创先进"的奋斗目标，民族团结进步事业走在了全国前列。

三、在更高起点上创新全省民族团结进步事业

民族团结是青海各族人民的生命线，是青海工作的主旋律。做好青海的民族工作，事关祖国统一和边疆稳固大局，事关民族团结和社会稳定大局，事关国家长治久安和中华民族伟大复兴大局。应该明确，《决定》是在新时代、更高起点上开启全省民族团结进步事业新征程，展现新作为、担当新使命的重大战略决策，通过创建全国民族团结进步示范省，以确保我省民族团结进步事业始终走在全国前列，就是在青海大地上忠实践行和落实"要以铸牢中华民族共同体意识为主线,不断巩固各民族大团结"的要求，推动各民族共同团结奋斗、共同繁荣发展的生动体现。

要坚持以习近平新时代中国特色社会主义思想为指导。党的十八大以来，以习近平同志为核心的党中央对民族工作做出一系列重大决策部署，为民族团结进步事业指明了方向。中国特色社会主义进入新时代，中华民族迎来了历史上最好的发展时期。面对复杂的国内外形势，我们更要团结一致、凝聚力量，确保中国发展的巨轮胜利前进。在新时代推动民族团结进步工作迈上新台阶就要深入学习、全面贯彻落实党的十九大和十九届二中、三中、四中全会以及中央第七次西藏工作座谈会、全国民族团结进步表彰大会精神，增强"四个意识"、坚定"四个自信"、做到"两个维护"，以铸牢中华民族共同体意识为主线，全面推进民族团结进步示范省创建工作。

要把《决定》提出的以政治引领民族团结、以提质增效夯实民族团结、以发展促进民族团结、以交往交流交融增进民族团结、以文化建设浸润民族团结、以法治保障民族团结的要求落到实处。一要广泛深入开展"四史"和爱国主义教育，引导各族干部群众铸牢中华民族共同体意识，增强"五个认同"，把维护国家统一和民族团结作为最高利益。二要大力弘扬新青海精神，立足地方实际和特色，建成一大批全省民族团结进步示范单位、教育基地和教育示范点等，使各族人民共创共建共享幸福家园。三要深入推进"民族团结进步+"融合发展，与国家公园示范省、清洁能源示范省、绿色有机农畜产品示范省、高原美丽城镇示范省建设统筹贯通，深度挖掘释放民族团结与全业态融合发展的红利，让各族群众更多更公平地享有改革发展成果。四要持续开展创建工作"十进"活动，不断优化各民族共居共学共事共乐的社会环境和条件，鼓励广泛开展社会生产生活各领域的交往交流，共创美好未来。五要坚持社会主义核心价值观引领，传承发展中华优秀传统文化，保护和弘扬各民族优秀文化，厚植各民族团结融合、多元一体的精神内涵和文化认同。六要确保民族团结进步始终在法治轨道上正确前行。中华民族一家亲，同心共筑中国梦，这是全体中华儿女的共同心愿，也是全国各族人民的共同目标。我们要把思想和行动统一到省委省政府的决策部署上来，在建成民族团结进步先进区的新起点上，强化政治担当，立足实际全面贯彻，奋力开启创建民族团结进步示范省的新征程。

（作者为青海民族大学马克思主义学院教师，文章刊自《青海日报》）

以政治建设为统领推动新时代党的建设

汪丽萍

坚持和发展中国特色社会主义，开启全面建设社会主义现代化国家的新征程，必须继续推进新时代党的建设新的伟大工程。《习近平谈治国理政》第三卷第二专题的主题是"坚持和加强党的全面领导"，其中收录的习近平总书记重要讲话突出强调把党的政治建设作为党的根本性建设，提出增强党的政治建设的自觉性和坚定性。深化对党的政治建设的认识，从而增强推进党的政治建设的思想自觉、政治自觉和行动自觉意义重大。

一、把党的政治建设摆在首位

党的十八大以来，习近平总书记围绕党的政治建设发表了一系列重要论述。"严肃党内政治生活是全面从严治党的基础""我国社会主义政治制度优越性的一个突出特点是党总揽全局、协调各方的领导核心作用""一个地方要实现政通人和、安定有序，必须有良好政治生态""党的高级干部要注重提高政治能力"，这些论述体现了习近平总书记就党的政治建设在坚持党的政治领导，夯实政治根基，涵养政治生态，提高政治能力等方面的高瞻远瞩和深入思考。

习近平总书记在中共中央政治局第六次集体学习时专门就加强党的政治建设做了深刻阐述，指出党的十九大明确提出党的政治建设这个重大命题，强调党的政治建设是党的根本性建设，要把党的政治建设摆在首位，以党的政治建设为统领，为党不断从胜利走向胜利提供重要保证。这凸显了党的政治建设在党的各项建设中的统领和首要地位。2019年1月25日召开的中央政治局会议审议通过了《中共中央关于加强党的政治建设的意见》（以下简称《意见》），并于2019年2月由中共中央印发该《意见》。上述重要论述和重大举措表明，以习近平同志为核心的党中央从战略上高度重视加强党的政治建设，强调以党的政治建设为统领，抓住了马克思主义执政党建设的根本点和关键点，这是对马克思主义党建理论的开创性、时代性贡献，实现了马克思主义党建理论的新飞跃，标志着党对自身建设规律的认识达到了新高度。

二、党的政治建设是党的根本性建设

加强党的政治建设就是要发挥政治指南针作用，引导全党坚定理想信念、坚定"四个自信"，把全党智慧和力量凝聚到新时代坚持和发展中国特色社会主义伟大事业中来；就是要推动全党把坚持正确政治方向贯彻到谋划重大战略、制定重大政策、部署重大任务、推进重大工作的实践中去，坚决纠正偏离和违背党的政治方向的行为，确保党和国家各项事业始终沿着正确政治方向发展；就是要把各级党组织建设成为坚守正确政治方向的坚强战斗堡垒，教育广大党员、干部坚定不移沿着正确政治方向前进。

政治建设是马克思主义政党建设的根本要求。马克思、恩格斯认为，无产阶级政党必须重视在政治上建设党。政治属性是政党的根本属性，党的政治建设是党的建设的灵魂和统领。讲政治，是我们党补钙壮骨、强身健体的根本保证，是我们党培养自我革命勇气、增强自我净化能力、提高排毒杀菌政治免疫力的根本途径。马克思主义政党具有崇高政治理想、高尚政治追求、纯洁政治品质、严明政治纪律。如果马克思主义政党政治上的先进性丧失了，党的先进性和纯洁性就无从谈起。因此，我们必须把党的政治建设作为党的根本性建设。

党的政治建设决定党的建设方向和效果。新时代党的建设总要求提出以党的政治建设为统领，把党的政治建设作为根本性建设，对党的其他建设起到了提纲挈领的作用。不抓党的政治建设或背离党的政治建设指引的方向，党的其他建设就难以取得预期成效。党的思想建设、组织建设、作风建设、纪律建设、制度建设和反腐败斗争应该分别以坚定政治信仰、严格政治标准、夯实政治根基、严格政治纪律、涵养政治生态和永葆政治本色为着力点。如此才能确保我们党始终走在时代前列、始终成为全国人民的主心骨、始终成为坚强领导核心。

重视党的政治建设是中国共产党的优良传统和基本经验。中国共产党历来注重从政治上建设党，毛泽东同志早在新民主主义革命时期就对思想建党、政治建党进行了长期探索，中华人民共和国成立后提出"我们是依靠政治来领导，离开了政治就谈不上领导"，改革开放后邓小平同志强调"到什么时候都得讲政治",江泽民同志提出党的政治建设六个关键性环节,胡锦涛同志指出"我们讲的政治,是马克思主义的政治,是建设有中国特色社会主义的政治"。党的十八大以来,以习近平同志为核心的党中央更是通过严肃党内政治生活、严明政治纪律和政治规矩、整顿作风和反腐败斗争等一系列加举措,开创了全面从严治党新局面。这些论述都充分表明中国共产党对政治建设重要性的清醒认识,这是党不断发展壮大、革命事业不断走向胜利的重要经验。

把党的政治建设作为根本性建设也是领导全面建设社会主义现代化国家的现实需要。中国共产党是执政党,党的领导是做好党和国家各项工作的根本保证。当今世界正处于百年未有之大变局,我国发展仍然处于重要战略机遇期,压力与挑战并存。全面建设社会主义现代化国家必须坚持党的绝对领导,必须抓好政治建设,把准政治方向、把稳政治立场、把牢政治大局,发挥好价值导航作用。

三、增强推进党的政治建设的自觉性和主动性

新时代,切实加强党的政治建设,要把准政治方向,坚持党的政治领导,夯实政治根基,涵养政治生态,防范政治风险,永葆政治本色,提高政治能力,为我们党不断发展壮大、从胜利走向胜利提供重要保证。

坚守政治方向,坚定政治信仰。应该明确,我们所要坚守的政治方向,就是共产主义远大理想和中国特色社会主义共同理想、"两个一百年"奋斗目标,就是党的基本理论、基本路线、基本方略。政治上的坚定源于理论上的清醒,党的十九大报告强调:"思想建设是党的基础性建设。"以坚定理想信念宗旨为根基以解决政治问题。要深入学习领会习近平新时代中国特色社会主义思想的丰富内涵、精神实质和实践要求,深刻把握贯穿其中的马克思主义立场观点方法,坚定理想信念、坚定"四个自信",通过制度建设巩固"不忘初心、牢记使命"主题教育成果,凝心聚力推动中国特色社会主义伟大事业行稳致远。

坚持党的政治领导,坚决做到"两个维护"。中国共产党领导是中国特色社会主义最本质的特征,是中国特色社会主义制度的最大优势,党是最高政治领导力量。习近平总书记指出:"一定要认清,中国最大的国情就是中国共产党的领导。什么是中国特色?这就是中国特色。"坚持党的领导是当代中国最大的政治原则,而坚持党的领导必须坚决维护习近平总书记党

中央的核心、全党的核心地位，坚决维护党中央权威和集中统一领导，这是党的政治建设的首要任务，是最重要的政治纪律和政治规矩。要增强"四个意识"，自觉在思想上政治上行动上同以习近平同志为核心的党中央保持高度一致。

夯实政治根基，永葆政治本色。民心是最大的政治，在中国革命、建设、改革的进程中，党依靠人民不断赢得胜利。100年来，我们党所处的历史方位和面临的中心任务不断发生变化，但群众观点、群众路线始终没有变，始终强调人民的历史主体地位、强调人民是创造历史的根本力量，始终把实现好、维护好、发展好最广大人民的根本利益作为党全部工作的出发点和落脚点。加强党的政治建设，要把赢得民心民意、汇集民智民力作为重要着力点，夯实党执政的基础。

涵养政治生态，严肃党内政治生活。营造良好政治生态是一项长期任务，必须作为党的政治建设的基础性、经常性工作。选人用人要突出政治标准，党员干部要尊崇党章，严格贯彻执行《关于新形势下党内政治生活的若干准则》，在党内政治生活中经常接受政治体检，增强政治免疫力。要加强党内政治文化建设，弘扬社会主义核心价值观，弘扬和践行忠诚老实、公道正派、实事求是、清正廉洁等价值观，坚持党所倡导的理想信念、价值理念、优良传统，通过培育健康向上的党内政治文化，涵养风清气正的政治生态。

（作者为青海民族大学马克思主义学院教师，文章刊自《青海日报》）

推进民族高等教育高质量发展

马维胜

高校贯彻党的十九届五中全会精神,需要准确把握新阶段,增强教育报国的责任心和使命感;需要深入贯彻新发展理念,着力构建高校高质量发展体系;需要面向新发展格局,全力提升学科实力增强服务发展能力;需要加强党的全面领导,始终坚持正确办学方向。新的历史阶段,我们需要以建设高质量教育体系为核心,按照党中央和省委战略部署,着力构建高校高质量发展体系。

建立高质量发展的治理体系。由外延式发展到内涵式发展,再到党的十九届五中全会提出的高等教育高质量发展,这是高等教育发展理念、发展方式的重要转变,需要建立适应和促进高质量发展的治理理念和治理体系,形成"党委领导、校长负责、教授治学、民主管理"的治理格局,释放办学活力,激发办学动力。

以强化特色作为推动高质量发展的突破口。民族院校强化特色,要从学校自身办学定位出发,在学科建设上,构建以民族学为核心的人文社科和以理学为基础的理工医"两个学科群"。以"大民族学"建设为特色,实施"民族学+"和"+民族学",实现民族学与经济、管理、法学、艺术和语言文学等学科的深度融合,打造青海民族大学人文社科不同于其他高校的特殊优势,增强青海民族大学服务民族地区的能力和水平。在理工医学科建设方面,我们要强调立足青海省情实际和产业定位,强调服务面向的精准化,坚持"精特强"定位,不求规模、不铺摊子,术业专攻持续用力,压缩"平原"打造"高峰"。

以实干作风推动高质量发展。高质量发展需要全校形成质量意识,塑造质量文化。要引导教师树立"博学、善教、爱才、乐育"的教风,引导学生践行"立志、进取、好学、力行"的学风，要以工作状态和学习状态的改进，促进学校发展质量的提升，建设具有鲜明青海特点、民族特色和开放格局的现代化一流民族大学，在推动少数民族和民族地区现代化进程中作出重要贡献，在青海经济、政治、文化、社会、生态文明建设中有更大作为。

（作者为青海民族大学党委副书记、校长，文章刊自《青海日报》）

高扬生态文明主题　传承高原坚守精神

阿进录

《守望可可西里》是青海民族大学师生自创自编自演的话剧。该剧立足我省"三个最大"的省情定位，是以学习贯彻习近平生态文明思想为根本、以倡导生态环保为主题、以讴歌"新青海"精神为主线、以反映改革先锋杰桑·索南达杰为代表的可可西里守护者深厚的爱国主义情怀与无私无畏的奉献精神为主要内容的现实主义题材话剧，是青海民族大学落实全国全省教育大会精神、深化思想政治工作的创新举措，是推进"四爱三有"教育的标志性校园文化成果，也是献给中华人民共和国成立70周年、青海解放70周年、青海民族大学建校70周年的一份礼物。自2019年9月20日首演以来，引发热烈的社会反响，得到专家的高度评价，获得2019年青海省人民政府颁发的第七届青海省文学艺术奖，也被教育部列入2021年全国高校20项原创文化精品推广行动计划。

主题设定与结构编排

党的十八大以来，习近平总书记对做好高校思想政治工作发表一系列重要讲话，作出一系列重要指示批示。为了将习近平总书记重大要求一笔一画、工工整整落实到学校育人工作中，青海民族大学通过推进思政课"四优"改革、推行"三全育人"模式、加强大学文化建设等措施，强化立德树人工作，取得显著成效。

在此过程中，打造原创话剧《守望可可西里》成为学校创新思想政治教育工作的重点项目。我们认为，在习近平生态文明思想指引下，青海生态文明建设取得显著成效，学校有责任以话剧这种创新形式，有针对性地反映这一宏大的时代主题，并让广大师生接受生态文明教育。

我们知道，2016年8月，习近平总书记视察青海，提出了扎扎实实推进经济持续健康发展，扎扎实实推进生态环境保护，扎扎实实保障和改善民生，扎扎实实加强规范党内政治生活的重大要求。几年来，青海各族儿女牢记习近平总书记的重大要求和殷切嘱托，在省委、省政府的坚强领导下，围绕"一优两高"战略和"三个最大"的省情定位，认真推进"五个示范省"建设，把保护地球第三极作为最大担当，以"登顶"打造生态文明高地的思想自觉和行动自觉，做好青海分内的事情，全力打造生态安全屏障、绿色发展、国家公园示范省、人与自然生命共同体、生态文明制度创新、山水林田湖草冰沙综合治理、生物多样性保护"七个新高地"，切实保护好高原的生灵草木、万水千山，取得青海生态文明建设的丰硕成果。

可可西里自然保护区是青海生态保护的缩影。可可西里被誉为"世界第三极"，湖泊众多，气候严酷，自然条件恶劣，人类无法长期居住，被誉为"生命的禁区"。同时，这里又是藏羚羊、野牦牛、藏野驴、藏原羚等珍稀野生动物的乐园，被称为青藏高原珍稀野生动物基因库。保护可可西里对于保护中华水塔的安全和生物多样性，构建"人与自然生命共同体"具有重要的战略价值。20世纪八九十年代，可可西里遭到盗猎分子的严重破坏，特别是藏羚羊种群濒临灭绝。几十年来，在以杰桑·索南达杰为代表的一代代可可西里守护者的前赴后继、接续奋斗下，可可西里的生态保护取得了彻底改观，现在的可可西里呈现出勃勃生机，仅藏羚羊数量就从20世纪末不足2万只增加到了现在的10万多只，从一个侧面反映了青海生态保护取得的成效。

话剧《守望可可西里》创编目的就是要反映在习近平生态文明思想指引下，可可西里自然保护区呈现出的勃勃生机。设定主题后，就需要创作剧本、精心选择演员和反复排练。在省剧协副主席、国家一级演员张璐的精心指导下，师生集体创编的剧本很快完成。接下来就是招募演员。海报一经张贴，学生踊跃报名。尽管学校没有话剧专业，但很快就招满了理想的"角色"。在这个剧组里，有汉、藏、回、土、撒拉、蒙古、满等不同民族的同学，大家非常团结。剧组先是组织同学们去可可西里体验生活，观看《可可西里》电影，了解可可西里巡山队员先进事迹，阅读相关资料，接着就是紧张有序地排练。在我省知名话剧导演杜笙的指导帮助下，经过半年多的勤学苦练和反复打磨，话剧编排越来越成熟，达到了近乎专业的水平。

该剧共四幕，演出时长100分钟，主要讲述了在杰桑·索南达杰用生命守护可可西里精神的感召下，巡山队员巴森罗布、才让南加、李敬、桑德四人，离别家人同事，跨沼泽、过冰川、走荒漠，进入可可西里腹地巡山的故事，途中历经四十几天，遭遇种种困境，在极其艰难的情况下，巡山队员不忘初心、牢记使命、不畏艰险、克服困难，最终回到可可西里保护站，表现了巡山队员牢记生态保护优先理念、守望可可西里的可贵精神。话剧还讲述了巡山队员背后那些默默付出的亲人、志愿者，用亲情做后盾、用奉献做回报的大无畏情怀。

在创编与排演过程中，学校党委书记薛建华和时任校长索端智高度重视和关心，提出了很重要的指导意见。在后期的演出过程中，新任校长马维胜也就如何进一步提升艺术效果、扩大对外宣传给予了精心指导。校庆办、党委宣传部、校团委以及艺术学院、文学院、体育学院等部门的很多同志参与了工作。

成功演出与良好反响

2019年9月20日，青海民族大学迎来建校70年庆典。省委、省政府领导出席庆典，并兴致勃勃地观看了话剧首演。演出过程中，演员们激情投入，表演生动，取得了首场演出的圆满成功。演出结束时，省委领导对话剧的立意、主题、表演、效果给予了高度评价，与演职人员一一握手并合影留念。从此，话剧《守望可可西里》正式登台亮相，与观众见面。

2019年12月2日晚，话剧《守望可可西里》在青海省文化馆群星剧场首次公演，省委宣传部、省文化和旅游厅、省教育厅、团省委、省文学艺术界联合会、省戏剧家协会、三江源国家公园管理局等相关部门的领导和专家，学校师生代表共450余人观看了演出。整场演出，宏大的主题、英雄的形象、震撼的场面、感人的情节、细腻的演绎和跌宕起伏的音效深深震撼了现场观众，演员们激情投入，生动表演，一句句激励人心的话语，一幕幕感人落泪的场景，不断将话剧演出推向高潮。

2019年12月4日下午，青海省戏剧家协会在省美术馆召开该剧作艺术研讨会。全省文化艺术界相关领导和专家王贵如、马有义、谷晓恒、马成俊、付晋青、贾一心、牛学军、屈巧哲、张璐、李宝莲、王稔、张英等参加研讨会。大家一致表示,《守望可可西里》这部话剧题材很好,话题鲜活,在传承和发扬新青海精神上具有很强的现实意义。该剧既突出英雄形象,又以巡山队员的普通生活为基础,以小见大,生动展示了可可西里坚守精神的内涵,在舞台表现、细节把握、表现形式等方面都可圈可点,是一部值得推广的好话剧。

由于在内容和艺术上的良好表现,该话剧在2019年庆祝新中国成立70周年青海省文学艺术奖评选中成功获奖;2021年又被教育部列入本年度全国高校20项原创文化精品推广行动计划,成为青海高校唯一入选项目。

教育意义与实践价值

培养社会主义建设者和接班人要在六个方面下功夫:坚定理想信念、厚植爱国主义情怀、加强品德修养、增长知识见识、培养奋斗精神、增强综合素质。《守望可可西里》紧扣习近平总书记"六个下功夫"重大要求,以话剧形式开展爱国主义、生态文明、民族团结和校史教育,成为思政教育的鲜活教材。

《守望可可西里》贯穿始终的是爱国主义精神,可可西里守护者立志扎根高原,用生命保护藏羚羊,保护祖国一草一木、一山一水的深厚情怀,就是爱国主义的最生动写照。该剧对于师生培养爱国之情、砥砺强国之志、实践报国之行,立志听党话、跟党走,具有重要意义。该剧倡导的生态文明理念,对于生态环境相对脆弱的青藏高原而言,尤为重要。习近平总书记指出:"青海最大的价值在生态、最大的责任在生态、最大的潜力也在生态。""三个最大"的省情定位需要我们每个青海人牢记在心,并为确保"一江清水向东流"作出每个人的奋斗和实践。因此话剧在倡导和培育生态文明理念方面具有鲜明的教育导向。青海也是一个多民族省份,保护好青海的生态环境,需要各民族团结起来,同心同德,共同努力。从杰桑·索南达杰到现在的可可西里自然保护区巡山队员、工作人员和志愿者,都是来自祖国大江南北、不同民族的同胞,大家守望相助、手足相亲,体现出伟大的中华民族共同体精神。与此同时,杰桑·索南达杰是2018年党中央表彰的纪念改革开放40周年100位"改革先锋"之一,是2019年受表彰的

"新中国最美奋斗者"之一,也是青海民族大学杰出校友。杰桑·索南达杰及其亲人共两代 4 人都参与到可可西里保护工作当中,都毕业于青海民族大学,所以该剧在激发民大师生的自豪感和责任感,并以杰桑·索南达杰等校友为榜样,苦学知识、增长本领,报效祖国、建设青海,争做生态环境保护的倡议者和践行者,为建设大美青海、美丽中国贡献自己的青春和热血方面具有特殊的教育意义。

话剧《守望可可西里》也成为学生拓展素质、扩大视野、增长见识、培养奋斗精神和吃苦精神的重要课堂。话剧是一门综合艺术,对学生的锻炼是全方位的。通过参与该剧的排练,既丰富了学生的戏剧涵养,培养了学生的高雅情趣,提高了学生的艺术才华,又拓展了他们的知识,锻炼了他们的语言表达、综合表演等能力,尤其通过深入可可西里体验生活,感悟祖国山川、大美青海的无穷魅力,扩大了他们的胸怀、格局、视野、见识,培养了吃苦精神和奋斗精神,对演员学生本身来说教育意义重大,对观众而言也具有很重要的启发价值。而且,随着话剧的长期传承和接力演出,一届届学生都可以通过这个平台得到锻炼和提升,这使得话剧《守望可可西里》有了更加深远的教育意义和实践价值。

话剧演出至今,在校内外演出 10 余场,累计观看人数达到 2 万余人。下一步,学校将以此剧被列入教育部 2021 年全国高校 20 项原创文化精品推广行动计划为契机,进一步凝练主题、完善剧本、加强排练、做好巡演,努力打造民大顶级文化品牌,在更大范围讲好民大故事、青海故事、中国故事。

(作者为青海民族大学党委副书记、话剧具体负责人,文章刊自《青海党的生活》)

打造国家清洁能源产业高地 助推青海经济高质量发展

马元良

2021年3月7日,习近平总书记在参加十三届全国人大四次会议青海代表团审议时强调,"高质量发展是'十四五'乃至更长时期我国经济社会发展的主题,关系我国社会主义现代化建设全局。""各地区要结合实际情况,因地制宜、扬长补短,走出适合本地区实际的高质量发展之路。""要结合青海优势和资源,贯彻创新驱动发展战略,加快建设世界级盐湖产业基地,打造国家清洁能源产业高地、国际生态旅游目的地、绿色有机农畜产品输出地,构建绿色低碳循环发展经济体系,建设体现本地特色的现代化经济体系。"我们要认真学习领会习近平总书记重要讲话精神,完整准确全面贯彻新发展理念,在构建绿色低碳循环发展经济体系上下功夫,认真落实国家"十四五"规划和2035年远景目标纲要及《青海省国民经济和社会发展第十四个五年规划和二〇三五年远景目标纲要》。

青海地处青藏高原东北部,拥有丰富的水能资源、盐湖资源、太阳能资源、天然气资源、风能资源以及地热资源等,是名副其实的资源大省。多年来,青海省借助国家西部大开发战略,大力发展水力发电、盐湖资源循环利用,积极构建新能源产业体系,加快能源生产方式变革,突破源头电量不稳定的瓶颈,实现大规模开发;提升外送能力,实现更大范围内的优化配置;发掘自身特色,协调多个产业……从过去的粗放发展转变为如今以绿色为基调的产业链模式。青海连续四年实施绿电7日、9日、15日、百日全清洁能源供电,刷新并保持全清洁能源供电世界纪录;青海—河南±800千伏特高压直流输电工程全线贯通;北京大兴国际机场投入运营时,用上了来自青海的清洁电力……这是青海清洁能源转型发展向世界递出的一张张"金名片"。随着"一优两高"战略部署、"五个示范省"建设和"四种经济形态"的深入实践，着力提高盐湖资源绿色勘查和综合、高效、循环利用水平，青海省在打造清洁能源基地的进程中迈出了坚实步伐。借助"十四五"开局之年，如何实现高质量发展、进一步打造国家清洁能源产业高地，值得我们每一位青海人思考和研究。

首先，要提高对高质量发展的认识。高质量发展是能够很好满足人民日益增长的美好生活需要的发展，是创新成为第一动力、协调成为内生特点、绿色成为普遍形态、开放成为必由之路、共享成为根本目的的发展。"十四五"时期经济社会发展要以推动高质量发展为主题，这是党的十九届五中全会根据我国发展阶段、发展环境、发展条件变化作出的科学判断。实践充分表明，推动高质量发展是遵循经济发展规律、保持经济持续健康发展的必然要求，是适应我国社会主要矛盾变化和全面建成小康社会、全面建设社会主义现代化国家的必然要求。青海地处青藏高原腹地、三江源头，素有"中华水塔"的美誉，我们要坚定不移贯彻创新、协调、绿色、开放、共享的新发展理念，从保护生态、长远发展的角度考量，加快三江源国家公园等建设力度，着力打造青藏高原生态文明高地。要清醒认识到，与高速增长阶段简单"以 GDP 论英雄"的情形有所不同，在高质量发展阶段，对 GDP 增速的关注和追求，已经让位于坚持质量第一和效益优先。坚持质量第一，就是在经济运行的各个领域和各个环节，严格把好质量关，促进微观产品和服务质量以及宏观经济增长质量"双提高"，为推动高质量发展奠定坚实基础。坚持效益优先，就是要抓住经济运行中的生产要素高效配置这个关键，推动生产要素向优质高效领域流动，实现各方面效益的最大化。

其次，要理解清洁能源。清洁能源不仅仅是绿色能源，是指对能源清洁、高效、系统化应用的供给与使用体系。其涉及能源生产、输送和使用等各层面，其不仅强调能源的清洁性，而且强调能源的经济性。确保清洁能源高质量发展，要着眼构建清洁能源多元化供给体系，促进清洁能源全产业链配套发展，推动清洁能源向高端化、智能化、融合化方向发展，加强技术创新等多层面发展。随着世界各国对能源需求的不断增长和环境保护力度的日益加大，清洁能源的推广应用已成必然趋势。目前已有 100 多个国家制定了可再生能源发展目标，将围绕太阳能、水电、风电等清洁能源开展一系列开发与利用行动。习近平总书记在第七十五届联合国大会一般性辩论上郑重宣布:"中国将提高国家自主贡献力度,采取更加有力的政策和措施,二氧化碳排放力争于2030年前达到峰值,努力争取2060年前实现碳中和。"这一重要宣示为我国应对气候变化、绿色低碳发展提供了方向指引,擘画了宏伟蓝图,也意味着国家清洁能源发展势必会进一步加快。以风能为例,青海是我国第四大风场,风能资源年利用小时在2000小时左右,占全国风能储量的9.4%。我们要在提高光伏转化率、延长光热储能时间、提升风电智能装备制造水平等方面加大科技投入,创新风力发电智能控制、先进测量等技术,以科技创新推动清洁能源产业升级壮大。同时,《青海省国民经济和社会发展第十四个五年规划和二〇三五年远景目标纲要》明确指出,要加快黄河上游水电站规划建设进度,打造黄河上游千万千瓦级水电基地;推进页岩气、干热岩等非常规能源开发利用,加快共和干热岩实验性开采;推进储能项目建设,加强储能工厂、抽蓄电站、光热、氢能、电化学储能等技术创新应用,统筹发电侧、电网侧储能需求,不断扩大共享储能市场化交易规模,研究建立储能市场体制机制,探索制定储能技术标准,建设全国储能发展先行示范区,为青海清洁能源发展做出了进一步规划,未来我省清洁能源发展必将趋于规模化、多元化,不断向清洁能源全产业链深入、深化。

最后,要突出对"产业高地"的理解。打造产业高地,要求企业从其经营活动的能耗比、产业发展的长远性及社会效益等方面精细、全面考虑,而不是单纯追求经济效益;要求企业着力创新发展,拥有自主知识产权,培育高新技术;要求相关领域内企业协调发展,打造更长产业链。打造国家清洁能源产业高地,一是政府层面要做好顶层设计,根据省内清洁资源优势、现有的发展基础,打破各经济开发区界限、各行业壁垒,从全省角度做出梯度分布的发展规划,促进、引领清洁能源高质量发展,让清洁能源建设助力青海驶向高质量发展广阔天地。二是打造清洁能源产业链。要结合省情,解决人才短缺问题,合理布局清洁能源产业链,促使实现更多的清洁能源供给和使用闭环,在做大做强基础上助力国内并与国际接轨,推动我省经济发展的"国内国际双循环",努力打造世界清洁能源发展的典范。

(作者为青海民族大学物理与电子信息工程学院教师,文章刊自《青海日报》)

以社会工作助力青海乡村振兴

荣增举

民族要复兴,乡村必振兴。乡村振兴是实现中华民族伟大复兴的一项重大任务。全面实施乡村振兴战略的深度、广度、难度都不亚于脱贫攻坚,要完善政策体系、工作体系、制度体系,以更有力的举措、汇聚更强大的力量,加快农业农村现代化步伐,促进农业高质高效、乡村宜居宜业,农民富裕富足。乡村振兴是战略系统工程,按地理自然条件而论。社会工作是助人自助、成人之美且兼顾促进环境美好的服务活动。一般而言,社会工作的服务对象是困难群体和困境人士,以人为中心的服务理念是社工职业道德要求,在科学理论和专业方法指导下,其帮助的最终结果要达成两个层面的目标:其一,困难个体和群体恢复社会功能;其二,服务对象所在的社区得到发展和进步。社会工作有其专业属性,社会工作者也有其专业品性,它何以助力青海乡村振兴,本人尝试进行探索思考。

一、提高思想认识是前提

社会工作是伴随工业化引发的社会问题而产生,起源于贫民救济或慈善事业。2004年社会工作首次被我国人社部确认为一种社会职业。2011年国家中长期人才发展规划中,将社会工作人才列为六大人才之一。中办国办印发的《关于加快推进乡村人才振兴的意见》明确提出:"加强农村社会工作人才队伍建设。"那么,在乡村振兴中,为何要培养农村社会工作人才呢?这缘起于社会工作专业的多样属性。就专业性质而言,有事后的救济,有事先的预防和福利建设。就对象来分,有济贫、扶困、治病等因问题所在而有的服务工作;有扶老助残救孤、育幼、救济不幸妇女、留守人员等因性别年龄而有的工作。就现实情况来说,我省每年高校培养的近百名社会工作人才中,真正从事社会服务的人才不足20%,扎根乡村建设的也只有 5%。面对这一现状，首先要解决思想认识问题。其一，要树立以人民为中心的发展思想，这是社会工作者的初心使命。其二，要学习农业知识，懂农业，要拜农民为师，爱农村、爱农民。通过学习，在思想认识上真正树立农民牧民是乡村振兴主体的意识，只有这样，才能为助力农村牧区的振兴提供前提条件。

二、坚持党的领导是保障

社会工作是一种朝阳的社会职业，社会工作机构是社区服务类的社会组织。我国社会工作的发展要进一步走向乡镇（街道）和农牧业社区，这是乡村振兴的必然要求，更是实现农业农村现代化的紧迫要求。为立足新发展阶段、贯彻新发展理念、构建新发展格局，社会工作者要以习近平新时代中国特色社会主义思想为指导，深刻领会习近平总书记在中央第七次西藏工作座谈会上的重要讲话精神，以及在全国脱贫攻坚总结表彰大会上的重要讲话精神，在乡村振兴工作中，坚持党的全面领导，积极创新社区与社会组织、社会工作者的三社联运机制，扎根农村牧区，服务乡村建设。积极担负起宣传党的路线方针政策的宣传员、输送政府社会福利政策的组织员，以及扎根农村牧区服务农民牧民群众发展生计的服务员，成为促进农村牧区和谐发展的倡导者和兜底者。在推进乡镇（街道）社会工作服务站建设中，应该整合有限的资源，畅通和规范市场主体、社会工作者和志愿者等参与社会治理的途径。要有长久的计划，计划不能长久也就无法专其责成。要有统一的指挥，要有充分的设备，所谓"巧妇难为无米之炊"，就是这个道理。要讲社会工作者的福利，乡村振兴的动力之一，是社会工作者的积极性和创造性。同时，要避免三种倾向：防止计划的朝令夕改和政出多门；防止政令不齐，上有顶层设计和政策，下有对策和"两张皮"；防止重基础设施建设轻农村社会工作人才能力建设，重社工站设备建设轻服务运行机制畅通建设。

三、培育农村社会工作人才是关键

乡村振兴，人才是关键。由于市场经济的驱动发展以及工业化、城市化的进一步深化，人们价值理念的多样化，致使国家建设人才都聚集在发达地区的大城市。青海农村牧区发展最大的瓶颈仍然是人才的匮乏。如何培育农村社会工作人才，可能的举措有三：一是培养一批本土社会工作人才。充分发挥我省高等院校培养地方人才的优势，为牧区乡镇社区免费定向培养一批源于本乡本土的民族社会工作大学生，在"十四五"期间，基本实现牧区一个社区至少有一名民族社会工作者的目标。在农业区，鼓励村两委成员、年轻党员等参加社会工作职业资格评价和各类教育培训，使他们逐步成为农村社会工作者。二是实施"三区社会工作大学生"支持计划。继续贯彻落实民政部实施的革命老区、民族地区、边疆地区社会工作专业人才支持计划。通过资源的合理配置，在农村牧区留住一批社会工作大学生服务乡村治理工作。三是吸引一批专业社会工作人才。大力培育社会工作服务类社会组织，吸引社会工作人才进入社会组织，扎根农村牧区，助力乡村振兴。

四、提高专业化服务水平是重心

为使社会工作在乡村振兴中发挥其独特优势，青海省民政厅拟在今年推进乡镇（街道）社会工作服务站建设，以全力协助乡村振兴战略任务。那么，社会工作为谁助力？怎样助力？如何高质量助力？这些议题，我们必须有一个理性的认识。很显然，民政系统推进的社工助力的重点涉及社区治理的工作。至于怎样助力，不外乎这几个环节：一是与服务对象同住同吃同陪伴，取得信任，共谋发展策略。二是应用科学的理论知识或服务模式，分析识别无能或困境原因，采用个案工作、小组工作、社区工作方法，给予恰当的帮助活动。三是挖掘自身的潜能，链接外界的资源，促进其恢复社会功能，适应新时代发展的趋势。如何高质量助力，至少要做实两个层面的服务：第一，使本土民众成为农村牧区骨干人才，再由骨干人才积极参与社区治理，促进社区的团结和谐发展。第二，团队式服务，解决生计问题，提高生活质量。譬如，组建乡村振兴文化团。利用互联网远程视频等具有科技优势的方式方法，助力乡村振兴。比如社会科学家，尤其是兼有实用与理论两方面的社会学家与社会工作学家；矿物学家与土壤学家；畜牧学家与农林学家；工业化学家，尤其是制造皮革、肥皂、乳产品、毛织品一类的人进行线上指导。通过团队服务，为乡村产业的兴旺谋划赓续升级的路径，为易地搬迁安置贫困户指点能力提升的策略，为生态环境和社区文明建设设计发展蓝图。只有各类专家人才无缝衔接，专业技术恰当应用，做到既有分工、又有合作，才能整合资源，减少服务成本，提高服务质量。

(作者为青海民族大学文学与新闻传播学院教师，文章刊自《青海日报》)

铸牢中华民族共同体意识 推动民族高校高质量发展

薛建华

2021年3月5日,习近平总书记在十三届全国人大四次会议内蒙古代表团审议时强调完整准确全面贯彻新发展理念,铸牢中华民族共同体意识。2021年3月7日,习近平总书记在参加十三届全国人大四次会议青海代表团审议时强调,要全面贯彻党的民族政策和宗教政策,加强民族团结进步教育,加快民族地区发展,多为各族群众办好事、办实事、解难题,促进各族群众共同富裕,促进各族人民大团结,携手共建美好家园。这充分体现了以习近平同志为核心的党中央对青海工作的高度重视,对青海各族人民的关怀厚爱。

习近平总书记关于民族工作的重要论述深刻回答了我国民族工作中的重大理论和实践问题,深刻揭示了什么是实现中华民族伟大复兴的内生动力,为铸牢中华民族共同体意识,凝聚共同团结奋斗、共同繁荣发展的磅礴力量指明了努力方向,提供了根本遵循,为开创我国民族团结进步事业新局面提供了强大思想引领,是做好新时代民族工作尤其是民族高等教育工作的"国之大者"。作为扎根青藏高原办学的民族院校,我们始终秉持"不谋民族工作,不足以谋全局"的理念,彰显坚决铸牢中华民族共同体意识、深化民族团结进步创建工作的特色,积极肩负使命担当,推动民族高等教育高质量发展。

将铸牢中华民族共同体意识作为履行党建主体责任的重要内容。一是坚持理论武装。坚持学习习近平新时代中国特色社会主义思想,特别是马克思主义民族理论和习近平总书记关于民族工作的重要论述,举行专题学习会,开展专题研讨,深化学思践悟,履行管党治党、办学治校的政治责任。二是抓实顶层设计。立足民族大学的本色,办好现代大学、开放大学、高水平大学,确立新时代建设现代化一流民族大学的目标,将铸牢中华民族共同体意识贯穿于办学育人的全过程,切实解决好培养什么人、怎样培养人、为谁培养的根本问题。三是选好班子干部。贯彻新时代组织路线,优化班子配备,改变单一的班子成员民族结构,坚持忠诚干净担当的好干部标准,严格选拔任用程序,注重实绩和群众公认原则,改变干部使用搞平衡照顾的做法。结合学校特点,大力培养、培训干部,提升干部的管理能力,带动各民族师生团结发展、共同进步。

将铸牢中华民族共同体意识作为学生思想政治教育的特色亮点。一是发挥课堂主渠道作用。将国家级精品课程《民族理论与民族政策》调整为《铸牢中华民族共同体意识》课程,打造思政金课《铸牢中华民族共同体意识》,开设一批民族团结通识课和示范课,培育一批融中华民族文化传承创新、爱国主义与家国情怀教育于一体的综合素养课,推动课堂教育和民族团结教育同向同行。二是强化思想引领。将马克思主义理论研习社、可可西里话剧团等一批社团打造成为在全校青年中具有影响力的品牌社团,成为吸引凝聚各族青年学子坚定理想信念、提高思想政治素质、促进各民族学子交流交往交融的重要平台。组织各民族优秀学生代表赴革命圣地延安和省外兄弟大学开展"团结与奋进——铸牢中华民族共同体意识"专题培训,拓宽视野、增长见识,教育引导大学生强化责任担当。三是发挥学生党员示范带动作用。完善学生骨干培养管理机制,严把学生党员入党关口,遴选党员、入党积极分子担任学生组织和学生社团负责人,发挥学生党员和入党积极分子促进民族团结、维护稳定的骨干带动作用。

将铸牢中华民族共同体意识作为提升学校内涵发展的有力抓手。一是打造学科集群。着力构建以民族学为核心的人文社会科学和以理学为基础的理工医"两个学科群",以"大民族学"建设为特色,聚焦青藏高原,在民族学、铸牢中华民族共同体意识等方向打造民族学"学科高峰";立足青藏高原语言文化与文学资源,打造中国语言文学"学科高原"。二是实施有组织的科研。紧密结合河湟地区各民族交往交流交融、多元交融的河湟文化、河湟生态文化保护等方面,由研究单一民族文化历史向研究多民族交往交流交融的点面转变,开展有组织、有计划的科研,组织课题,开展调研,举行论坛,加强科学研究的能力。三是加大平台建设。获批国家民委铸牢中华民族共同体意识研究基地,成立学校铸牢中华民族共同体意识研究院,推进建设青海省铸牢中华民族共同体意识研究院,组建创新团队,设立专项校级课题,联合攻关产出高质量理论成果,提供高水平咨政报告,阐释铸牢中华民族共同体意识的理论内涵,发挥建言献策作用,为民族团结进步事业做出积极贡献。

将铸牢中华民族共同体意识作为师生意识形态教育的思想防线。一是落实党中央决策部署。把认真做好推广普及国家通用语言文字工作、全面推行使用国家统编教材作为严肃的政治任务,教育引导师生把握政策与要求,提高政治站位,严格要求师生听党话、跟党走,巩固民族团结进步示范高校的建设成效。二是坚持党对意识形态工作的领导。进一步提高政治站位,坚持党管意识形态工作不动摇,加强阵地建设管理,在重大政治原则和大是大非问题上奏"强音"、降"噪音"、消"杂音",把意识形态工作领导权和话语权牢牢掌握在手中。三是层层压实工作责任。及时传达省委省政府工作部署要求,定期分析研判,画红线提要求,把安全维稳工作作为各级领导的第一责任,建立安全稳定工作责任制,层层明确任务抓落实。

青海民族大学将继续深入贯彻落实习近平新时代中国特色社会主义思想,坚持党对民族高等教育的领导,坚定社会主义办学方向,以铸牢中华民族共同体意识为主线,全面贯彻党的教育方针,学讲话、悟思想、抓落实、谱新篇,切实突出"青海"的服务面向、彰显"民族"的特色优势、提升"大学"的质量内涵,构建铸牢中华民族共同体意识的全方位教育体系,打造铸牢中华民族共同体意识高校典范,为全国民族团结进步示范省创建贡献智慧和力量。

(作者为青海民族大学原党委书记,文章刊自《青海日报》)

在党史学习教育中铸魂育人

权生鳌

在中国共产党百年华诞之际,深入开展党史学习教育,以党的光辉历史、丰功伟业和共产党人的崇高信念铸魂育人,是育人工作的本质属性。高校院系党组织要充分运用党史学习教育最佳契机,培养根正苗红的新一代合格人才。

高校党组织要把党史学习教育和育人紧密结合起来,学出信念坚定,学出责任担当。在通读原著、体悟原理的同时,挖掘在"学习强国"、干部网络学院等学习平台的精彩讲座、视频资料,组织集中学习。以"学党史育新人"为主题,党支部要把学习场所移到学生班级,党员谈认识、话体会,引导学生思考、感悟,推动学习纵深发展。不仅全体党员而且全体师生通过党史学习教育深刻体悟马克思主义"真理味道",从党的辉煌成就、艰辛历程、历史经验、优良传统中深刻领悟中国共产党"能"、马克思主义"行"、中国特色社会主义"好"的根本道理。

通过加强思政课程,深入挖掘专业课中的党史元素,全面开展"课程思政",使党史学习教育贯穿教学全过程、全领域;从党史中挖掘各个历史时期统战工作、民族工作的重要思想和团结、发动各民族人民进行革命、建设、改革的历程。有针对性地开展大学生思想帮扶,引导教育他们树立正确的国家观、历史观、民族观、文化观,从而增强"五个认同";在教师和学生中开展"献礼中国共产党百年华诞"红色主题课本剧表演、"给党说句心里话"微视频征集、听取"两弹一星"精神宣讲、观看"守望可可西里"话剧演出、"党史百年天天学"网络学习、唱响红色歌曲和"党的生日"手绘板报评比等系列活动,掀起党史学习教育热潮;充分发挥"马克思主义理论研习社"和"习近平谈治国理政思想研习社"等社团的领学促学作用。

在丰富多彩的学习及活动中，增强对马克思主义的高度信仰、对党的高度信赖、对中国特色社会主义的高度认同、对教育教学事业和学业的高度追求。

学习党史，就要继承好革命先辈的精神遗产，担负起历史赋予我们的神圣使命。开展"寻根正己"活动，高校基层党支部要充分利用周边的红色资源感悟党的光辉历程和光辉业绩，学习革命先烈的英勇事迹，铭记历史前进的脚步，激发党员争做共产主义远大理想和中国特色社会主义共同理想的坚定信仰者和忠实践行者。院系党组织每周一要组织开展全院师生升国旗仪式，在国旗下讲党的历史、红色故事和丰功伟绩，引导青年学生从党史中汲取精神力量，坚定理想信念。挖掘身边先进典型，提炼支部书记抓支部建设打造坚实战斗堡垒的事迹和潜心育人、爱岗敬业的教学能手的故事，讲好老专家严谨治学、矢志不渝追随党的事迹，学习环保卫士、改革先锋、优秀校友杰桑·索南达杰的英雄事迹，开展老党员、老专家、老同志"手拉手走进师生"宣讲活动，为师生铸魂立心。传承中国共产党勇于开创、不怕困难的革命精神，深入研究高校预科的办学特点，改革课程设置，优化教学内容，衔接好本科教育与预科教育知识体系，在打牢基础上下足功夫。深入学习中国共产党民族工作理论、方法，结合现代社会民族工作尤其是少数民族大学生思想政治工作特点，开展以理铸魂、以文化人、以情感人的民族团结进步教育。

（作者为青海民族大学预科教育学院教师，文章刊自《青海日报》）

适应社会需求　办好民族高等教育

薛建华

2021年3月25日，习近平总书记在考察闽江学院时强调，要把立德树人作为根本任务，坚持应用技术型办学方向，适应社会需要设置专业、打好基础，培养德智体美劳全面发展的社会主义建设者和接班人。习近平总书记的重要讲话，对教育事业具有重大指导意义，为办好民族高等教育提供了重要遵循。

锚定办学定位方向。民族高等教育是教育事业的重要组成部分，是高等教育工作和民族团结进步事业的交汇点，肩负着教育工作和民族工作双重使命。民族院校要遵循高等教育发展的普遍规律，紧扣民族院校的实际，努力办出自己的特色。必须坚决贯彻党和国家的教育方针和民族政策，在坚持党的领导和社会主义办学方向的基础上，将深化民族团结进步教育、铸牢中华民族共同体意识作为自己的政治责任田，落实立德树人根本任务，坚守育人阵地，强化特色优势，提升学校的整体办学水平和综合实力，为少数民族和民族地区服务、为民族工作服务、为国家战略服务，培养一大批思想过硬、下得去、留得住、干得好、适应社会需求的各民族优秀人才，在维护国家统一、边疆稳定、民族团结、社会和谐，促进民族地区经济社会发展方面展现大作为。

落实立德树人根本任务。必须全面加强党对学校工作的领导，不折不扣地贯彻落实党的教育方针，坚持为党育人、为国育才，努力培养德智体美劳全面发展的社会主义建设者和接班人。把学做人作为立德树人的基本点，坚持在坚定理想信念上下功夫、在厚植爱国主义情怀上下功夫、在加强品德修养上下功夫、在增长知识见识上下功夫、在培养奋斗精神上下功夫、在增强综合素质上下功夫，正确处理好教书与育人的关系，既授人以鱼，又授人以渔，教学生守公德、明大德、严私德，坚定理想信念，做有大爱、大德、大情怀的时代新人。以"四有好老师""四个引路人""四个相统一"为标准，将师德师风作为干部选拔、职称评定、优秀考评的重要评判依据。教育引导学生学做人、长本领，努力成为对人民、对社会有益，为国家做出贡献，靠自己奋斗赢得幸福生活的人。

高度重视思政工作。习近平总书记提出的铸牢中华民族共同体意识的论断，是新时代民族工作的主线，为做好新时代民族高等教育工作指明了方向。民族院校要秉持"不谋民族工作，不足以谋全局"的理念，以习近平新时代中国特色社会主义思想为指引，将铸牢中华民族共同体意识这条主线贯穿学生思想政治教育全过程。一是发挥课堂主渠道作用，开设一批民族团结通识课和示范课，培育一批融中华文化传承创新、爱国主义与家国情怀教育于一体的综合素养课，推动课堂教育和民族团结教育同向同行；二是强化思想引领，打造一批能够吸引凝聚各族青年学生坚定理想信念、提高思想政治素质的优秀社团，打造各民族学生交往交流交融的平台；三是发挥学生党员示范带动作用，完善学生骨干培养管理机制，发挥学生党员和入党积极分子促进民族团结的带动作用。

系统规划学科专业设置。民族院校在专业设置上应根据社会的需求突出特色优势专业，在"精"和"专"上下功夫。按照国家学科专业目录科学设置学科专业体系，理顺学科专业与学院的隶属关系，紧扣"双一流"建设、"双万计划"等要求，提高学科专业和课程的匹配度，增强发展后劲，压缩学科"平原"，建设学科"高峰"。挖掘民族学等传统学科专业优势，实施融合发展路径，加快新工科、新农科、新医科、新文科等"四新"学科建设，形成相互匹配、支撑有力、优势互补、协同共进的学科专业体系。在办好人文社科类特色优势专业的基础上，结合地方优势和资源，积极发展与地方特色优势产业和支柱产业相衔接的理工类专业，凝练学科方向，形成新的学科增长点，积极培养民族地区和民族工作发展所需要的各民族干部和专业技术人才。

坚持适应社会需求的导向。当前，民族院校面临着人才培养结构、规格与民族地区经济结构调整和社会转型发展不相适应，人才培养不够精细化，学生能力培养不足等问题。民族院校要更好地服务少数民族和民族地区发展，就要以需求为导向，树立科学的人才培养意识，按照"反向设计、正向施工"的思路,明确各专业人才培养的目标定位、培养方案,做到课程设置、学生能力培养、适应社会需求三者相结合,更加清晰精准地引导学生的未来发展。完善以社会需求为导向的人才培养评估评价体系,达到以评促建、以评促改的目的。在教学过程中,紧密结合民族地区经济社会发展需求,加强学生实践能力的培养,在培养方案中提高实践育人的比重,引导学生走出校门、深入社会,将课堂搬到田间地头、将论文写在祖国大地,勉励学生树立正确的职业观,打牢基础,在社会最需要的地方寻找自己的价值,把人生的路一步步走稳走实,在平凡的岗位上创造不平凡的业绩。

民族院校承担着培养少数民族高层次人才的光荣使命,发挥着其他院校不可替代的作用。使命光荣,责任在肩。必须一如既往地坚持为少数民族和民族地区办学的服务方向,为我国民族团结进步事业培养一大批具有科研潜力的研究应用型人才,让党中央放心、让社会认可、让人民满意。

(作者为青海民族大学原党委书记,文章刊自《中国民族报》)

赓续共产党人实事求是精神血脉

陈国飞

"工欲善其事，必先利其器。"中国共产党革命、建设、改革的百年历史，是实事求是地认识中国、改造中国、建设中国、发展中国的历史。辩证唯物主义和历史唯物主义是马克思主义的世界观和方法论，是指导中国共产党人不断前进的强大思想武器，其精髓就是实事求是。实事求是是马克思主义活的灵魂，是党的思想路线的核心，也是毛泽东思想、邓小平理论、"三个代表"重要思想、科学发展观和习近平新时代中国特色社会主义思想的精髓，是共产党人的精神血脉。

实事求是的科学含义。实事求是最早出自《汉书·河间献王传》，是东汉著名史学家班固赞誉汉景帝的儿子刘德严谨治学态度的话。唐代史学大师颜师古说："务得事实，每求真是也。"宋代创建的岳麓书院，就把"实事求是"作为办学的宗旨、院风。

赋予实事求是马克思主义哲学含义的是毛泽东。毛泽东汲取了实事求是这一中国传统思想中的精华，并运用马克思主义的观点做了新的解释和发挥。1938年，毛泽东在党的六届六中全会上第一次使用了实事求是的概念。毛泽东指出，"共产党员应是实事求是的模范""因为只有实事求是，才能完成确定的任务"。1941年5月，毛泽东在《改造我们的学习》中深刻阐述了实事求是的科学内涵："'实事'就是客观存在着的一切事物，'是'就是客观事物的内部联系，即规律性，'求'就是我们去研究。我们要从国内外、省内外、县内外、区内外的实际情况出发，从其中引出其固有的而不是臆造的规律性，即找出周围事变的内部联系，作为我们行动的向导。"因而实事求是被提高到对待马列主义的根本态度和党性原则的高度。1941年12月，毛泽东为延安中央党校题词，以"实事求是"作为校训。经过延安整风和党的七大,实事求是的思想路线在全党得到了确立。1945年党的七大将实事求是写进党章,正式确立为党的思想路线。

中国共产党人对实事求是思想路线的继承和发展。毛泽东为中国共产党人树立了实事求是的思想路线,取得了中国革命的伟大胜利,也取得了社会主义建设的初步成就。1978年12月,党的十一届三中全会重新确立了实事求是的思想路线。邓小平同志把"实事求是"丰富发展为"解放思想、实事求是"。特别强调解放思想的重要性。邓小平指出:"我们讲解放思想,是指在马克思主义指导下打破习惯势力和主观偏见的束缚,研究新情况,解决新问题。"党的十二大通过的《中国共产党章程》规定:"党的思想路线是一切从实际出发,理论联系实际,实事求是,在实践中检验真理和发展真理。"从此该思想路线一直没有改变。

进入21世纪,江泽民同志对新形势下坚持实事求是的思想路线又提出了新的要求,强调弘扬与时俱进精神。与时俱进是马克思主义的理论品质,要通过理论创新推动制度创新、科技创新、文化创新以及其他各方面的创新,不断在实践中探索前进,永不自满,永不懈怠。党的十六大以来,胡锦涛同志在提出和强调科学发展观的同时,强调要大兴求真务实之风,把求真务实提高到辩证唯物主义和历史唯物主义一以贯之的科学精神、党的优良传统和共产党人必须具备的政治品格的高度。

党的十八大以来,习近平总书记把实事求是贯穿到治国理政各个方面、各个环节,在实践中积累了新的宝贵经验。他深刻指出:"实事求是,是马克思主义的根本观点,是中国共产党人认识世界、改造世界的根本要求,是我们党的基本思想方法、工作方法、领导方法。"在坚持解放思想、实事求是、与时俱进、求真务实,坚持辩证唯物主义和历史唯物主义,紧密结合新的时代条件和实践要求,以全新的视野深化对共产党执政规律、社会主义建设规律、人类社会发展规律认识的基础上,创立了习近平新时代中国特色社会主义思想。这一思想,秉持人民至上、彰显历史自觉、坚持实事求是、突出问题导向、强化战略思维、发扬斗争精神,为推进党和国家事业发展提供了科学指引,是坚持和运用辩证唯物主义和历史唯物主义的光辉典范。

实事求是的真谛。从实事求是的词源和毛泽东对实事求是科学含义的阐述以及后来共产党人的实践来看:第一,不仅要达到"实事"的层面,还需要达到"求是"的层面,即追求理想和真理,既要求是,就得实事。第二,实事求是的核心和要害在求是,实事的目的是求是。坚持实事求是,关键在于"求是",就是探求和掌握事物发展的规律。对事物客观规律的认识,只能在实践中完成。这是认识客观规律的根本途径,也是把握客观规律的必由之路。我们作决策、办事情、谋发展,都要认识规律、遵循规律。第三,从党的思想路线而言,实事求是就是一切从实际出发,理论联系实际,坚持实践是检验真理的唯一标准。一切从实际出发,就是"看问题不要从抽象的定义出发,而要从客观存在的事实出发,从分析这些事实中找出方针、政策、办法来";就要在任何时间、地点和条件下都要反对本本主义,反对经验主义,做到"不唯上、不唯书、只唯实"。

(作者为青海民族大学马克思主义学院教师,文章刊自《青海日报》)

中国共产党实现中华民族伟大复兴的百年探索

韩喜玉

实现中华民族伟大复兴的历史背景。实现中华民族伟大复兴是近代以来中国人民的宏伟目标,也是凝聚了深厚民族感情的庄严宣示,更是中国共产党百年来始终不懈的坚持和追求。中国是世界文明古国,在长达几千年的历史中,中华民族一度走在同时期人类文明的前列,创造了诸多人类发展史上的文明标杆,中国古代文明在世界上长期处于领先地位,受世人尊崇。然而,到19世纪末20世纪初,西方资本主义列强的冲击与入侵,造成中国传统优势的消失和传统文明的衰落,中华民族曾一度到了"亡国灭种"的边缘。中国的有识之士们展开了一系列救亡图存的努力,但最终都以失败告终。1921年中国共产党成立以来,秉承"为中国人民谋幸福,为中华民族谋复兴"的初心和使命,不断探索实现中华民族伟大复兴的道路。经过百年奋斗,凝聚集体智慧,形成了国家富强、民族复兴、人民幸福的中国特色的发展道路,实现了中华民族从站起来到富起来再到强起来的历史转变。

实现中华民族伟大复兴的理论内涵。中华民族在漫长的历史长河中,创造了令人瞩目的辉煌成就,为人类文明的发展做出了不可磨灭的贡献,有力推动了人类文明的发展走向,影响深远,直至当代。近代以来中华民族在西方列强的大肆侵略和封建专制统治及官僚资本主义剥削下,错失了现代化的历史机遇,中国日渐衰落。因此,中华民族伟大复兴是相对于中国古代文明的繁荣昌盛而言的,是相对于近代中华文明的衰落而言的。同时,中华民族伟大复兴,是针对文明发展的历史延续性而言的。中华民族繁荣昌盛就必须保持自己文明的历史延续性，灿烂的古代文明是我们今天实现民族复兴的基础。因此，要不断激发各民族的爱国主义热情，增强使命感和责任感，增强中华民族在世界体系中的独立性与话语权。中国共产党接过历史的接力棒，继往开来，成为实现中华民族伟大复兴的领导力量。

实现中华民族伟大复兴的道路选择。中国共产党领导中华民族在复兴之路上经过百年探索完成了救国、兴国、富国、强国伟大使命，实现了站起来、富起来、强起来的三步跨越，为实现中华民族伟大复兴奠定了政治基础、制度基础、物质基础和文化基础，并指明了国家富强、民族复兴、人民幸福的方向和路径。

国家独立、民族解放是实现中华民族伟大复兴的前提。近代以来，中国沦为半殖民地半封建社会，实现中华民族伟大复兴，必须推翻压在中国人民头上的帝国主义、封建主义和官僚资本主义三座大山，实现国家独立、民族解放是中华民族伟大复兴的政治基础。对此，刚刚成立的中国共产党就有清醒且深刻的认识，将"为工人和贫农的目前利益计，引导工人们帮助民主主义的革命运动，使工人和贫农与小资产阶级建立民主主义的联合战线""消除内乱，打倒军阀，建设国内和平；推翻国际帝国主义的压迫，达到中华民族完全独立"作为自己的奋斗目标。1949年，中国共产党领导人民推翻了压在中国人民头上的"三座大山"，建立了中华人民共和国，标志着中华民族在复兴之路上已经站起来了。

社会主义制度的确立与完善是实现中华民族伟大复兴的保障。怎样建设新中国，建设怎样的新中国，是在战争废墟上建立起来的新中国的领导者们必须回答的一个时代命题。从1949年到1956年的7年间，我们主要对农业、手工业、资本主义工商业进行了社会主义改造，并顺利完成了复杂、艰难和深刻的社会变革，标志着社会主义制度在中国全面确立。20世纪80年代，开展了"建设怎样的社会主义"的探索与思考，我们遵循马克思主义发展观，总结历史经验，结合中国实际，最终提出"社会主义的本质，是解放生产力，发展生产力，消灭剥削，消除两极分化，最终达到共同富裕"。继而开始实施改革开放政策，并取得了巨大成就，这是我们党在政治理论和政策上的又一次突破和创新，为实现中华民族伟大复兴创造了制度和物质保障。

中国特色社会主义的发展，为中华民族伟大复兴开辟了全新的局面。

党的十八大以来,在中国共产党的领导下,中国特色社会主义进入新时代。我国在政治、经济、文化、社会、生态等各方面取得了巨大成就,为中华民族伟大复兴开辟了新局面。"中华民族是命运共同体"与"人类命运共同体"是新时代中国共产党解决国内外问题的经验和理念的总结与升华。对内,实现中华民族伟大复兴的中国梦,要以铸牢中华民族共同体意识为主线,把民族团结进步作为基础性事业抓紧抓好;对外,中国将始终与邻为善、情系世界、怀抱天下。

行程万里不忘来路,饮水思源不忘初心。中国共产党带领中国人民经历了"雄关漫道真如铁"的艰苦探索,完成了"人间正道是沧桑"的建设发展,开启了"长风破浪会有时"的光明前景。现在,"我们比历史上任何时期都更接近中华民族伟大复兴的目标,比历史上任何时期都更有信心、有能力实现这个目标"。

(作者为青海民族大学民族学与社会学学院教师,文章刊自《青海日报》)

坚持社会主义办学方向推动高等教育高质量发展

尕宝英

道路决定命运，道路就是党的生命。20世纪50年代，围绕什么是适合中国国情的社会主义建设道路问题，以毛泽东同志为主要代表的中国共产党人进行了艰辛探索，取得了宝贵经验。在这个时期，党紧紧依靠人民，创造性地完成社会主义改造，在我国确立了社会主义基本制度，掀起建设社会主义热潮，开始了沿着社会主义道路实现中华民族伟大复兴的历史征程。

历史与现实证明，在一个拥有5000多年文明史、14亿多人口的大国进行社会主义建设，找到适合自己的发展道路实属不易。必须坚定不移走自己的路，只有社会主义才能救中国，只有中国特色社会主义才能发展中国，只有坚持与发展中国特色社会主义才能实现中华民族伟大复兴的中国梦。

进入新时代，以习近平同志为核心的党中央对教育工作的重视程度是空前的。2019年以来，党中央、国务院连续出台了关于教师队伍、学前教育、义务教育、职业教育等的一系列重要文件，对各级各类教育进行了系统谋划和顶层设计，对加强教育改革提出明确要求，为深化教育体制机制改革指明了方向、提供了遵循。

前不久，习近平总书记在清华大学考察时明确指出，"中国教育是能够培养出大师来的。我们要有这个自信，开阔视野、兼收并蓄，扎扎实实把中国教育办好。"作为新时代民族高等教育工作者，我们要坚定信心，坚守为党育人、为国育才使命，坚持社会主义办学方向，全面贯彻党的教育方针，努力培养担当民族复兴大任的时代新人，培养德智体美劳全面发展的社会主义建设者和接班人。

要抓好马克思主义理论教育。要深化学生对马克思主义理论意义和现实意义的认识，运用马克思主义立场观点方法观察世界、分析世界，真正搞懂面临的时代课题，深刻把握世界发展走向，认清中国和世界发展大势，深刻感悟马克思主义真理力量。作为民族大学，要突出铸牢中华民族共同体意识教育，充分发挥国家民委铸牢中华民族共同体意识研究基地作用，打造好课堂主阵地，运用好第二课堂，引导学生树立正确的历史观、民族观、国家观。

要强化教师队伍建设。要进一步落实师德师风第一标准，结合学校特点改革职称评聘制度，健全激励机制，打造高质量发展、充满活力、具有韧性的教师队伍。高校教师必须时刻以"有理想信念，有道德情操，有扎实知识，有仁爱之心"的"四有"好老师标准激励自己，把立德树人落实到教学科研活动中，体现在教书育人过程中，坚持教书和育人相统一，既做传播知识、思想和真理的工作，更做塑造灵魂、生命和人的工作，以人格魅力和知识魅力教育感染学生，在教书育人实践中关注、关心、关爱每一个学生，尊重、欣赏、信任每一个学生，让每一个学生都能健康成长、茁壮成才。

要坚持"五育并举"。要以习近平总书记"六个下功夫"的要求为引领，聚焦构建德智体美劳全面培养的教育体系，坚定理想信念、厚植爱国主义情怀、加强品德修养、增长知识见识、培养奋斗精神、增强综合素质，在全校中形成厚德、启智、强体、悦美、尚劳的浓厚氛围，培养德智体美劳全面发展的社会主义建设者和接班人。

（作者为青海民族大学原副校长，文章刊自《青海日报》）

传承好青海红色文化

李 琼

青海红色文化，是中国共产党人带领各族人民创造崭新世界积淀下的丰富而珍贵的精神财富，是青海各族人民在继承优秀传统文化的基础上，在革命、建设和改革的伟大实践中形成的反映时代特征、具有地域特点的精神品格，是青海各族人民的宝贵精神财富。

一、以青海红色文化研究院为平台，加强传承保护利用研究

2020年底，青海民族大学成立了"青海红色文化研究院"，以红军长征精神、"两弹一星"精神、新青海精神为研究主题，旨在整理研究中国共产党成立一百年来，青海大地涌现出的丰富多彩、内涵深刻的红色文化，勇担弘扬红色传统、传承红色基因、赓续精神血脉的历史使命，为我省经济社会文化发展，鼓起迈进新征程、奋进新时代的精气神。首先，发挥和做强学校在党史研究特别是红军长征在班玛、西路军研究等方面的优势。系统研究班玛长征精神的时代价值，挖掘整理班玛的红军长征文化资源。其次，学校组织"原子城精神当代价值"课题组走访"核工业二二一离退休人员管理局"的西宁杨家庄等管理处，采访了近60名建设者和经历者；原创的话剧《守望可可西里》入选2021年全国高校原创文化精品推广行动计划，是我省唯一入选的思政工作培育建设项目；创新运用红色文化资源开展人才培养的方式方法，将课堂讲授等融会贯通，充分发挥红色文化资源的强大吸引力和感召力，提升教育教学的针对性和实效性。

二、以青海红色文化为载体，强化思政课的精神追求与价值导引

在立德树人根本任务的总框架中，思政课有其特殊的战略性地位，是铸塑"德中之魂"的"灵魂课程"。近些年，西方各种社会思潮特别是历史虚无主义，对青少年形成正确的历史观产生了较为消极的影响，也给学校

思想政治教育带来了严峻挑战。加强红色文化的研究、开发和利用意义重大。红色文化与思想政治教育有内在的统一性和价值关系，其以独特的精神追求和价值导引多方位满足思想政治教育的客观需求。因此，红色文化资源是优质的、独特的教育资源，能针对性地使教育对象了解历史真相，从而树立正确的世界观、人生观、价值观。思政课需要借助红色文化的力量和手段实现自身的横向传播和完成代际传承。首先，利用红色文化资源，夯实理想信念的根基。秉持传道者要先信道的理念，让教育者可以从感性与理性、内容与形式、讲授与体验并重的原则出发，将崇高的理想信念、厚重的先进文化、丰富的革命精神和高尚的人格魅力融入教育教学中，使历史转化为课程、史料转化为教材、现场转化为课堂，有效实现知、信、行相统一。其次，利用红色文化资源，丰富和创新教育载体与方式，提升思政课的思想性、理论性和亲和力、针对性。青海红色文化资源多样的载体特征不仅使坚持和完善课堂讲授式教学成为可能，而且可以使红色文化资源的情景模拟等教学方法结合起来，突出教育对象的主体性，把"看、思、悟、行"融为一体，构建寓教于思、寓教于悟、寓教于行的思想政治教育模式。

三、以传承红色文化为契机，充分畅通合作的对接通道

我省红色文化资源极为丰富，但在教育教学中利用率不高，同时，高校的整理保护研究也没有很好成为地方经济社会文化发展的助推器。故而，构建起校地合作、校馆合作和校校合作的对接通道，实现深度合作，建立起通畅的对接机制，才能及时、高效、精准地将红色文化传承好、保护好、利用好。从校地合作来看，学校和地方政府携手相通，鼎力合作，搭建红色文化保护开发利用对接平台，确保红色文化资源的教育价值、社会价值和经济价值有效实现。从校馆合作来看，要最大限度发挥立德树人、铸魂育人的教育功效，各地各类红色文化纪念馆及实体展示在免费开放的基础上，应与学校建立科学合理的对接机制，将馆藏的静态历史资源转变为鲜活的现实教学资源。从校校合作来看，高校教学机构与地方党校应加强合作。红色文化的地域性特点决定了各地市州党校都有所在辖区专属的红色文化资源，要打通高校教师与党校干部培养培训工作通道，做到资源共享、成果共用、师资共育。

一个民族，一个国家，必须知道自己是谁，是从哪里来的，要到哪里

去，想明白了，想对了，就要坚定不移朝着目标前进。充分挖掘、提炼和传播红色文化资源，并以喜闻乐见的形式讲述好、传播好红色故事，使昨天积累的精神财富成为明天奋斗的精神动力。我们要紧跟新时代发展步伐，整合研究资源，加强团队建设，优化产出结构，创新科研成果，为助推"一优两高"战略部署提供精神支撑。

（作者为青海民族大学马克思主义学院教师，文章刊自《青海日报》）

试论我国文化自信与文化软实力的内生关系

何九甫

坚定中国特色社会主义道路自信、理论自信、制度自信、文化自信，说到底是要坚定文化自信。文化自信是对本民族文化价值和意义的充分肯定和坚定认同，是对本国发展道路的历史经验和未来目标的全面肯定。文化软实力在体现国家综合国力的诸因素中起着越来越关键的作用，如何借助文化软实力的建设发展，实现我国文化自信的不断坚定是摆在我们面前的理论和实践问题。通过提升国家文化软实力，增强广大人民的文化自信，充分发挥文化发展对我国经济、制度和社会建设的促进作用，是实现全面建成社会主义现代化强国目标、实现中华民族伟大复兴的中国梦的必然选择。

一、文化自信与文化软实力

文化自信就是相信、信任本民族的文化，对本民族的文化充分认同、高度肯定。在国家层面，倡导文化自信就是要对自己国家和民族的文化传统、发展道路、社会制度、理论体系等"文化因素"在情感上由衷热爱，在认识上高度认同，在实践上坚定贯彻的精神状态。中华优秀传统文化，是我国文化自信的根本来源；社会主义先进文化，是我国文化自信的现实基础；文化创新发展能力，是我国文化自信的方略支撑。

文化软实力，就是以文化为基础的国家软实力。其特点在于"软"，它区别于经济、军事、科技等硬性的综合国力，其中心点在文化，将发展传播文化作为应对国际冲突和社会发展挑战的主导策略，强调文化的自觉、自信、自省、自强和自我革新。就我国而言，实现中华民族伟大复兴不能单纯依靠经济增长、科技进步、军事发展等硬实力的提升，还须在传承中华优秀传统文化的基础上，聚焦社会主义文化创新发展，着力增强国家的文化软实力，提升中华民族的凝聚力。

二、文化自信与文化软实力的内生关系

习近平总书记指出，各国各民族都应该虚心学习、积极借鉴别国别民族思想文化的长处和精华，这是增强本国本民族思想文化自尊、自信、自立的重要条件。我国提出文化自信，实际上是对实现我国文化软实力战略目标的最好注释。文化自信和文化软实力之间形成紧密的内生关系：一方面，坚定文化自信要求我国不断提升文化软实力；另一方面，文化软实力的提升有助于催生和建立文化自信，二者统一于我国社会主义文化大发展的历史实践之中。

（一）坚定文化自信依靠提升文化软实力

一个国家、一个民族，对自己追求的宏伟目标有着坚定信心，才可能创造人间奇迹。习近平总书记深刻指出："当今世界，要说哪个政党、哪个国家、哪个民族能够自信的话，那中国共产党、中华人民共和国、中华民族是最有理由自信的。"有了"自信人生二百年，会当水击三千里"的勇气，我们就能毫不畏惧地面对一切困难和挑战，就能坚定不移开辟新天地、创造新奇迹。今天，实现中华民族伟大复兴进入了不可逆转的历史进程，我们比历史上任何时期都更接近、更有信心和能力实现中华民族伟大复兴的目标。每一名党员干部都要增强对实现中华民族伟大复兴的信心，牢记初心使命、增强必胜信心，坚信我们党一定能够团结带领人民在中国特色社会主义道路上实现中华民族伟大复兴，努力创造无愧于党、无愧于人民、无愧于时代的业绩。

（二）建设文化软实力催生文化自信

提高国家文化软实力，建设社会主义文化强国，是中国特色社会主义文化发展的必然要求。在某种意义上，文化强国与文化软实力强盛基本上是同义的，一个国家要成为文化强国，就必须拥有强大的文化软实力；一个国家拥有了足够强大的文化软实力，也就意味着这个国家发展成了文化强国；一个文化软实力强盛的文化强国必然拥有超强的文化自信。我国必须坚定不移地走中国特色社会主义文化发展道路，用先进的社会主义文化引领社会思潮、凝聚社会共识、规范社会发展，通过不断提高国家文化软实力，催生高度的文化自觉和文化自信。

（三）文化自信和文化软实力的实践统一

坚定文化自信和提升文化软实力二者统一于我国社会主义文化大发展的历史实践。在建设社会主义文化强国、推动中华文化走向世界的历史进程中，高度的文化自信，必将在提升国家文化软实力方面发挥巨大的推动作用。建设社会主义文化强国，是走中华民族伟大复兴之路的必然选择，是我国从经济大国走向经济强国的必然选择。在我国，坚持社会主义先进文化前进方向，推动社会主义文化大发展大繁荣，就是提升国家的文化软实力，也就是坚定我国的文化自信，坚定文化自信和提升文化软实力都内生并服务于我国走中国特色社会主义文化发展道路和扎实推进社会主义文化强国建设战略的历史实践之中。

三、文化自信与文化软实力内生关系的实现

（一）融汇古今：在对中华优秀传统文化的传承发展中实现内生

在世界多极化、经济全球化、社会信息化、文化多元化发展带来极大挑战的时代背景下，我们更应该积极保护、弘扬传承、创新发展中华民族的优秀传统文化，增强人民对我国优秀传统文化的认同感、归属感和自豪感，发挥优秀传统文化的吸引力和凝聚力。大力弘扬中华优秀传统文化，还可以树立我们中华民族的形象、中国国家的形象、中华文明的形象，扩大中华文化在全球的影响力和传播力。

（二）贯通中西：在与世界不同文化的交流融合中实现内生

当今世界各国综合国力竞争日趋激烈，全球文化的交流、交融、交锋呈现出新特点，给我国增强文化自信、提升文化软实力建设带来新的机遇和挑战。站在新的历史起点，适应国际文化交流发展新趋势，坚持走中国特色社会主义文化发展道路，推进中国文化走向世界，在批判和抵御西方腐朽没落文化的基础上，吸收世界优秀文化成果，丰富和发展中国文化，以文化交流消除文化隔阂，以文化融合应对文化冲突，增强我国文化在全球的影响力和吸引力，增进世界各国对我国文化的理解、支持和认同，是全球化背景下我国文化软实力建设的必经之路。

（三）担负使命：在文化创新发展的进程中实现内生

创新是一个国家、民族文化发展的永恒驱动力，是文化发展的生命力。在中国特色社会主义文化大发展的时代背景下，文化创新是建立文化自信和提升文化软实力的重要战略。这几年，我国文化建设在正本清源、守正创新中取得历史性成就、发生历史性变革，为新时代坚持和发展中国特色社会主义、开创党和国家事业全新局面提供了强大正能量。在新时代的伟大征程上，我们要坚定文化自信，推动中华优秀传统文化创造性转化、创新性发展，继承革命文化，发展社会主义先进文化，不断铸就中华文化新辉煌，建设社会主义文化强国。要立足推进社会主义文化强国建设的伟大实践，从本国、本民族文化发展实际和人民群众精神文化需求出发，加大文化创新力度，创新文化生产方式，创造性地进行我国社会主义文化建设，不断提高我国文化的生产力、创造力。

（作者为青海民族大学师范学院教师，文章刊自《青海日报》）

践行中央民族工作会议精神 铸牢中华民族共同体意识
——民族团结进步创建事业中的"青海经验"

张兴年

2021年8月27日至28日,中央民族工作会议在北京召开。习近平总书记在中央民族工作会议上的重要讲话,全面回顾了我们党民族工作百年光辉历程和历史成就,深入分析了当前党的民族工作面临的新形势,系统阐释了我们党关于加强和改进民族工作的重要思想,具有很强的政治性、思想性、理论性,是党的治国方略在党的民族工作领域的集中体现,为在新时代铸牢中华民族共同体意识、做好党的民族工作指明了前进方向,提供了根本遵循。

民族团结进步创建工作开展以来,青海以铸牢中华民族共同体意识为目标,坚决贯彻落实习近平总书记关于民族工作的重要论述和中央关于民族工作的一系列重大决策部署,聚全省之力深入推动民族团结进步创建,连续3年在全国民族团结进步创建示范区和示范单位评选中名列前茅,开创了民族团结进步创建工作的新局面。"十三五"期间,青海把民族团结进步事业融入国家战略,2019年,成为全国首个所有市州都建成全国民族团结进步示范区的省份,形成民族团结进步创建事业中的"青海经验",民族团结进步事业走在全国前列。

一是以完善机制为保障提档升级。省委十三届七次全会作出创建全国民族团结进步示范省的战略部署,研究制定实施意见,把创建工作作为青海战略任务来抓,进一步健全完善各项机制,推动新时代创建工作提档升级,确保民族团结进步事业始终走在全国前列。其中,省十三届人大常委会第九次会议通过了《青海省促进民族团结进步条例》，这是青海省第一部以促进民族团结进步为宗旨的地方性法规，在青海民族团结进步创建工作中具有里程碑意义，为进一步推动民族团结进步创建提供了法治保障。继而出台《民族团结进步创建示范单位和先进单位动态管理办法（试行）》，对示范地区和先进单位以三年为周期，实施复检复验、动态调整、优续劣汰，进一步树立创建永远在路上的正向牵引导向，防止"牌子到手、创建到头"，促进创建活动常态化、规范化、制度化。在绩效考核中，同步考核、分类奖励，进一步激发了青海各族干部职工的积极性和主动性，始终保持了持久发力、争先创优的强劲势头，不断完善创建活动体制机制提档升级。

二是以省部共建为平台融入国家战略。围绕落实国家民委和省政府签署的《建设民族团结进步大省合作协议》，细化37项重点任务，印发《建设民族团结进步大省合作协议分工方案》，逐项明确牵头单位和责任单位，分工推进抓落实。省委、省政府主要领导专门赴国家民委衔接协调，召开座谈会，通报青海工作，就支持青海民族团结进步事业达成共识，扩大扶持范围、推进民族团结进步创建，使创建工作主动融入国家战略。其中，国家民委先后在海西蒙古族藏族自治州召开"全国民族自治州脱贫攻坚奔小康现场经验会"，总结推广青海民族自治州、自治县脱贫攻坚的有益做法和经验，效果明显，时任国家民委主任的巴特尔亲临指导，给予充分肯定。

三是以重大活动为依托凝心聚力。省委、省政府在重要时间节点适时召开座谈会、表彰会，及时总结青海民族工作历程，总结工作经验。结合庆祝中华人民共和国成立70周年和青海解放70周年，在北京民族文化宫成功举办"大美青海——新中国成立70周年青海民族自治地方发展成就展"，并在青海省美术馆通过实物照片、文件资料、音视频资料、文艺演出、产品推介等形式，全面生动展现70年来青海民族地区经济社会事业发展的巨大成就和丰硕成果，展示青海民族团结进步的生动故事，展现昂扬向上的新青海精神；先后数次通过组织民族团结进步模范集体和个人代表，赴北京参加全国民族团结进步表彰大会、中华人民共和国成立70周年系列活动、第十一届全国少数民族传统体育运动会、全国脱贫攻坚楷模、玉树抗震救灾十周年纪念活动等，使各族人民更加深切感受到中国共产党的伟大、中国特色社会主义制度的优越和祖国大家庭的温暖，进一步凝聚了感恩奋进、砥砺前行的磅礴力量，使"三个离不开""五个认同"深度融入各族人民的血脉。

四是以思想引领为主线强化宣传教育。深入开展西藏地方和祖国关系史教育，引导各族群众树立正确的国家观、历史观、民族观、文化观、宗教观。重视加强学校思想政治教育，把爱国主义精神贯穿各级各类学校教育全过程，把爱我中华的种子埋入每个青少年的心灵深处。始终坚持把民族团结进步教育纳入干部教育、学校思政教育和社会教育内容。牧区通过马背宣讲队、百姓大篷车等群众喜闻乐见的形式开展主题宣讲，挖掘、整理、宣传西藏自古以来各民族交往交流交融的历史事实，引导各族群众看到民族的走向和未来，深刻认识到中华民族是命运共同体，促进各民族交往交流交融效果明显。

五是以文化引领为纽带共筑精神家园。强化中华文化认同，弘扬优秀民族文化，扎实推进热贡文化、格萨尔文化、德都蒙古族文化、土族文化、撒拉族文化等，全省世居民族地区传统文化的整体性保护。其间，以"唐蕃古道""茶马互市"的申遗工作为契机，厚植各民族团结融合、多元一体的精神内涵。在加强红色文化方面，着力打造班玛县"红军沟"、玉树州"守桥班"等红色教育基地，为进一步引领群众思想、凝聚民心民智，共铸中华民族精神家园。

六是以人民为中心的理念促进共建共享。把民族团结进步创建作为最重要的群众工作，突出人民主体地位。其中玉树州开展创建"十进"活动、果洛州推广"十化党建"等创新举措，各地民族团结创建工作始终以解决群众"急、难、愁、盼"问题为出发点，将民族团结进步创建伟大事业融入平时生产生活的点滴，"润物无声"，更加激活了民族团结进步创建的社会细胞和内生动力，使民族团结成为各族群众的共同意愿，创建事业不断深入民心、融进血脉，形成共创共建共享的生动局面，铸牢中华民族共同体意识成为各民族的自觉行动和精神追求。

（作者为青海民族大学政治与公共管理学院教师，文章刊自《青海日报》）

践行中央民族工作会议精神 铸牢中华民族共同体意识
——民族团结进步创建事业中的"青海启示"

张兴年

青海省作为多民族聚居、多宗教并存、多元文化共融的省份。在漫长的历史进程中，各民族密切交往，和睦相处，创造了独特的高原文化，书写了共同团结奋斗的青海历史，是中华民族多元一体格局的缩影。习近平总书记指出，青海是稳疆固藏的战略要地，要全面贯彻新时代党的治藏方略，承担起主体责任。要全面贯彻党的民族政策，铸牢中华民族共同体意识，深化民族团结进步示范省建设。要全面贯彻党的宗教工作基本方针，坚持我国宗教的中国化方向，积极引导宗教同社会主义社会相适应。要坚持总体国家安全观，坚持底线思维，坚决维护国家安全。

青海民族团结进步创建从先进区到示范省的转变提升中，我们最大的启示是：必须顺势而为、加强领导，创建活动才能久久为功。同时，创建要立足青海省情，贯彻中央要求，总结经验，乘势而上。各级党委强化顶层设计把方向，"一把手"率先垂范抓落实，各部门群策群力同推进，始终使创建工作目标不偏移、力度不松劲、成效不减弱，创建事业才能蓬勃向上，才能最大限度凝聚各族干部群众的智慧和力量，在更高层次、更高水平、更广领域纵深推进民族团结进步示范省建设，进一步铸牢中华民族共同体意识。

一是必须党建统领，协调各方，确保创建方向正确。民族团结进步创建事业始终要旗帜鲜明讲政治、铸牢中华民族共同体意识，在政治方向上保持高度清醒，始终对"国之大者"了然于胸，不断提高创建事业上的政治判断力、政治领悟力、政治执行力。各级党组织熟悉和把握民族工作，以民族工作的"九个坚持"为重点和路径，有效管理宗教事务，从根本上引领和保证创建工作的政治方向，进一步夯实党在民族地区的思想基础、群众基础和执政基础。从政治、政策、法律法规上把握好党的民族工作政策，让民族团结进步之花在青海大地盛开，不断巩固、发展、创新、丰富各民族你中有我，我中有你，谁也离不开谁的多元一体格局。

二是必须紧扣着力点，找准国家战略与地方治理的结合点，精准发力。立足青海特殊省情，落实国家治理总体部署与青海创建工作目标任务，在推进地方治理的实践中为国家治理贡献青海经验，汇聚青海力量。

三是必须问题为要、实干为本，务实推进创建活动。坚持问题导向，紧盯突出问题，采取务实有效举措，切实以解决问题定成效，建立推动创建活动的风向标、形成检验创建活动的标尺，始终使创建工作看得见、摸得着、实打实，走在全国前列。

四是必须以民为本，全员发力，汇聚民智民力，结合铸牢中华民族共同体意识，纵深推进创建活动。坚持分类指导，紧密结合铸牢中华民族共同体意识活动，实现全面覆盖，分层施策，推动创建活动融入社会各个领域，把各族群众、各行各业充分调动起来，赢得民心、凝聚合力，确保共创共建共享深入持久，让各族群众成为各项创建活动最广参与者、最大受益者、最终评判者。

五是必须更新理念，集中力量纾解各种发展不平衡不充分的民生问题。坚持谋长久之策，行固本之举，解决一些深层次矛盾和问题。巩固脱贫攻坚成果，统筹对接乡村振兴战略目标任务，兜住民生底线，补齐民生短板，破解民生难题，加快共富进程，持续办好教育、就业、医疗、养老、住房等民生实事，着力提升各族人民的获得感幸福感安全感。

六是必须依法为本、标本兼治，用法治保障民族团结。把依法治理作为根本，不断完善青海民族团结进步法规制度体系，进一步增强依法治理能力，彰显社会治理成效，始终使创建工作有法可依、依法推动。结合"民族团结进步＋融合发展"行动，建立畅通有效的协调、保障、督促机制，注重整体联动、优势互补、步调一致、齐心协力，更好凝聚起党政军群全社会合力推进的大创建格局，为新青海建设做出新贡献。

青海的民族团结事业，具有悠久的历史传统、深厚的文化底蕴。当前，青海创建工作取得了新成绩,这得益于习近平总书记关于民族工作一系列重大决策部署在青海的落地生根;得益于我们坚定不移贯彻习近平总书记治藏稳藏兴藏方略的政治自觉、政治担当、政治作为;得益于我们认真贯彻落实新时代党的民族政策,深化民族团结进步教育;得益于我们在实践中有效加强各民族交往交流交融,促进各民族像石榴籽一样紧紧拥抱在一起,谱写"中华民族一家亲、同心共筑中国梦"的青海篇章。民族团结是各族人民的生命线,我们要促进民族之间团结互助,让各民族在祖国大家庭中共同奋斗、共同繁荣,共建共治、共享发展成果,从而让各族群众发自内心做到"五个认同",自觉维护祖国统一,自觉维护民族团结。

我们要进一步深化民族团结进步创建工作。立足各民族多元一体的历史传统,正确处理多样性和一致性、差异性和共同性的辩证关系,把平等团结、互助友爱、和谐共存贯穿于创建全过程。始终秉持"共同"理念,围绕铸牢中华民族共同体意识,共同团结奋斗、共同繁荣发展。始终把民族团结作为各族人民的生命线,注重多元聚为一体,一体包容多元,各美其美、美美与共,凝聚团结合力,不断巩固和发展社会主义民族关系,为实现中华民族伟大复兴贡献青海力量。

(作者为青海民族大学政治与公共管理学院教师,文章刊自《青海日报》)

青海省能否率先实现碳达峰碳中和

胡西武 李 毅

青海省碳排放总量低,清洁能源储量大,碳汇生态资源丰富,具备提前实现碳达峰和碳中和的基础条件和独特优势,应当为实现碳达峰、碳中和贡献力量,在绿色低碳发展中走在前列。

青海省碳达峰、碳中和的驱动因素和趋势预测

从能源碳排放整体占比看,青海省传统能源占比较低,清洁能源成为消费主体。2000—2019年,青海省煤炭消费占比在到达47.5%的高点后持续下降,保持在30%左右;电力消费占比有所波动,但总体占比保持在40%以上;天然气消费持续上升,占比超过15%。清洁能源为主的消费结构,为率先实现碳达峰、碳中和创造了良好条件。

碳排放量方面,2000—2019年,全省碳排放量经历了逐渐上升然后缓慢下降的过程。青海省碳排放驱动因素方面,产出碳强度、地区生产总值、终端能源消耗量是青海省碳排放的主要促增因素,而投资效率、能耗碳强度的促减效应明显。从累计碳排放量来看,2008—2012年存在一个负增长区间,表明应对金融危机的国家宏观调控政策对青海碳排放也有重要影响。

按照基准情景、绿色发展情景、技术突破情景以及"绿色发展+技术突破"情景,采用蒙特卡洛法进行10万次模拟,对青海省碳达峰演变趋势进行预测。结果显示:基准情景下青海省碳排放量到2035年将达到6786万吨峰值,比2016年高出318万吨。绿色发展情景下,碳排放将于2030年达到4354万吨的次高峰值,比2016年峰值减少2114万吨。技术突破情景下,碳排放将于2025年达到4085万吨的次高峰值,比2016年的峰值减少2383万吨。

青海省率先实现碳达峰、碳中和的路径选择

加快碳减排约束下的产业转型，构建低碳经济体系。全面贯彻创新驱动发展战略，以碳减排为硬约束条件，以绿色环保和技术创新为关键抓手，倒逼产业结构转型升级。依托青海特色资源，以生态经济、循环经济、数字经济、平台经济"四种经济形态"为引领，加快建设世界级盐湖产业基地，打造国家清洁能源产业高地、国际生态旅游目的地、绿色有机农畜产品输出地，构建绿色低碳循环发展经济体系，建设体现高原特色的现代化经济体系，形成产业减碳的强大支撑。

优化低碳值能源消费结构，持续提升清洁能源比重。充分发挥清洁能源资源丰富、水能风能光能互补的独特优势，以构建清洁低碳安全高效能源体系为重点，以建成国家重要的清洁能源基地为目标，继续扩大海南、海西两个千万千瓦级可再生能源基地规模，有序推进冷湖—茫崖风电走廊建设，建设多能互补清洁能源示范基地，大力发展清洁能源，替代传统化石能源，大幅度减少碳排放，形成清洁能源比重持续提升的能源消费结构。

探索碳标签改革试点，引导形成绿色低碳生活方式。以能源生产和消费革命为牵引，以创建能源革命综合试点省为契机，引进"碳标签"制度（把商品在生产过程中温室气体排放量用在标签上标示并告知消费者），深化生产消费低碳化革命。积极建设"绿电特区"，扩大碳排放权交易，推动绿证交易，开展低碳城市（园区、社区、家庭、学校、企业）示范创建活动，形成减碳化碳的有效机制和良性循环体系，探讨深化能源改革化碳新路径。

丰富碳储量生态资源，全面提升生态系统碳汇能力。以打造青藏高原生态文明高地为指引，以生态文明建设"七个新高地"为载体，加大生态保护力度，不断丰富碳储量生态资源。深入开展保护"中华水塔"行动，加快形成以国家公园为主体的自然保护地体系，推动山水田林湖草沙冰综合系统治理，推进绿水青山工程，建设生态保护修复和环境治理重大工程，构建高原林网体系，持续扩大森林蓄积量、草原综合植被盖度及湿地保护率，切实拓展扩充生态固碳容量。

（作者均为青海民族大学经济与管理学院教师，文章刊自《中国审计报》）

构建清洁低碳能源体系
促进人与自然和谐共生

栾申洲

《"十四五"规划和 2035 年远景目标纲要》第 11 篇提出:"推动绿色发展,促进人与自然和谐共生。"规划多次提及通过推进能源革命,建设清洁低碳、安全高效的清洁低碳能源体系,节能减排不只是为了应对国际气候谈判压力,更是国内转变发展方式、提高国家竞争力、提高人民福祉、促进人与自然和谐共生的迫切要求。如何构建清洁低碳能源体系、减少能源消耗和环境污染、持续改善环境质量、促进人与自然和谐共生已经成为我国政府的重要任务。

为了推进中国能源生产和消费结构向清洁低碳能源经济方面转变,实现绿色发展,需要做好以下几个方面工作。

一、加快清洁低碳能源布局,构建安全高效的能源体系

各地应充分利用当地的自然优势,因地制宜发展适合本地区的能源生产结构和消费结构,加快清洁低碳能源布局,构建安全高效能源体系。

春季和冬季,我国东部沿海地区容易受到来自北方的冷空气影响,在夏季、秋季时,容易受到自热带气旋气流的影响,一年四季海上风能资源都非常丰富。并且海上风电不占用土地资源,风速更高。海上风电开发潜力巨大。截至 2021 年 4 月底,我国海上风电并网容量达到 1042 万千瓦,仅占全国风电装机总容量的 3.22%,发展空间广阔。

在东部沿海地区优化核电布局,目前我国已经成为第三代核电技术领导者,我国核电技术是世界上最先进、最成熟的技术之一,国内核能发电占比只有 4.6%,发展空间很大,制约核电技术发展的最大障碍是人们对核电安全的担忧,一旦突破观念阻碍,核电将会迎来大发展时期。

我国西南水系纵横,有长江、怒江、澜沧江、珠江、雅鲁藏布江等众多水系,水力资源丰富,常年水量充足,非常适合大型水电站建设。通过西电东送的方式可以解决华东、华南电力不足问题,从而改变以煤为主的能源消费结构。

西北地区光照充足风力大,适宜开发风电、光伏发电产业。例如青海省格尔木市光伏项目已经引领行业发展,使青海成为国家重要的新型能源产业基地。整体而言,西北地区的风电光伏产业方兴未艾,未来潜力巨大。

二、在行业内部推动能源消费结构向清洁低碳化转型

在我国"多煤、缺气、少油"的能源消费结构下,煤炭的广泛使用给环境带来了严重污染。煤炭开采过程中会消耗、损害土地资源和水资源,煤炭燃烧后释放出的二氧化碳、一氧化碳、二氧化硫、二氧化氮、一氧化氮、粉尘等有害物质严重污染了环境。因此,需要调整我国能源消费结构,在重点消耗能源的产业领域扩大清洁低碳化能源的使用比例。

在电力领域,减少煤电的能源使用比重,扩大水电、风电、光伏发电、核电的比例,推进能源向低碳化转型;在工业领域,增加生物质能的比例;在交通领域,鼓励发展电动车,减少燃油汽车比例;在建筑领域,鼓励太阳能和沼气的使用;在农业领域,鼓励发展生物质能,利用农作物秸秆、藻类、动物粪便等制造沼气、乙醇、甲醇等燃料。

三、增加补贴比例,启动前沿性研究,制定能源安全标准

目前我国可再生能源政策框架已经基本建立,但是对于可再生能源的补贴面相对较窄,额度、比例较小。2020年可再生能源补贴费用为56.75亿元,其中风力发电补助29.67亿元,光伏发电项目补助21.58亿元,生物质项目补贴0.73亿元,可再生能源系统补贴4.77亿元。开发清洁能源需要政府加大科研补贴投入,积极研究新的机制,推行以奖励代补等措施,鼓励节能减排。

2019年中国人均温室气体排放量达到10.1吨,一棵树一年光合作用吸收的二氧化碳约18.3千克,人均10.1吨的二氧化碳排放量意味着每个人需要552棵树来抵消庞大的碳排放量。

通过植树造林,退耕还林还草,减少毁林,保护山水林田湖草、增加全国自然保护区、湿地公园数量等方式改善环境,增加森林、绿地覆盖率,

吸收并固定大气中二氧化碳，增加碳汇，改善生态环境、生活环境，促进人与自然和谐共生，达到碳中和或减少该气体在大气中的浓度的目的，力争于2030年前达到二氧化碳排放峰值，2060年前实现碳中和。

四、发展低碳技术

通过研发和推广清洁能源技术，从源头减少碳的使用。在石油、化工、电力、交通、建筑、冶金等领域发展低碳技术、节能减排技术，控制碳排放，加强过程监管；增加煤炭的清洁高效利用，油气资源的高附加值转化，可再生能源与新能源开发等；取得清洁能源的运输优化以及储备技术突破，为全面推行清洁能源筑牢基础。通过低碳技术创新，构建清洁低碳能源体系，减少二氧化碳排放量，缓解经济发展与环境污染之间的矛盾，逐步实现人与自然和谐共生。

低碳不仅应该成为企业的行为，也应该成为人们的生活方式，人们应该形成绿色生产生活方式，养成低碳生活习惯。如生活中多走楼梯少坐电梯，多用节能灯少用白炽灯，多用电子邮件少用打印机，多坐公交少开私家车等，让低能耗、低污染、低排放的低碳生活理念深入人心，让低碳生活成为新时尚。

总之，通过新能源布局、发展低碳技术、增加补贴、增加植被覆盖率等方式构建清洁低碳能源生产和消费体系，可以减少二氧化碳等温室气体的排放，使得生态环境根本好转，有力促进人与自然和谐共生，实现美丽中国建设目标。

（作者为青海民族大学经济与管理学院教师，文章刊自《中国审计报》）

如何实现2035年中等收入群体规模显著扩大

李 毅 张夏恒 栾申洲

《"十四五"规划和2035年远景目标纲要》第48章第2节中，关于如何扩大中等收入群体的内容强调："到2035年，中等收入群体规模显著扩大。"

据官方的数据，中等收入群体目前有4亿人。"显著扩大"的数值目标是什么？一般观点认为：到2035年实现中等收入群体规模翻番，需要由目前的4亿人扩大到8亿人，这样才能达到中等发达国家水平。如何才能达到这一目标？

背景：共同富裕、构建新发展格局

一是共同富裕。已有的大量研究表明，中等收入群体的扩大有利于缩小收入分配差距、有效推进共同富裕。共同富裕是社会主义的本质要求，也是人民群众的共同期盼。

二是构建新发展格局。构建新发展格局要以国内大循环为主体、国内国际双循环相互促进，为此，要坚持扩大内需这一战略基点，使生产、分配、消费、流通更多依托国内市场，形成国内经济良性循环。

目前，4亿人的中等收入群体是我国构建新发展格局的基础，也是形成全球最大的消费市场的基础。从某种意义上讲，构建新发展格局很大程度上取决于中等收入群体的规模和扩张速度。

主体：脱离绝对贫困后的群体、在城市中的务工人群

在保证现有中等收入群体规模不下降的前提下，未来15年要实现新增中等收入人群4亿人。

我国该如何立足新发展阶段、贯彻新发展理念、构建新发展格局，实现中等收入群体倍增？

第一个群体是脱离绝对贫困后的群体。我国过去有1亿人摆脱绝对贫困，绝对贫困摆脱以后意味着存在从低收入到中等收入的过程，这个过程需要培育。要解决相对贫困，通过乡村振兴等促进绝对贫困摆脱以后的人群走进中等收入群体。

第二个群体是在城市中的务工人群。我国有2.9亿农民工，其中有1.73亿是进城的，进城人群中又有1.35亿基本住在城市，这些人有望成为中等收入群体。很多人已经成为中等收入群体，但是社会保障等还不够，还有一些不稳定的因素。这些问题如能得到有效解决，其中相当多的人就能变成中等收入群体。

条件：保持经济可持续健康稳定发展、高质量就业

保障条件1：保持经济可持续健康稳定发展是实现中等收入群体规模翻番的经济基础

经济稳定增长是人们收入稳定增长的基础，人们收入的稳定增长，可以促进中等收入群体的持续扩大。中等收入群体是一个国家经济的中坚力量，其拉动消费的潜力巨大。这是我国经济持续健康稳定发展的迫切现实需要。在构建这个良性互动循环的过程中，既需要国家政策的支持，也需要个人的努力。

经测算，到2035年，我国经济增长速度只需要保持在5%左右，每年中等收入人口增加2%左右，即约3000万人，到2035年就可以实现中等收入群体翻倍的目标。要实现这一目标，就需要保持宏观政策连续性稳定性可持续性，政策不"急转弯"。尤其是当前国际环境复杂严峻，增加了新的不确定性，国内经济恢复也不平衡。因此，在分析经济形势时要全面客观，确保经济运行在合理区间，推动高质量发展。

中等收入群体的扩大是今后相当长时间中国经济增长最重要潜能所在。因此，要加快构建双循环的新发展格局，加快推进以都市圈、城市群为主体的城镇化，加快发展现代产业体系，坚持创新驱动发展，确保经济发展有足够动力，实现持续增加中等收入群体的目的，确保这一群体人数到2035年实现倍增。

保障条件2：高质量就业是实现中等收入群体规模翻番的关键

根据国家统计局的数据，我国居民可支配收入中56%来自工资性收入，17%来自经营性收入，经营性收入很大的比重也属于劳动收入。有就业就有收入，有高质量就业就有高收入。

高质量就业不仅直接反映经济高质量水平，而且对保障社会安定和谐发挥着至关重要的作用。到2035年后，我国经济已经全面转向高质量发展阶段，创新将成为我国经济发展的根本动力，会为社会提供更多更优质的工作岗位，高质量就业的群体将成为中等收入群体的主力军。

如何实现高质量就业？党的十九届五中全会提出"增强职业技术教育适应性，深化职普融通、产教融合、校企合作"，为高校教学改革指明了方向。一方面，要提高普通高等院校人才培养质量，重点是改革专业和课程设置，改变教学方式和教学内容，在夯实专业理论教学的基础上，加强对学生知识应用和创新能力的培养；另一方面，深入开展职业技能教育和培训，要以高质量就业为导向，规划好支撑条件和实施步骤。

2020年《求是》杂志发表了中共中央总书记、国家主席、中央军委主席习近平题为《国家中长期经济社会发展战略若干重大问题》的重要文章，其中强调："要扩大人力资本投入，使更多普通劳动者通过自身努力进入中等收入群体。"因此，在推动更高质量就业的发展过程中，各级政府除了应鼓励劳动者主动参与职业教育和技能培训外，还应积极构建企业和各职业院校及培训机构的交流沟通平台，以实现职业技能培训与市场需求的良好对接，加快构建劳动者终身职业培训体系，提升劳动者的职业技能水平。

路径：一方面让低收入群体通过增收途径转化为中等收入群体；另一方面巩固好现有的中等收入群体规模不下降

到2035年中等收入群体达到8亿人，每年需要增加近3000万人，要实现这一目标，一方面要让低收入群体通过增收途径转化为中等收入群体；另一方面要巩固好现有的中等收入群体规模不下降。

按照浙江大学李实的估算，我国城乡低收入人群占全国人口的比重达65%，相当于9亿人。到2035年，要想办法让这9亿人中的4亿人进入到中等收入群体，如何实现？

一是加快以产业发展为支撑的乡村振兴的步伐。突出抓好家庭农场经营者、农民合作社带头人的培育，推动农村创业创新带头人、农村电商人才、乡村工匠的培育，促进乡村创业，带动更多脱贫人口增收致富。通过创业，让农牧民大幅度增加收入，让其迈进中等收入群体。重点是加快发展特色种养、农产品加工，培育乡村旅游、农村电商、康养体验、农事体验等新产业新业态，延长产业链，提升价值链，打造供应链。

二是提供更多高质量就业岗位促进增收。通过就业实现持续稳定增收，是大多数低收入群体迈进中等收入群体的必经之路。

三是优化营商环境，借力"大众创业，万众创新"提高收入。我国中小微企业约1.4亿户，成为创造财富、吸纳就业的主体。提供良好的营商环境，保障中小微企业的合法权益，让中小微企业创业者成为中等收入群体的新主体。

四是优化收入分配结构。优化发展模式，通过"研发、创新"促进我国产业在全球价值链的攀升，改变全球的价值分配格局；深化国有企业改革，构建新型政商关系，缓解企业融资约束和提高劳动谈判能力，彻底改善中国经济发展的制度环境；做好再分配调节，除了初次分配政策对要素收入份额进行干预，还需要进一步通过收入再分配政策，如加强税收体系的收入调节力度以形成有助于扩大中等收入阶层规模的税收调节机制。

五是完善社保体系，稳定收入和支出预期，降低预防性储蓄，促进消费。完善社会保险体系，通过社会安全网的构建，减少诸如失业、大病等对收入的冲击。

六是积极应对人口老龄化的潜在冲击。2025年中国的总人口将达到峰值，随后出现负增长，将可能出现需求下降现象。而扩大消费需求是当前经济持续稳定增长、充分就业、收入持续增长的保障。2025年之后，人口增长缓慢，人口老龄化开始，消费增长就会放缓。因此，我们必须采取紧急措施化解人口老龄化的潜在冲击。一方面，尽快全面放开生育政策，落实"发展普惠托育服务体系，降低生育、养育、教育成本"的政策，让年轻人敢生、愿意生、生得起、养得起；另一方面，通过积极推进弹性退休年龄制度、纠正教育错配和过度教育、提高女性与老龄人口劳动参与率、推进户籍制度改革发挥农村人力资源的潜力等多重措施来延长人口红利。

（作者均为青海民族大学经济与管理学院教师，文章刊自《中国审计报》）

把青春奋斗融入党和人民事业

阿进录

未来属于青年，希望寄予青年。习近平总书记在"七一"重要讲话中高度肯定了青年在实现中华民族伟大复兴过程中的重要作用，并对新时代中国青年提出殷切期望，为我们做好新时代教育工作提供了根本遵循。

一、中国青年始终是实现中华民族伟大复兴的先锋力量

一百年前，一群新青年高举马克思主义思想火炬，在风雨如晦的中国苦苦探寻民族复兴的前途。一百年来，在中国共产党的旗帜下，一代代中国青年把青春奋斗融入党和人民事业，成为实现中华民族伟大复兴的先锋力量。回顾百年历史，在中国共产党的领导下，在新民主主义革命时期、社会主义革命和建设时期、改革开放新时期、中国特色社会主义新时代，广大青年始终作为最积极最有生气的群体，致力于探寻民族复兴的前途，成为实现民族复兴的先锋力量。1921年7月，中国共产党第一次全国代表大会召开，标志着中国共产党正式成立。中国共产党一大代表平均年龄只有28岁，是典型的青年群体，充满勃勃生机和活力。新民主主义革命时期，广大青年为实现民族独立和人民解放，抛头颅、洒热血，用青春和生命奏响了浩气长存的爱国主义壮歌。1925年爆发的爱国青年勇敢反对帝国主义压迫的五卅运动、1935年12月爆发的"一二·九"抗日救亡运动、1945年昆明学生发起的"反内战、争民主"的"一二·一"运动等，都体现了先进青年在民族危难之际的担当作为。新民主主义革命期间我们党青年英雄辈出。中共一大召开时毛泽东是28岁，周恩来参加中国共产党时是23岁，邓小平参加旅欧中国少年共产党时是18岁。杨靖宇牺牲时是35岁，赵一曼牺牲时是31岁，江姐牺牲时是29岁，红三十四师师长陈树湘牺牲时是29岁，刘胡兰牺牲时只有15岁。长征出发时，8万红军的平均年龄不足

20岁,指挥员的平均年龄不足25岁,14岁至18岁的战士占40%。抗战期间,八路军、新四军队伍中青年占90%以上。中华人民共和国刚刚成立,朝鲜战争爆发,超过70万青年积极报名参加志愿军,涌现出杨根思、罗盛教、黄继光、邱少云等青年英雄,为保家卫国献出了宝贵生命。社会主义建设初期,广大青年响应党"到最艰苦的地方去""到祖国最需要的地方去""把青春献给祖国"的伟大号召,投身到祖国的四面八方,奉献聪明才智、青春年华、火热激情,为改变祖国一穷二白的面貌做出巨大贡献。位于青海金银滩草原的核武器研制基地,就是由青年为主力的数十万大军隐姓埋名、白手起家建立起来的。改革开放后,广大青年解放思想、锐意进取,勇立时代潮头,焕发巨大活力,谱写了一曲改革创新的奋斗之歌,中国女排"五连冠"成为时代的印记。中国特色社会主义进入新时代,广大青年在各个领域用臂膀扛起如山的责任,全国累计派出的300多万名脱贫攻坚第一书记和驻村干部大多是青年。在科技战线,北斗导航团队平均年龄35岁,嫦娥团队、神舟团队平均年龄33岁,国产大飞机C919前期测试团队的平均年龄只有30岁。在抗击新冠肺炎疫情这场没有硝烟的战争中,参加抗疫的医务人员中有近一半是"90后""00后",他们不怕苦、不畏难、不惧牺牲,展现出青春激昂的风采。可以说,中国共产党成立百年来,中国青年满怀对祖国和人民的赤诚,积极投身党领导的革命、建设、改革伟大事业,始终走在时代最前列,对党忠诚、造福人民、奋斗不息,把最美好的时光献给中华民族伟大复兴的事业,书写了精彩壮丽的青春篇章。实践充分证明,中国青年是有远大理想抱负的青年!中国青年是有深厚家国情怀的青年!中国青年是有伟大创造力的青年!无论过去、现在还是未来,中国青年始终是实现中华民族伟大复兴的先锋力量!

二、做新时代有志气、有骨气、有底气的中国人

新时代的中国青年要以实现中华民族伟大复兴为己任,增强做中国人的志气、骨气、底气,不负时代,不负韶华,不负党和人民的殷切期望。"志气"就是理想、方向、目标,中国人的"志气"就是实现中华民族伟大复兴。一百年来,党团结带领中国人民进行的一切奋斗、一切牺牲、一切创造,归结起来就是一个主题:实现中华民族伟大复兴。新时代的中国青年要树立对马克思主义的信仰、对中国特色社会主义的信念、对中华民族伟大复兴中国梦的信心,坚信中国共产党一定能够团结带领人民在中国特色社会

主义道路上实现中华民族伟大复兴。"骨气"就是精神、品格、气节,中国人自古就有"富贵不能淫,贫贱不能移,威武不能屈"的"骨气",就有在任何困难和压力面前永不退缩、矢志不渝、一往无前、自强不息的精神追求。"底气"就是优势、实力、自信,中华民族有5000多年绵延不绝的历史,有辉煌灿烂的文明传统。然而,自鸦片战争以后,古老的中国逐步成为半殖民地半封建社会,国家蒙辱、人民蒙难、文明蒙尘,中华民族遭受了前所未有的劫难,西方列强对我们颐指气使,任意欺凌。中华人民共和国成立以来特别是党的十八大以来,我国经济实力、科技实力、国防实力、综合国力、国际影响力和人民获得感幸福感安全感显著提升,党的面貌、国家的面貌、人民的面貌、军队的面貌、中华民族的面貌发生了前所未有的变化。中华民族迎来了从站起来、富起来到强起来的伟大飞跃,迎来了实现伟大复兴的光明前景。我们每个人也从中收获了作为中国人的信心和力量。启航新征程,青年人要勇立潮头,心怀祖国,坚守中国人的志气、骨气、底气,为全面建成社会主义现代化强国贡献青春力量。

三、赓续百年初心,勇担育人使命

习近平总书记对广大青年提出的殷切希望,实际上也是对广大教育工作者再次提出了"培养什么人、为谁培养人、怎样培养人"这一重要课题,需要我们深刻理解并用实践予以回答。"培养什么人"是教育的根本问题,高校的核心任务是育人,培养什么样的人是至关重要的方向问题。作为新时代的高等教育,就是要培养能够担当民族复兴大任,有中国人的志气、骨气、底气的优秀青年。"为谁培养人",决定了教育的服务方向。作为社会主义大学,就是要为党育人、为国育才,培养不负党和人民希望,把自己的梦想融入国家和民族伟大梦想之中,立志成为中华民族伟大复兴奉献力量、为人民利益不懈奋斗的人。"怎样培养人"是教育的方法、路径问题。明确了培养什么人、为谁培养人的问题,自然就解决了怎样培养人的问题。我们要始终坚持立德树人根本任务,在坚定理想信念、厚植爱国情怀、加强品德修养、增长知识见识、培养奋斗精神、增强综合素质上下功夫。用习近平新时代中国特色社会主义思想铸魂育人,教育学生"扣好人生第一粒扣子",夯实奋斗的基础,巩固发展的根本。要让爱国主义精神在学生心中牢牢扎根,永远听党话、跟党走,扎根人民、奉献国家,尤其是民族高校更要把铸牢中华民族共同体意识作为主线,努力培养维护党的集中统一领导态度特别坚决、明辨大是大非立场特别清醒、铸牢中华民族共同体意识行动特别坚定、热爱各族群众感情特别真挚的时代新人。教育引导广大青年学生培育和践行社会主义核心价值观,明大德、守公德、严私德,成为有大爱大德大情怀的人。教育学生发挥精力充沛、思维活跃、接受能力强的优势,珍惜光阴、不负韶华,如饥似渴学习,全面丰富知识体系,增长人生阅历,沿着求真理、悟道理、明事理的方向前进。教育引导广大青年学生树立高远志向,艰苦奋斗、勇于担当,苦干实干,留下奋斗足迹,做走在时代前列的奋进者、开拓者、奉献者。教育引导广大青年学生培养综合能力,成为德智体美劳全面发展的时代新人。

(作者为青海民族大学党委副书记,文章刊自《青海日报》)

打造"三座殿堂" 坚定"四个自信"
——青海民族大学"青海省爱国主义教育基地"建设纪实

阿进录

党的十八大以来,青海民族大学认真贯彻落实习近平总书记关于弘扬爱国主义精神的重要论述,紧密结合自身实际和优势条件,通过打造校史馆、博物馆、古籍馆三座思想文化殿堂,运用直观、立体、综合的形式,创新载体、注重效果、固本培元、凝心铸魂,深入开展爱国主义教育,生动传播爱国主义精神,唱响爱国主义主旋律,让爱国主义成为每个师生的坚定信念和精神依靠。由于主题突出、特色鲜明、工作扎实、成效明显,以校史馆、博物馆、古籍馆为主要内容申报的青海民族大学"理想信念与传统文化"爱国主义教育基地,被省委宣传部评选为全省高校首个"青海省爱国主义教育基地"。三个展馆如同"三座殿堂",以其厚重的历史、鲜明的主题、新颖的形式,展示了在中国共产党领导下,青海民族大学与祖国共奋进、与时代共发展、与青海共命运的沧桑历史,展示了青海各族人民以铸牢中华民族共同体意识为主线,休戚与共、荣辱与共、生死与共、命运与共的生动图景,展示了保存在古籍文献中的厚重而灿烂的中华文明,这对于教育引导广大师生和观众坚定理想信念、构筑精神家园,传承优秀文化、增强文化自信,弘扬爱国精神、强化使命担当具有重要意义。

第一座殿堂:体现新中国首所民族高校、青海高校长子奋进史的校史馆

青海民族大学创建于1949年12月12日,是根据毛泽东主席的重要指示建立的,是青藏高原建立最早的高等学校。建校以来,学校始终牢记为党育人、为国育才的办学初心,肩负党的教育工作和民族工作双重使命,落实立德树人根本任务,扎根青海大地,服务国家战略,与祖国共奋进、与时代共发展、与青海共命运，谱写了青海高等教育气壮山河的精彩华章，参与和见证了新青海和新中国从贫穷落后到走向复兴的历史性进程。建校以来，先后汇聚了邵祖平、杨兆钧、李文实、芈一之、才旦夏茸、夏日东、胡安良、祁顺来、何峰、旦正、马成俊等一批又一批名师大家和青年学者，培养了10.8万名优秀人才，涌现出改革先锋杰桑·索南达杰等一大批优秀学生代表和53位省部级领导干部、1300多名厅局级干部、100多名享受国务院政府特殊津贴专家、600多名正高级专业技术人才，为建立和巩固新生的人民政权，为青海的民主改革、民族团结、社会稳定、经济发展、生态保护和各项事业做出了重大贡献。

为了充分反映在党的民族政策光辉照耀下学校走过的70多年光辉岁月，学校于2019年70周年校庆时在原有校史馆基础上扩充2层1800平方米的校史馆。校史馆采取编年体例，以时间为线索，以事件为中心，以反映为党育人、为国育才工作为主题，以党建思政和学科建设为重点，以团结鼓劲向上为基调，以简明朴实厚重为风格，综合运用声光电形式，将800余幅图片、300余件文献资料、实物，进行集中、有效、现代化的展示。

校史馆建成后，在教育师生、对外交流、校史研究等方面发挥了重要作用。学校专门组建大学文化传播队，安排学生讲解员带领新生逐班参观校史馆，通过学校办学历史、办学传统、文化氛围、大师风采和校友事迹的展示，极大地增强了学生对学校的归属感、认同感和亲切感，激发了广大同学刻苦学习、报效祖国的积极性，树立了立志、进取、好学、力行的价值导向，有效发挥了校史馆的认同功能、激励功能、导向功能和育人功能。校史馆也成为学校对外交流的重要窗口，每年接待校外及国内外来客3000多人次，让他们在了解青海高校快速发展历程的过程中，感知新青海乃至新中国发展的巨大成就。同时，校史馆对于研究中国共产党领导下的青海民族高等教育发展史、阐发青海民族高等教育作出的重大贡献和形成的精神品格等方面具有重要价值。以校史馆为基础，我校先后出版《青海民族大学校史》《奋进的足迹——青海民族大学建校70周年画册》《辉煌的记忆——媒体视角下的青海民族大学》及《雪域著华章》《风从高原来》《木铎传金声》等校史系列丛书，产生积极影响。

第二座殿堂：贯穿铸牢中华民族共同体意识主线的青海高校唯一的博物馆

青海民族大学博物馆筹建于20世纪80年代初，起初是出于辅助教学科研的需要。1980年，省委、省政府批准成立青海民族研究所，承担研究青海少数民族历史、文化、经济、教育、宗教的任务。开展民族研究工作，需要搜集民族历史文物资料。为此，经过王树中等老师的多方努力，1985年建成民族研究所民族民俗文物展览室，调查、发掘并征集鉴定了400余件青海地方民族史方面的重要文献和1000余件民俗文物和图片资料，为博物馆奠定坚实的基础。此后，经过近40年的不断积累和持续搜集，2019年新建而成青海高校唯一、全国高校少有的主题博物馆。

博物馆共4层3600平方米，分为"山宗水源、文明源头"，"各美其美、美美与共"，"大美青海、和谐家园"三个主体部分及一个专题展，收藏、展示各民族物质文化、非物质文化遗产3000多件，如青藏高原古生物化石、宗日文化彩陶、青海南左末旗扎萨克印、青海前（南）左首旗扎萨克印、青海西右前旗扎萨克印等五方蒙古族旗印鉴，驻牧地域地照、清乾隆皇帝赐给蒙古族头人的和田玉如意，清代蒙古王公蟒袍、武士盔甲、藏文古文献、藏文名家书法作品、唐卡作品等，具有很高的历史价值、艺术价值和学术价值，为国家保存了珍贵的历史文物。

博物馆紧扣铸牢中华民族共同体意识主线，突出民族团结，全面反映了青海历史与中华文明的渊源流变，展现了生活在青海大地上的汉、藏、回、土、撒拉、蒙古等各民族生产、生活、服饰、饮食、民居、习俗等方面的内容，展示了各民族交往交流交融、像石榴籽一样紧紧抱在一起的生动场景，突出体现了各民族在中华民族大家庭中手足相亲、守望相助、团结和睦、共同发展的优良传统。这些文物将民族的过去、现在和将来紧紧联结起来，展现了共同建设中华民族共有精神家园的历史，显示着中华民族大家庭的强大凝聚力和生命力。同时，为广大师生和社会各界近距离直观了解和感受中华民族悠久历史和灿烂文化，增强对伟大祖国、中华民族、中华文化、中国共产党和中国特色社会主义的认同，开辟了一个窗口。

学校将每年9月确定为"民族团结进步宣传月"，以博物馆为载体，连续举办十二届铸牢中华民族共同体意识民族知识竞赛、民族书画家进校园笔会等活动，并组织新进教职工、新生到博物馆参观，深化了铸牢中华民族共同体意识教育。作为民族学博士点的学科支撑，博物馆还推出了一系列形式新颖、内容丰富的专题讲座和互动研讨活动。通过一系列卓有成效的工作，青海民族大学校园内民族团结蔚然成风，学校因此获得"全国第四批民族团结进步创建工作示范高校""青海省民族团结进步创建先进单位"等光荣称号，也获批成为国家民委铸牢中华民族共同体意识研究基地、青海省铸牢中华民族共同体意识研究院。

第三座殿堂：展示中华优秀传统文化深厚底蕴、全国高校少有的古籍馆

青海民族大学古籍馆是图书馆的重要组成部分，从建校之初就开始筹建，到20世纪50年代末实现了大发展。1958年，学校争取到10万元图书购置经费，以此为基础，在吕广来等图书专家的不懈努力和苦心搜罗下，从北京古旧书店和旧书摊等处购买到大量线装古籍。此后经过几代人的辛勤积累，形成了汉文古籍3166部78750册（其中善本380部）和藏文大藏经1667函的规模，所藏古籍上起明代，下迄民国，四库齐备，善本众多，成为青藏高原汉文古籍和藏文古籍馆藏最多、珍贵古籍馆藏最多的高校，这在全国高校中也不多见。

为了充分发挥其文献、研究、育人功能，学校于2019年建成布展面积800平方米的古籍馆。古籍馆分特藏馆和古籍阅览室两个部分，特藏馆陈列了380部善本汉文古籍，其中23部入选《国家珍贵古籍名录》，如《南辉西献图》为明彩绘本，据考证为海内孤本，该书绘制精美并有文徵明、钱坫、彭年、刘树等明清名家题跋、题款，具有较高的文物价值和史料价值。《山海经全图》为清代名家萧云从手绘本，绘制精细，毫发毕现，绘画技法炉火纯青，具有很高的艺术欣赏价值和历史文物价值。2009年6月13日至7月3日在国家图书馆举办的文化部"国家珍贵古籍特展"中，《山海经全图》进京参展，是青海省唯一参加此次特展的展品。古籍阅览室陈列了除380部善本以外的2786部汉文古籍、一套《四库全书》、1667函藏文大藏经。丰富的古籍和良好的阅览环境，为广大师生查阅典籍、自习读书、科学研究及感知中国优秀传统文化、增强文化自信创造了条件，也对学校优良学风的形成发挥了重要作用。

学校图书馆每年依托古籍馆开展读书月系列活动，先后开展"红色印记——中国共产党成立100周年主题文献展""铭记历史,传承红色基因——

让经典走向读者""诵读经典、传承历史"等形式多样、内容丰富的阅读推广活动,让师生在"耳听、眼观、手动、心悟"中愉悦身心、陶冶性情、潜修品行、塑造灵魂,在浓浓的书香氛围中感受阅读魅力、传承民族文化,在春风化雨、润物无声中增强育人效果。

习近平总书记指出:"中华民族历史悠久,中华文明源远流长,中华文化博大精深,一个博物馆就是一所大学校。"博物馆是保护和传承人类文明的重要殿堂,是连接过去、现在、未来的桥梁。青海民族大学校史馆、博物馆、古籍馆"三座殿堂",始终以文化滋养心灵、文化涵育德行、文化引领风尚为目标,以直观、立体、综合、有效的形式,记录了青藏高原第一所大学在建设、改革、发展中取得的巨大成就,彰显了一所老牌大学无可比拟的历史积累、文化传承和学术底蕴,承载了学校立德树人、培根铸魂、文化育人的重要使命,播撒了爱国主义的文化火种,也成了一座城市、一个地区文明水平、文化品位的重要标志。下一步,学校将以习近平新时代中国特色社会主义思想为指引,坚持立德树人、文化育人、以文化人,持续在丰富内容、创新载体、搭建平台上下功夫,进一步发挥好"三座殿堂"的独特育人功能,不断增强公共服务能力,努力为青海省"五个示范省"和"四地"建设,为广泛深入开展爱国主义教育、弘扬爱国主义精神做出新贡献。

(作者为青海民族大学党委副书记,文章刊自《青海党的生活》)

坚持"九个必须" 办好民族高等教育

薛建华

在庆祝中国共产党成立 100 周年大会上,习近平总书记站在"两个一百年"奋斗目标的历史交汇点,全面总结"九个必须"百年经验。这既是我们实现第二个百年奋斗目标新的赶考之路上的指明灯,也是民族高等教育发展新征程必须坚持的重要法宝。青海民族大学深入学习贯彻"九个必须"精髓要义,将其落实到具体工作中,努力办好人民满意的民族高等教育。

必须坚持中国共产党坚强领导,加强党对学校工作的全面领导。高校党委要牢牢掌握党对高校工作的领导权,全面贯彻党的教育方针,牢牢把握社会主义办学方向,落实立德树人根本任务,坚持"四个服务",为党育人、为国育才。认真践行《中国共产党普通高等学校基层组织工作条例》,建强基层战斗堡垒,增强政治功能、提升组织力,保证学校始终成为坚持党的领导的坚强阵地。推行"党建+"模式,促进党建与育人工作深度融合,创新理念抓党建,实现从党建优势、党建资源、党建成果向高校发展优势、发展资源、发展成果的转变。

必须团结带领中国人民不断为美好生活而奋斗,践行以学生为中心的教育理念。高校的根本任务是立德树人,要以学生为中心、教师为主导,让每一个学生都全面发展,巩固人才培养中心地位。如何让培养的人才符合国家战略和民族地区经济社会发展需要,就要做到因材施教,对每一个学生负责,以反向设计、正向实施的 OBE 教育理念科学设定人才培养的目标定位、培养方案,做到课程设置、教材选定、学生能力培养与社会需求相统一。在保持文科优势学科的基础上,以社会需求为导向按照做优理科、做精工科的思路培养理工类应用型人才,加强学生实践能力的培养,在培养方案中提高实践育人的比重。

必须继续推进马克思主义中国化，用习近平新时代中国特色社会主义思想铸魂育人。进入新时代，我们继续坚持和发展当代中国马克思主义，就要坚持用习近平新时代中国特色社会主义思想指导引领实践，把推动习近平新时代中国特色社会主义思想进教材、进课堂、进学生头脑作为培育时代新人的头等大事，加强思想引领与专业课程的统筹，引导学生坚定方向、涵养力量、锻造本领。搭建学习平台，丰富学习形式，发挥"马克思主义理论研习社""习近平治国理政思想研习社"等学生社团作用，鼓励学生自主广泛深入学习领悟领袖思想，主动自我加强思想政治教育。

必须坚持和发展中国特色社会主义，坚定不移走中国特色社会主义办学道路。青年是祖国的未来、民族的希望，也是我们党的未来和希望，我们要始终牢记社会主义办学方向、坚守立德树人崇高使命，把培养中国特色社会主义事业建设者和接班人作为根本任务，坚定不移走中国特色社会主义办学道路，确保我们党的事业能够薪火相传、后继有人，永葆旺盛的生机和活力。以习近平新时代中国特色社会主义思想为指导，把办好人民满意大学作为最高标准，结合省情和学校自身特点找准办学定位，走特色优势发展之路，形成人才培养、学科建设、科学研究、文化传承创新等方面的特色，推动少数民族和民族地区现代化进程。

必须加快国防和军队现代化，加强国防教育。强国必须强军，军强才能国安。民族高校面对国家安全环境的深刻变化，面对强国强军的时代要求，必须把国防教育融入学习过程中，开设《军事理论》等国防教育课程，结合军事训练、思政课相关军事军史知识学习，改善大学生的知识结构，提高大学生的综合素质，增强大学生的国防观念和国家安全意识；除课堂教学外，建设好"国旗班""国防先锋队"等一批社团，做好大学生征兵入伍宣传动员，进一步激励他们积极投身国防现代化建设。

必须不断推动构建人类命运共同体，积极融入"一带一路"建设。作为西部地区高校，要组织广大师生深入学习习近平总书记关于构建人类命运共同体的重要论述，培养学生共商共建共享、包容合作共赢的宏大国际视野。在传统课程基础上，建设新型的与教育国际化、构建人类命运共同体相适应的课程，培养学生具有跨文化交流的能力；继续开展外国留学生培养工作，开拓中外合作办学新领域，以共建"一带一路"教育行动、"感知中国"等为主题开展一系列交流活动,打造具有影响力的中外人文交流品牌,推广传播中华文化,培养知华友华国际人才;建设好国家级、省部级重点研究基地,发挥智库咨询作用,服务于"一带一路"建设。

必须进行具有许多新的历史特点的伟大斗争,敢于推动改革。全面深化综合改革要强化优势、补齐短板,综合实施干部人事与绩效评价制度、教育教学与人才培养、科研管理和创新机制、国际交流和社会合作机制、资源配置与基础保障能力等重点领域和关键环节的改革,完善中国特色现代大学制度,推进学校治理体系和治理能力现代化。按照德智体美劳五育并举的要求,以提高人才培养质量为核心,以体制机制改革和制度创新为重点,以优化配置各类办学要素为保障,不断破解发展难题、增强发展活力、厚植发展优势,构建学校高质量发展新格局。

必须加强中华儿女大团结,加强铸牢中华民族共同体意识教育。作为一所地方性民族院校,我们肩负着教育工作和民族工作双重使命,理应为铸牢中华民族共同体意识凝聚智慧力量。我们在认真学习贯彻落实习近平总书记关于民族团结的重要论述和中央民族工作会议精神的基础上,全面总结学校70多年来在加强民族团结进步上的经验成就,以铸牢中华民族共同体意识为主线,在学校教育教学和人才培养工作的各方面各环节积极促进各民族青年学子交流交往交融。同时,加强学科专业建设,发挥科研优势,产出标志性理论成果,充分发挥中国特色社会主义民族高校服务国家战略和民族地区经济社会发展的特殊作用,为全国民族团结进步示范省创建工作发挥智库作用。

必须不断推进新时代党的建设新的伟大工程,坚持党要管党、全面从严治党。高校党委应充分发挥统揽作用,切实扛起管党治党政治责任。高校要以各级党委为主体、以"一把手"履责为关键、以班子成员尽责为重点、以纪委监督检查为保障,推动落实全面从严治党责任制度。严格执行意识形态工作责任制,强化政治理论学习和师生思想政治教育,牢牢掌握高校意识形态工作领导权和话语权。

(作者为青海民族大学原党委书记,文章刊自《青海日报》)

打造民族事务治理体系和治理能力现代化青海样板

傅利平　扎拉加

在今年召开的中央民族工作会议上，习近平总书记全面回顾了党的民族工作百年光辉历程和历史成就，深入分析当前党的民族工作所面临的新形势，讲话内容立意高远、思想深邃，科学回答了新时代民族工作应该举什么旗、走什么路等重大战略问题，为我们做好新时代党的民族工作指明了前进方向，提供了根本遵循。青海作为一个多民族、多元文化共融的省份，在新时代，坚持依法治理民族事务，推进民族事务治理体系和治理能力现代化，是民族工作高质量发展的重要内容。

完善民族工作法律法规体系，打牢坚持依法治理民族事务的坚实基础。习近平总书记强调："要依法保障各族群众合法权益，依法妥善处理涉民族因素的案事件，依法打击各类违法犯罪行为，做到法律面前人人平等。"党的十八大以来，以习近平同志为核心的党中央提出一系列全面依法治国的新理念、新思想、新战略，明确全面依法治国的指导思想和发展道路，作出一系列重大决策，推出一系列重大举措。随着我国全面依法治国战略不断推进，在民族事务治理领域，形成了以宪法为根本、民族区域自治法为主线、有关法律法规以及自治条例和单行条例在内的具有中国特色的社会主义民族工作法律法规体系。为我国坚持依法治理民族事务，推进民族事务治理体系和治理能力现代化打下坚实基础。但与全面依法治国和法治国家建设的高标准相比，青海省在当前的民族事务治理法治化进程中还存在一些短板和不足。我们要顺应历史趋势，以铸牢中华民族共同体意识为主线，秉持宪法精神，健全民族工作相关法律法规体系，依法保障各民族合法权益，做到有法可依、有法必依、执法必严、违法必究，用法律来保障民族团结，增强少数民族群众的法律意识，把民族事务治理法治化做深做实。确保各族人民在法律面前人人平等，坚持一视同仁、一断于法，保证各族人民平等享受权利、平等履行义务。

推进民族事务治理体系和治理能力现代化，促进新时代青海民族工作高质量发展。习近平总书记强调，要根据不同地区、不同民族实际，以公平公正为原则，突出区域化和精准性，更多针对特定地区、特殊问题、特别事项制定实施差别化区域支持政策。党的十九届四中全会审议通过《中共中央关于坚持和完善中国特色社会主义制度、推进国家治理体系和治理能力现代化若干重大问题的决定》，明确坚持和完善中国特色社会主义制度，推动国家治理体系和治理能力现代化的指导思想和总体要求，为把我国的制度优势更好转化为国家治理效能指明了方向。作为多民族省份，依法治理民族事务是青海治理体系和治理能力现代化的重要组成部分。在新时代，努力建设民族事务治理体系和提升民族事务治理现代化水平，既是党和国家对青海的要求，也是青海的省情使然，需要有针对性地推进民族事务治理体系建设和提升民族事务治理能力。首先，要按照习近平总书记关于加强和改进民族工作的重要思想，以实现中华民族伟大复兴作为出发点和落脚点，针对民族地区的主要问题、重点问题和关键环节，及时调整民族政策法规，构建符合民族地区实际的政策法规及实施监督体系。其次，要立足民族地区资源禀赋、发展条件、比较优势等，立足新发展阶段、贯彻新发展理念、构建新发展格局、实现高质量发展、促进共同富裕的切入点和发力点，实施差异化的区域支持政策，加大对民族地区基础设施建设、产业结构调整支持力度，优化经济社会发展和生态文明建设整体布局。加快建设世界级盐湖产业基地，打造国家清洁能源产业高地、国际生态旅游目的地、绿色有机农畜产品输出地。支持民族地区全面深化改革开放，提升自我发展能力，推动民族地区深度融入全省全国发展大局，不断增强各族群众的获得感、幸福感、安全感。最后，大力支持民族地区实现巩固拓展脱贫攻坚成果同乡村振兴有效衔接，促进农牧业高质高效、乡村宜居宜业、农牧民富裕富足。

加强党的全面领导，为青海坚持依法治理民族事务，推进民族事务治理体系和治理能力现代化提供政治保障。习近平总书记强调，加强和完善党的全面领导，是做好新时代党的民族工作的根本政治保证。中华人民共和国成立后，在党的领导下，我们确立了以民族平等、民族团结、民族区域自治、各民族共同繁荣发展为主要内容的民族理论与民族政策基本框架；改革开放后，根据国内外形势的变化，党中央又不断丰富和发展民族工作的相关理论和政策，坚持和完善民族区域自治制度，促进各民族交往交流交融，坚持依法治理民族事务；党的十八大以来，以习近平同志为核心的党中央强调中华民族大家庭、中华民族共同体、铸牢中华民族共同体意识等理念，形成了关于加强和改进民族工作的重要思想。可以看出，中国共产党的坚强领导是坚持依法治理民族事务、推进民族事务治理体系和治理能力现代化的根本政治保障，也是最大的制度优势。必须坚持党对民族工作的领导，提升解决民族问题、做好民族工作的能力和水平，这是新时代加强和完善党对民族工作的全面领导的明确要求。在坚持依法治理民族事务，推进民族事务治理体系和治理能力现代化进程中，青海省各级党委要不断增强"四个意识"、坚定"四个自信"、做到"两个维护"，提高政治判断力、政治领悟力、政治执行力，牢记"国之大者"，认真履行主体责任，把党的领导贯穿民族事务治理全过程，形成党委统一领导、政府依法管理、统战部门牵头协调、民族工作部门履职尽责、各部门通力合作、全社会共同参与的新时代党的民族工作格局。同时，加强基层民族工作机构建设和民族工作力量，确保基层民族工作有效运转，让全省各族人民在省委省政府的引领下，共建美好家园、共创美好未来。

（作者均为青海民族大学政治与公共管理学院教师，文章刊自《青海日报》）

持续深入推进黄河青海流域生态保护和高质量发展

杨鑫光

习近平总书记在考察黄河入海口并主持召开深入推动黄河流域生态保护和高质量发展座谈会时强调,要科学分析当前黄河流域生态保护和高质量发展形势,把握好推动黄河流域生态保护和高质量发展的重大问题;要坚持正确政绩观,准确把握保护和发展关系;要统筹发展和安全两件大事,提高风险防范和应对能力;要提高战略思维能力,把系统观念贯穿到生态保护和高质量发展全过程;要坚定走绿色低碳发展道路,推动流域经济发展质量变革、效率变革、动力变革。青海作为源头区和干流区,是共同抓好大保护、协同推进大治理的前沿阵地,我们要深入贯彻落实习近平总书记重要讲话精神,科学分析形势,坚持问题导向,承担好"源头责任"和"干流担当",为黄河流域生态保护和高质量发展作出青海贡献。

青海是黄河发源地,是国家重要生态安全屏障,保护好"三江之源""中华水塔"是青海义不容辞的责任。经过长期不懈努力,黄河青海流域生态系统状况明显好转,水源涵养功能不断增强,黄河上游出省干流断面水质常年保持优良。但受青藏高原、黄土高原生态脆弱性、复杂性的影响,流域内生态环境保护成果巩固任务依然艰巨。为此,在保护和发展中要始终做到生态保护优先,严守生态保护红线,实施好保护"中华水塔"行动,建立健全自然保护地体系,强化"三江源"、祁连山等黄河青海流域重大生态环境保护与修复工程建设,加大共和盆地荒漠和河湟谷地水土流失治理,坚持山水林田湖草沙冰一体化保护和系统治理,实施新一轮生态功能提升、国土绿化巩固提升行动,着力增加森林面积及草原植被覆盖度,加强生物多样性保护，维持重要生态系统功能和稳定性，巩固流域内生态环境保护成果，努力建设"生态"黄河。

青海是黄河要冲带，是全球气候变化敏感区，保障黄河中下游地区用水安全是青海义不容辞的责任。青海全面建成黄河干流防洪主体工程，积极配合全流域开展生态调度、防洪调度，有效减轻了中下游防洪压力。但是气候变暖、经济社会发展布局等造成的用水问题依然突出。要统筹做好发展和安全工作，依据"四水四定"原则，坚持节水优先、以水而定、量水而行，科学谋划建设黄河上游重大水利工程，做好水量调度工作，提升水资源配置和利用效率，全面建设节水型社会，确保中下游地区用水安全。加大黄河青海流域气候变化监测评估，重点加强冰川、冻土及黄河干支流水量监测，立足防大汛、抗大灾，加强抗旱、防洪、排涝基础设施和防灾减灾体系建设，提高沿黄城镇抵御灾害能力，努力建设"安澜"黄河。

青海是黄河潜力区，是国家重要能源资源接续地，保障国家能源资源战略性储备是青海义不容辞的责任。全省上下始终坚持"减量化、资源化、再利用"的循环经济发展理念，强化能源资源集约节约和高效利用，基本构建起循环型农业、工业、服务业产业体系，绿色低碳循环的生产生活方式逐步形成。但是黄河青海流域经济发展水平相对滞后。要处理好全局和局部的关系，牢固树立节约意识，强化源头减量，严守资源消耗上限，加大盐湖、金属、石油、天然气、可燃冰等国家战略能源资源储备，做到有序开发和保护性利用。增强黄河流域一盘棋意识，加强系统观念，合力推进水源涵养和生态环境保护、清洁能源开发和有效利用、特色资源开发、产业园区建设，推动沿黄旅游文化一体化发展，加强与沿黄各省区间的交流合作，在共同促进大保护、大治理中谋求流域内整体高质量发展，努力建设"共荣"黄河。

青海是黄河绿色源，是国家生态文明先行示范区，力争在全国率先实现碳达峰碳中和是青海义不容辞的责任。全省上下始终将绿色发展理念贯穿于经济社会发展各领域、全过程，绿色低碳循环产业体系基本构建，再生能源装机占比居全国第一，世界首条输送清洁能源的特高压线路建成投运，黄河青海流域成为全国重要的清洁能源基地。但是仍然存在产业链条短、新兴产业总体仍处于培育阶段等问题。要在供给和需求两端发力，将碳达峰碳中和纳入生态文明建设整体布局，贯穿于黄河青海流域经济社会发展全过程，以产业结构和能源结构调整为关键，持续降低单位产出能源资源消耗和碳排放，坚决遏制高耗能高排放项目盲目发展。积极培育低碳零碳负碳新技术新产业，抓好零碳产业园区、碳中和示范区建设。扩大绿色低碳产品供给和消费，倡导简约适度、绿色低碳生活方式，努力建设"低碳"黄河。

黄河流域横跨我国东中西部，是连接青藏高原、黄土高原、华北平原的生态通道。黄河流域保护治理不仅事关防洪安全、供水安全，而且对于保障国家粮食安全、能源安全、生态安全具有举足轻重的战略意义。通过守护好"三江之源"，保护好"中华水塔"，深入推动"四种经济形态""五个示范省""四地建设"等重大部署，坚定不移走生态优先、绿色发展的现代化道路，咬定目标、脚踏实地、埋头苦干、久久为功，为黄河永远造福中华民族而不懈奋斗，青海必将在新时代黄河流域生态保护和高质量发展中谱写出更加壮丽的篇章。

（作者为青海民族大学生态环境与资源学院教师，文章刊自《青海日报》）

三江源国家公园建设要下好下活"一盘棋"

陈文烈　郭云冬

三江源地区地域辽阔，是黄河、长江、澜沧江三条大江大河的发源地，每年为下游输出大约600亿立方米的优质源头活水，福泽我国20多个省份，区域内自然地域格局独特，原真性生态系统丰富多样，三江源国家公园建设对于保护我国自然生态系统和自然文化遗产的原真性、完整性，协调生态文明与经济建设的关系，探索生态保护新路径和新模式，实现青藏高原生态文明和经济高质量发展具有重要的示范作用。

习近平总书记强调："一定要生态保护优先，扎扎实实推进生态环境保护，像保护眼睛一样保护生态环境，像对待生命一样对待生态环境，推动形成绿色发展方式和生活方式，保护好三江源，保护好'中华水塔'，确保'一江清水向东流'。"党的十八大以来，生态文明建设被放在突出位置，习近平总书记尤为关切三江源生态保护，他从黄河上游、中游到下游，全线实地考察黄河流域生态保护和经济社会发展情况，就三江源、祁连山、秦岭、贺兰山等重点区域生态保护建设多次作出重要指示批示。

一、三江源国家公园建设必须把握的四大关系

三江源国家公园的建设是生态文明建设的重要实践，对青藏高原打造绿色低碳循环经济体系意义重大。与传统的经济发展方式相比，三江源国家公园发展方式所构建的绿色低碳循环经济更强调面向经济的内生发展力量，通过内生性来协调经济、生态和社会共生的问题，是以生态整体主义为指导的，其协调性的体现即是追求经济效益、环境收益和社会福利的一体增长，在经济发展过程中更加侧重前端的预防，而后端的治理居于次要地位。因此，三江源国家公园正式批准建设后，一定要处理好以下几个重要关系。

（一）把握好建设与保护的关系

三江源地区生态系统脆弱，做好三江源生态环境保护是守护好"中华水塔"的重大责任，更关系到国家生态安全。传统经济发展方式过度追求经济利益最大化，自然环境代价大，生态环境破坏严重，也就是说，随着我国经济的不断发展，经济发展和生态环境的矛盾将逐渐爆发。生态文明建设是可持续发展的必然要求，通过尊重自然，转变生产和消费方式，最终实现人与自然和谐发展。三江源国家公园建设必须遵循可持续发展理念和习近平生态文明思想，把握好生态建设与环境保护的关系，不能将二者割裂开来，而应将二者统筹一体推进。三江源国家公园体制试点以来，青海省大力推进三江源国家公园体制试点建设工作，为国家公园体制建设积累了经验，但总览过去试点经验，建设缺位依然是三江源国家公园建设面临的重要问题。为此，三江源国家公园建设要着力贯彻习近平总书记"大保护"论述，牢牢把握"三个最大"省情定位，从过度干预、过度利用向自然修复、休养生息转变，从保护为主向建护并举过渡。

（二）把握好保护与发展的关系

生态保护是三江源国家公园建设的第一要务，但三江源国家公园建设是一项系统工程，要将生态保护和区域发展、乡村振兴、共同富裕等战略一体考虑，牢固树立"一盘棋"思想。以多战略叠加的思维，从保护和发展的系统性、整体性、协同性方面构建三江源国家公园建设的实现逻辑。底层逻辑是夯实三江源国家公园生态系统完整性，保护好三江源地区丰富的景观类型，保护三江源世界高海拔地区生物多样性显著特点，维护三江源国家公园的生态服务功能，整体推动三江源国家公园生态系统原真性和整体性的实现。中层逻辑是提升三江源地区人民群众的参与感、获得感和幸福感，推动完善青藏高原生态产品价值的实现机制体制建设，创新相关政策体系，使健康的生态系统、多样性生物资源交换价值逐步实现。顶层逻辑是打造青藏高原生态文明高地、生态产品价值实现的要素集聚，为青藏高原新发展理念找到科学定位，为新发展阶段找到转型发展的着力点，为新发展格局探索实践路径，为青藏高原的高质量发展奠定坚实基础。

（三）把握好生态和经济的关系

生态文明本身就是一种社会发展，生态环境问题实质上就是一种经济发展问题，经济发展的本质是实现人的全面发展。所以我们单方面强调经济发展而忽略生态环境问题是片面的，相反没有经济发展的环境保护也是不对的。新发展理念下，生态文明与经济发展是辩证统一的，二者相辅相成不可分割，三江源国家公园建设必须把握好生态和经济的关系。三江源国家公园生态战略地位重要，除了建设好、保护好的道路，没有第二方案可供选择，更经不起破坏污染。推动三江源国家公园建设，要深入贯彻"绿水青山就是金山银山"理念，破题"两山"转化，实现三江源生态价值向经济价值的有效转换，构建三江源地区绿色低碳循环经济体系，实现经济发展"量"的增长向"质"的增长转变，推动区域经济高质量发展。

（四）把握好当前和长远的关系

三江源国家公园的建设也宣告了三江源地区经济发展方式由单方面经济正向增长模式向现代化经济体系的转型发展，绿色低碳经济体系是其实现途径，可持续是其追求的目标，因此，三江源国家公园建设，就必须要把握好当前与长远的关系，合理兼顾二者要求，才能更好实现三江源地区永续发展。以往的经济发展实践证明，地方化的经济发展模式很难有效改善区域经济发展水平，和全国经济发展战略结合起来才能使区域经济发展更为长远。三江源国家公园建设，要转变传统经济发展思维，跳出研究地方经济发展战略定式，以大区域视野谋划本区域发展，积极融入青藏高原、黄河流域等国家发展战略，同时要以未来视野长远规划区域发展，兼顾眼前利益与长远利益，走未来利益永续化基础上的眼前利益最大化的发展道路，实现可持续发展。

二、三江源国家公园建设必须深化的四大认识

充分认识三江源国家公园建设的重大意义，辩证地处理好各种关系是建设好三江源国家公园的重要前提，在此前提下具体如何来执行，如何来建设才是核心所在。为此，三江源国家公园建设还必须要深化以下四个方面认识。

（一）深化对生态文明建设的研究，更好地肩负起新时代国家公园在三江源实践的战略历史使命

生态文明建设是实现中华民族永续发展的根本大计，党的十八大以来，

我们党将生态文明建设作为统筹推进"五位一体"总体布局和协调推进"四个全面"战略布局重要内容，统筹安排，一体推进，提出了一系列重要新理念新思想新战略，生态文明日益深入人心。生态文明建设有着深刻且丰富的内涵，是对传统生态价值观念的超越，更是对新时代生态价值观念的引领塑造，三江源国家公园建设必须从战略的高度深化对生态文明建设的研究，才能更好担起历史所赋予的使命。

三江源地区生态地位特殊，生态建设迫切，深化生态文明建设研究要毫不动摇筑牢生态这个基础之基，统领一切建设工作。要完善三江源国家公园法治机制，坚持问题导向，由问题出发引导立法，以立法为手段解决问题，坚持"生态优先"原则，正确把握宏观到微观、全国到地方的关系，逐步完善三江源生态文明法治机制。要把生态文明立法与乡村振兴、共同富裕紧密结合起来，探索建立草原生态休养生息和生态环境补偿机制。要理顺生态保护体制机制，有效发挥市场的资源配置作用，运用市场化的方法调动群众参与生态文明建设的积极性，实现让群众成为"环境保护者"，构建"全民参与共建共治共管共享"多元生态治理模式。

（二）深化对三江源国家公园建设趋向的研究，更好地把握生态文明建设规律

国家公园是介于严格的自然保护区与完全开放的旅游开发区和风景名胜区之间的一种保护体系。因地制宜推动三江源国家公园建设，必须深化对三江源国家公园建设趋向的研究，更好把握生态文明建设规律。

三江源国家公园建设要致力区域共同富裕的实现，探索建立农牧民与国家公园建设的利益连接机制，引导农牧民参与建设，共享成果。以公园建设调整三江源地区产业结构，使三江源地区传统农牧业产业逐步向从事公园建设相关的服务行业调整，使农牧业从业人员逐步向公园建设相关的服务业转移，实现区域产业结构的优化，提高就业水平，助推区域共同富裕实现。三江源国家公园建设的努力方向是实现人与自然的和谐共生，核心是实现环境优美，人民幸福。三江源国家公园建设要基于生态系统耦合理论优化资源配置，建立源头控制、责任追究的生态环境保护体系。对野生动物生存空间进行研究，合理评价三江源地区畜牧承载能力，制定切实可行的畜牧计划，合理确定家畜存栏量，确保家畜和野生动物总量与草地承载力相平衡，促进国家公园自然资源的严格保护和永续利用。

（三）深化对新发展阶段、新发展理念、新发展格局的研究，更好地推动三江源国家公园高质量发展

准确把握新发展阶段，深入贯彻新发展理念，加快构建新发展格局，是由我国经济社会发展的理论逻辑、历史逻辑、现实逻辑决定的，三者紧密关联，是推动"十四五"时期高质量发展的根本遵循。更好地推动三江源国家公园高质量发展，就必须深化对新发展阶段、新发展理念、新发展格局的研究，深入理解三者的内在逻辑。

锚定新发展阶段，以新发展理念推动三江源国家公园建设，构建国家公园大行政管理模式，突破行政体制限制。三江源国家公园试点以来，形成的各类自然保护地，自然保护区管理不畅，管理效率低下，通过国家公园体制改革，由国家公园统一实现对各类自然保护区的集中统一管理，提升管理效率，减少资源浪费，实现管理模式的与时俱进。构建新发展格局，即"加快形成以国内大循环为主体、国内国际双循环相互促进的新发展格局"。三江源国家公园建设，要加快新发展格局构建，推动区域产业转型，实现流通顺畅，积极融入国内大循环，同时要围绕"国际生态旅游目的地"的目标，拓宽视野参与国际循环，积极参与"澜湄五国"新型次区域合作机制构建，充分发挥区域优势，更好地促进澜湄次区域合作。

（四）深化对三江源国家公园建设重要性的认识，更好地推动生态文明建设与青藏高原高质量发展相结合

我国的国家公园建设刚刚起步，没有成熟经验可以借鉴，只有深化对三江源国家公园建设重要性的认识，才能更好地推动生态文明建设与青藏高原高质量发展相结合。三江源国家公园作为我国首批5个国家公园之一，要在国家公园体制建设、发展路径等方面先行先试，探索出一条青藏高原生态文明与高质量发展道路，形成一套"三江源经验"。

三江源国家公园建设要推动经济转型发展，贯彻创新驱动发展战略，加快国际生态旅游目的地和绿色有机农畜产品输出地建设，构建绿色低碳循环发展经济体系，打造体现本地特色的现代化经济体系。创新三江源地区生态产品价值实现机制，按照先试点再推广的形式，推动生态产品项目经营发展，组织群众以生态游、牧家乐、民族演绎、餐饮服务等方式积极参与生态产品经营，参与生态产品价值实现。

三江源国家公园建设，对于青藏高原有着极其重要的示范意义，同时

对国家探索国家公园建设机制也有重要的探索意义，必须深刻把握好四大关系，深化四大认识，下好下活"一盘棋"，如此才能保护好"中华水塔"，实现"一江春水向东流"，才能实现青藏高原生态文明建设高质量发展。

（作者分别为青海民族大学经济与管理学院教师、青海民族大学民族学与社会学学院学生，文章刊自《青海日报》）

青海生态农畜产品价值实现的市场化路径研究

陈昭彦

党的十九大报告指出："提供更多优质的生态产品，满足人民群众日益增长的优美生态环境需要。"在生态文明建设过程中，生态产品成为践行"绿水青山就是金山银山"理念的有形抓手和实践载体，生态产品价值实现的路径成为落实"两山理论"的核心路径。青海作为"中华水塔"及全球至关重要的生态资源库，有着丰富的生态产品。习近平总书记在青海考察时指出："青海最大的价值在生态、最大的责任在生态、最大的潜力也在生态。"又根据青海资源禀赋、发展优势和区域特征，亲自为青海推动高质量发展擘画产业"四地"建设，即建设世界级盐湖产业基地，打造国家清洁能源产业高地、国际生态旅游目的地、绿色有机农畜产品输出地。

要打造绿色有机农畜产品输出地，必须按照习近平生态文明思想，践行"绿水青山就是金山银山"理念，把潜在生态价值通过市场化手段进行转化，实现生态资源向财务资源、由潜在资源向现实资源转化。根据生态产品概念内涵，生态产品一般分为生态物质产品、生态调节产品和生态文化产品，其中农畜产品就属于生态物质产品。青海农畜产品种类丰富，包括粮食作物、经济作物、肉产品、奶产品以及植物药用产品。农畜产品主要凭借市场交易和生态产业化实现其价值，由于青海目前生态农畜产品市场化投入力度小、市场基础不够健全，体现不出青海生态农畜产品的稀缺性和绿色、有机等生态价值属性，生态农畜产品价值实现尚不乐观。为了提升产品影响力和产品附加生态价值，体现青海良好的生态环境为普通农畜产品带来较高的生态溢价，我们要从六个方面寻找路径，更好实现青海的生态农畜产品价值。

一、生态产品认证和标准确立

政府建立统一的青海农畜生态产品标准、认证、标识体系，实施统一的生态产品评价标准清单和认证目录，健全生态产品认证有效性评估与监督机制。生态农畜产品可以借助生态标签，对符合生态、绿色、有机、健康标准的生态农畜产品进行权威绿色产品认证（包括产区认证、绿色生态产品认证、营养成分检验认证）后公开、公布产品的真实信息。例如：河南蒙古族自治县邮寄牛羊肉产品，其贸易和基地分别获得中绿华夏有机食品认证中心认证证书，凭借有机认证，此地畜产品的售价较同类产品高出20%~30%。获得生态产品认证的同时，各类生态农畜产品需要明确产品标准，产品标准一般以国家标准或行业标准为标杆，但生态农畜产品种类多样、内容丰富，在明确标准时或许存在国家标准并未建立或无法突出此类生态产品优势的情况，此时需要建立企业标准，为了更好地实现生态农畜产品价值，并提升产品生态价值，建立的企业标准必须高于国家标准。具备生态产品认证和相应标准的生态农畜产品进行直接交易时，更具有市场竞争力和生态溢价。

二、延伸产业链增加附加值

青海的生态农畜产品要在初级产品基础上延伸产业链，在产业中下游扩充产业边界，增加产品附加值，注重产业上游发展，促进特色产业链集群形成，提高区域经济竞争力。例如：青海拥有冬虫夏草、雪莲花、黄芪、川贝母、秦艽等名贵植物药材。尤其是冬虫夏草的储量和质量均居全国之首，是我国名贵药材之一。近年来，人民群众生活质量和健康意识提升，商家瞄准市场需求，对冬虫夏草进行产业链深度开发，对产品质量、品种进行包装开发、设计、宣传，这些都造成市场上形成供不应求的局面。由于资源的稀缺性和较高的市场售价，冬虫夏草成为三江源产区居民的重要经济收入来源。但目前青海的生态农畜产品大多还处于低端产业链，如"青稞"产品形式主要有青稞面粉、青稞奶茶、青稞麦片、青稞酒、青稞酸奶和青稞面条等；牦牛产品主要形式有牦牛肉、牦牛奶、牦牛肉干等。这些产品大多处在初级阶段，如要开拓市场，必须投入科技力量，瞄准市场需求，在初级产品基础上延伸产业链，增加产品生态附加值。

三、创建生态产品品牌

生态产品品牌分类大致可分为特定产品品牌和区域公共品牌两类。品牌主要是指具有经济价值的无形资产，利用品牌识别来体现其差异性，并在人们消费意识当中产生品牌定位。青海的生态产品品牌建设，需从品牌标准化建设入手，将小、散、弱品牌整合成大品牌和区域公共品牌，形成规模优势统一标准，扩大知名度和美誉度，实现青海生态产品价值最大化。例如：青海三江集团三江牦牛品牌就是典型的生态农畜产品品牌。区域公共品牌则是倡导公共性、科学性、经济性、生态性和可持续性原则的系统工程，形成具有鲜明区域特色的品牌，区域公共品牌的建立较特定生态产品品牌的影响力更大，影响范围更广。例如：以三江源为区域公共品牌，对于推广当地各类生态农畜产品，打造绿色有机农畜产品输出地具有促进作用。政府应当加大对品牌建立的支持力度。一是市场监管部门加大对绿色有机农畜产品品牌打造的支持度，支持有条件的注册区域性公共品牌；二是相关部门要设立相应平台，对青海的生态产品品牌进行广泛宣传，扩大产品知名度。

四、产品价格和目标客户确定

针对青海生态农畜产品的市场溢价需要在权威绿色产品认证的基础上，根据消费者意愿确定市场化直接交易价格。根据相关资料和数据分析，有相当一部分高收入居民更愿意支付溢价购买此类产品。愿意购买的主要因素在于：产自拥有洁净的空气、水源、植被等自然环境的地区；拥有国家权威、统一认证的绿色生态产品标识；各类营养指标明显高于普通农畜产品且对人体有益。因此，在产品认证、标准确立和品牌建立的基础上，确定合适的产品价格，是实现青海生态物质产品价值的关键环节。在青海农畜产品品牌和区域公共品牌的建立和宣传力度加大的基础上，我们还要更多关注高品质生活，推出有益于身体健康、绿色、有机的产品，抓住目标客户群的需求，为他们提供高品质生态产品的同时，实现农畜产品更高的生态价值。

五、建立相应的市场交易平台

构建青海生态农畜产品交易平台，主要用于宣传权威产业、企业、产品等信息，统筹产品价格并在合理区间调整等功能。市场平台需要在各类生态农畜产品认证和市场调查结果基础上，确定各类生态农畜产品价格，发挥初级市场作用，借助互联网、本地市场、跨境贸易市场等多种平台和方式完成此类高附加值生态物质产品的市场化交易。搭建省级农畜产品市场交易平台，组织大规模的博览推介会，邀请农畜产业龙头企业和"特精专新"中小企业积极参会，给消费者提供权威、真实信息和高品质、绿色、有机的生态物质产品等一系列福利，形成市场效应，进而实现生态产品的价值实现。

六、发挥政府主导作用

青海生态农畜产品的价值实现离不开政府的主导作用。政府作为生态产品价值实现的监管者，应当凭借法律手段和行政措施防止生态产品产权遭受侵害，保障生态产品市场交易过程中的公平性；要建立和发挥市场在资源配置中的决定作用，完善能够发挥政府作用的经济体制，为青海生态产品直接交易提供良好的制度环境；要围绕生态产品的供给和消费，为青海生态产品市场化直接交易提供顶层设计，包括标准制定、产品认证、品牌建设、宣传推广等多方面的支持；通过修改和完善行政法律法规、明确相关交易规则、构建合理运行机制、运用有效政策工具等手段，促进和保障青海生态农畜产品的生产、消费和价值实现，进一步打造好绿色有机农畜产品输出地。

（作者为青海民族大学政治与公共管理学院教师，文章刊自《青海日报》）

青海民族大学思想政治工作创新发展的调研报告

阿进录

党的十八大以来,青海民族大学坚持以习近平新时代中国特色社会主义思想为指导,在"培养什么人""怎样培养人"和"为谁培养人"的实践中把握新要求,适应新形势,创新工作思路,取得积极成效。笔者通过资料收集、座谈研讨、实地走访、问卷调查等方式,对学校思想政治创新发展情况、青年教师思想状况、大学生思想状况等进行了深入调研,总结经验做法,分析问题短板,研究改进措施,形成本调研报告。

经验做法

一是强化党建引领,加强理论武装和工作队伍建设。出台《青海民族大学关于以习近平新时代中国特色社会主义思想统领学校工作的意见》等文件,强化思想政治工作顶层设计,分类提出加强思想政治工作目标清单、任务清单和责任清单,分年度强力推进工作落实。扎实开展新时代学校党建"双创"工作和"党建质量提升年"活动,夯实基层组织力量,创建一批标杆学院、样板支部、红旗支部,探索实施"党建+人才培养"项目,狠抓"三会一课"和党员发展工作,党建引领作用得到充分发挥。开展青年教师"信仰与责任"专题培训和大学生"团结与奋进"主题培训,先后组织师生赴原子城、井冈山、延安等地进行红色教育实践,强化理想信念教育。配齐专职辅导员、学业导师、组织员队伍,构建"三全育人"新模式,在全校形成"人人是教师、事事是教育、处处是课堂"的全要素育人氛围。

二是探索实施思政课"四优"改革。推进以"优秀团队、优质课堂、优创平台、优化评价"为主要内容的"四优"改革，提高思政课教学质量。落实每门课程、每名教师、每个课堂的育人职责，构建了以思政必修课为核心、思政选修课为骨架、综合素养课为基础、专业课为辐射的课程思政体系，精心打造的"习近平总书记系列重要讲话学习""进德讲堂""中外经典小说导读""民族节日文化""学科文化""从政之要"6个系列100多个精品讲座，成为学生思想文化的盛宴。加大马克思主义学院建设力度，成立青海省红色文化研究院，承担国家重大课题，着力提升服务国家战略、回答现实问题的能力。

三是构建"传统媒体+新兴媒体"协同育人平台。将校报、广播、电视、网络等不同媒介进行整合。校园广播电视台、校报设有新闻转播、法治在线、校园访谈、就业看台、音乐驿站、"学思践悟"、"青春文艺副刊"等栏目，成为思想教育的重要平台、文学青年的培养摇篮。建成思政专题网站和学校微信公众平台，年均推送原创信息2000余条，做到"学生在哪里，思想引领就在哪里；舆论在哪里，正面引导就在哪里"，实现思想政治工作网上组织和线下组织的相互补充、相得益彰，充分发挥了媒体引导舆论、引领青年成长的优势。

四是提升以文化人和文化育人水平。提炼大学精神，形成"进德修业、自强不息"校风、教风、学风，创制传播新校歌和青海民族大学赋；构建包括终身教授、进德修业之星、本科教学优秀奖、寿星纪念章、荣休纪念章等具有学校特色的荣誉体系。实施"党建+团建"项目，深入开展"四爱三有"教育，成立马克思主义理论研习社、习近平治国理政思想研习社等理论社团，成功打造国旗班社团、原创话剧《守望可可西里》、"两弹一星"精神理想信念宣讲团等校园文化品牌活动，形成了文化引航、品牌引领、典型引路的校园文化格局，创建了丰富多彩的提升学生人文素养的实践平台。建成"智慧之光"校园雕塑、民族团结林、磐石广场、音乐喷泉、润泽园、文化走廊等文化设施，精心命名校园建筑、景观和园区，对师生进行潜移默化地教育和启迪。

五是拓宽创新创业和社会实践渠道。强化创新创业教育，支持形成了网络科技、软件开发、机器人和无人机应用开发、电子商务、文化传媒等32个学生创新团队。分类开展社会实践教育，先后在全省范围建成8个思想政治实践基地，64个专业实习基地。每年派出60余支学生实践服务团队，深入农村、牧区和厂矿，组织开展顶岗支教、学雷锋志愿服务、社会调查、扶贫济困等实践活动3万余人次，实现了"以教育引导实践、以实践深化教育"的目标。开展的各种实践活动，既锻炼了学生的意志品质，提升了学生的实践动手能力，又深化了学生对国情省情的认识，培养了学生的责任和担当精神。

六是促进民族团结进步，创建文明校园。立足民族高校实际，围绕铸牢中华民族共同体意识主线，着力推进民族团结进步校园创建工作。学校获批国家民委铸牢中华民族共同体意识研究基地和青海省铸牢中华民族共同体意识研究院，形成"课堂讲授＋科学研究＋社会实践＋知识竞赛＋选树典型＋服务社会"的"六位一体"民族团结进步教育模式，先后被国家民委评为第四批、第九批全国民族团结进步创建活动示范高校。

通过创新发展思想政治工作，广大师生的思想政治素质有了大的跃升。广大教师思想政治状况整体上积极健康向上，政治站位更高了、育人格局更大了、家国情怀更深了、职业认同更强了，对青年学生的思想行为产生了广泛而深刻的正面影响，成为广大青年学生的良师益友。广大同学在习近平新时代中国特色社会主义思想的引领下，爱党爱国、追求进步、视野宽广、自信开放、客观理性、好学上进、朝气蓬勃、思维活跃，尤其是对习近平总书记衷心拥护和爱戴，具有强烈的"听党话、跟党走"的思想自觉和行动自觉。与此同时，思想政治工作中也存在一些问题和短板。如个别青年教师中存在政治意识淡薄的现象、重专业发展轻思想政治的倾向、过于关注个人价值实现的情况；个别学生中存在思想不够成熟、功利主义倾向严重、"佛系""躺平"现象存在、实践动手能力和心理健康建设不足等问题；思政课的针对性实效性有待提高，思政工作措施有待细化，思政工作的合力有待强化等问题。

对策建议

一是突出政治性，着力推动习近平新时代中国特色社会主义思想入脑入心。坚持把学习好、领会好、落实好习近平新时代中国特色社会主义思想作为首要政治任务，教育师生深刻理解"两个确立"的重要意义，自觉增强"四个意识"、坚定"四个自信"、做到"两个维护",发自内心地拥戴核心、毫不动摇地信赖核心、矢志不渝地忠诚核心,更加坚定地紧跟习近平总书记、奋进新征程。建好省级示范马克思主义学院,推进学科建设和思政课"四优"教学改革,积极打造一批"名师金课",落实每名教师、每门课程、每个课堂的育人职责,实现思政教育与知识教育有机统一、思政课程与课程思政同向同行。坚持德智体美劳"五育"并举,健全"三全育人"体系,把思想政治教育融入立德树人各方面、贯通教育各环节,加强"四史"教育,推动理想信念教育制度化、长效化、常态化。

二是突出系统性,着力推动思想政治工作系统推进、形成合力。创新学校思想政治工作体制机制,完善党委统一领导、党政齐抓共管、相关部门分工负责、各级党组织上下联动、广大干部师生共同参与的思政工作领导体制和运行机制。积极构建导向鲜明的考评体系和奖惩机制,把思想政治工作成效作为硬指标纳入学校工作的考评体系。全面加强思政工作者队伍建设,把思想政治工作队伍和党务工作队伍纳入人才队伍建设总体规划,抓好思想政治工作骨干的培训轮训,促使其掌握新知识、熟悉新思想、开拓新视野,提高做好新时代学校思想政治工作的能力,努力打造一支政治过硬、求实创新、学生喜爱的思想政治工作队伍。立足互联网信息新时代,把握时代发展趋势和潮流,充分结合新时期大学生个性特点和实际诉求,利用新技术、新手段、新渠道开展思想政治教育。定期开展大学生和教师的思想动态调研,制定针对性强、实效性强的思想政治工作预案。

三是突出思想性,着力推动爱国主义教育和铸牢中华民族共同体意识教育。结合大学生思想特点,依托学校"全省爱国主义教育基地"等载体,将爱国主义融入教书育人全过程,激发学生的爱国主义热情,让学生成为永远听党话跟党走,有理想有担当,勤奋学习,追求真理,对国家、对人民、对社会有用的人。结合民族高校实际,进一步强化使命担当,以更系统的构想、更全局的考量、更长远的谋划,深入思考民族高校的特殊使命和责任,赋予学校所有工作铸牢中华民族共同体意识的意义,切实发挥国家民委中华民族共同体研究基地、青海铸牢中华民族共同体意识研究院的作用,坚持以铸牢中华民族共同体意识为主线,建设一批铸牢中华民族共同体意识的特色专业课、通识课和示范课,培育一批融中华民族文化传承创新、爱国主义与家国情怀教育于一体的综合素养课,加强国家通用语言文字教学,努力把学校建成青海省铸牢中华民族共同体意识教育的典范单位。

四是突出引领性，着力推动社会主义核心价值观的培育践行和综合素质的提升。坚持融入、结合、示范，发挥学校"党性教育体验馆"作用，深入挖掘青海红色文化教育资源，设置系列党性锻炼平台，广泛开展"社会主义核心价值观宣传月"活动，引导青年学生自觉树立和践行社会主义核心价值观，明大德、守公德、严私德。落实文明校园创建工作任务，从注重细节入手，促进学生锤炼自身品德修养。在增长知识见识上下功夫，教育引导学生珍惜学习时光，心无旁骛地求知问学，增长见识，丰富学识，沿着求真理、悟道理、明事理的方向前进。牢牢抓住全面提高人才培养能力这个核心点，主动对接经济社会发展需求，始终围绕促进学生成长成才开展教育教学工作，强化体育、美育、劳动教育等课程建设，强化学生表达沟通、团队合作、组织协调、实践操作等方面的综合能力。

五是突出示范性，着力推动教师思想政治工作创新发展。把青年教师思想政治工作作为学校思想政治工作的重中之重，制定有针对性的工作方案，举办理想信念主题培训班，加强对青年教师的价值引领，使广大教师忠诚于党的教育事业，忠诚于教师的光荣职责，修好德、教好书、育好人。要坚持以社会主义核心价值观为引领，引导教师潜心教书育人、静心治学，牢记立德树人初心，勇担为党育人、为国育才使命，争做"四有"好老师。要有针对性地加强社会实践教育，增强青年教师的理想信念。进一步完善教师参与思政教育的激励机制，充分调动教师参与思想政治工作的积极性、主动性。

（作者为青海民族大学党委副书记，文章刊自《青海党的生活》）

以铸牢中华民族共同体意识为主线
办好人民满意的民族高等教育

马维胜

省第十四次党代会对"着力推进在铸牢中华民族共同体意识上走在前列"作出全面部署,明确了坚定不移推进新时代党的民族工作的前进方向和目标任务。民族高等院校要贯彻落实省第十四次党代会精神,坚持以铸牢中华民族共同体意识为主线,为推进新时代党的民族工作高质量发展贡献力量。

铸牢中华民族共同体意识是新时代党的民族工作的"纲"

习近平总书记强调,"必须从中华民族伟大复兴战略高度把握新时代党的民族工作的历史方位,以实现中华民族伟大复兴为出发点和落脚点,统筹谋划和推进新时代党的民族工作","必须以铸牢中华民族共同体意识为党的民族工作的主线,推动各民族坚定对伟大祖国、中华民族、中华文化、中国共产党、中国特色社会主义的高度认同,不断推进中华民族共同体建设"。习近平总书记指出:"铸牢中华民族共同体意识是新时代党的民族工作的'纲'。"习近平总书记的这一系列重要论述,将铸牢中华民族共同体意识提升到实现中华民族伟大复兴、维护中华民族长治久安的战略高度,为新时代民族工作指明了方向。

铸牢中华民族共同体意识,不仅仅是民族领域的工作,更是涉及各领域各方面的工作。民族院校要学习领会习近平总书记的重要讲话精神,赋予学校各项工作以铸牢中华民族共同体意识的意义,既是深刻领悟"两个确立"的决定性意义、做到"两个维护"的具体体现，也是推动学校高质量发展的必由之路，是体现自身价值的重要方面。

民族高等院校要切实担负起教育和民族工作的双重使命

青海是一个多民族聚居的省份，处在全国五大涉藏地区及西北少数民族聚居区中心位置，是稳疆固藏的战略要地；全省民族区域自治地方面积大、少数民族人口比重高，是全国的民族工作大省。一直以来，青海民族大学坚定贯彻党的教育方针和民族政策，走出了一条符合党和人民需要的社会主义现代化民族大学建设新路，已成为培养各民族高素质人才的重要基地，研究民族宗教问题和政策、维护社会稳定的重要基地，构建各民族共有精神家园、促进各民族交往交流交融的重要基地，传承弘扬各民族优秀文化、推进铸牢中华民族共同体意识教育的重要基地，展示党的民族政策优越性、体现民族团结进步和繁荣发展的重要窗口。

政治建校定位清晰。学校坚持走政治建校之路，始终坚持党对学校工作的领导，始终坚持社会主义办学方向，全面贯彻执行党的教育方针，落实立德树人根本任务，立足青海大地和青藏高原办学，服务国家战略需要和民族地区发展，在铸牢中华民族共同体意识教育中凸显重要地位，在推动民族地区现代化进程中作出重要贡献，在青海政治、经济、文化、社会、生态文明建设中发挥积极作用。

人才培养富有成效。学校坚持以铸牢中华民族共同体意识为主线，坚守教育工作和民族工作双重使命，遵循高等教育的普遍规律和民族高等教育的特殊规律，坚持育人为本、德育为先，注重培养具有科学精神和人文素养，政治素质过硬、专业基础扎实、实践能力较强、适应民族地区现代化建设需要的各类专门人才，把各族学子培养为下得去、留得住、干得好、靠得住，服务民族地区经济社会发展的关键力量。

教学工作特色鲜明。学校坚持将民族团结进步教育贯穿教学各环节，将铸牢中华民族共同体意识融入人才培养全过程，注重从民族地区招生，面向民族地区就业，率先成立民族研究所、建设民族理论与民族政策教研室、设立铸牢中华民族共同体意识教育课程教研团队，开设《民族理论与民族政策》课程，大力推广普及国家通用语言文字，有力提高了人才培养质量。

智库作用效果明显。学校立足青藏高原自然禀赋和社会人文特点，打造特色科研领域和研究方向，围绕国家在青藏高原的重大战略和区域经济社会发展，建设服务于铸牢中华民族共同体意识、"一带一路"建设、文化传承创新、生态文明建设等领域的国家级、省部级重点研究基地，开展有组织、有计划的科研工作，产出了一批具有区域特色和民族特色的学术成果，成为研究青藏高原经济、政治、社会、文化和生态问题的重要智库。

学科专业自成体系。积极发挥民族学优势学科作用，以"大民族学"建设为特色，实施"民族学+"和"+民族学"建设，辐射带动中国语言文学、经济、管理、体育、信息技术、民族建筑保护等学科协同发展，实现民族学与其他学科的深度融合，形成特殊优势，有效增强了服务民族地区的能力和水平。高质量建设《青海民族大学学报》《青海民族研究》《青藏高原论坛》等刊物，设置铸牢中华民族共同体意识专栏，成为学术交流、凝聚共识、促进团结、推动融合的重要平台。

服务社会深入人心。70多年来，11.6万余名各族学子直接服务于民族地区发展，有些甚至献出了年轻的生命，为建立和巩固新生的人民政权，为青海的民主改革、民族团结、经济发展、社会稳定、生态保护和各项改革发展事业做出了不可磨灭的贡献。富有特色的科学研究、高质量的科研成果，为维护青海社会稳定和民族团结、促进青海经济转型产业升级提供了新视角、新方法、新技术，有力促进了民族地区现代化建设。

各族师生水乳交融。学校将铸牢中华民族共同体意识作为师生日常教育的重点，开展丰富多样的民族文化进校园活动，促进各民族优秀传统文化创新交融，构建各民族共同精神家园，推行混合编班、融合宿舍，有效促进了各民族学生交往交流交融，形成了相互尊重、包容多样、手足相亲、守望相助的生动局面。积极推进思政工作创新发展，突出铸牢中华民族共同体意识教育，形成独具一格的思政格局，教育引导各族师生树立正确的国家观、历史观、民族观和文化观，有效增强了师生"五个认同"。

民族团结形成典范。大力推进民族团结进步校园创建工作，形成"课堂讲授+专题讲座+科学研究+社会实践+知识竞赛+选树典型"的"六位一体"民族团结进步教育模式，积极打造《守望可可西里》《青春之光》等文艺精品，建成校史馆、博物馆、古籍馆等文化平台，建设马克思主义理论研习社、习近平治国理政思想研习社等社团，达到了铸牢中华民族共同体意识教育随处可见、随时可学的效果，学校先后两次获得全国民族团结进步创建活动示范高校称号，成为全省高校民族团结进步教育的模范。

着力打造铸牢中华民族共同体意识典范单位

当前，全省上下正在深入学习贯彻省第十四次党代会精神，青海民族大学迅速行动，出台了《关于立足新时代打造铸牢中华民族共同体意识典范单位的实施方案（2022—2024）》，着力在服务党的民族工作高质量发展、推动民族地区现代化建设、推进我省民族团结进步示范省建设进程中做出新贡献。

将铸牢中华民族共同体意识作为人才培养的关键。一是以培养适应民族地区经济社会发展需要的各类人才为目标，系统梳理现有人才培养方案，全面推进教育教学改革，赋予所有教学活动以铸牢中华民族共同体意识的意义，将铸牢中华民族共同体意识工作贯穿教育教学各环节。二是优化专业布局，在做好现有各类专业人才培养的基础上，积极申报开设民族地区经济社会发展急需的本科专业。三是强化实践教学，开展现场体验与实践调研活动，让学生切身感受民族团结在我省取得的实际成效，将理论知识提升为实践经验与亲身体会。四是在各课程和教学活动中深挖铸牢中华民族共同体意识教育的思政教育元素，有机结合国情、省情、社情和民情开展铸牢中华民族共同体意识教育，开展"浸润式"教育深耕第一课堂主阵地，强化"融入式"培养拓展第二课堂大平台，教育各族学子将中华民族共同体意识融进血液、注入灵魂。

将铸牢中华民族共同体意识作为科学研究的重点。一是在理论研究方面，深入研究阐释习近平总书记关于加强和改进民族工作的重要思想，围绕民族领域理论和实践中的重点难点热点问题，有组织地开展民族理论与政策、各民族交往交流交融史、民族文化相融、民族艺术共享、民族格局互嵌、增进共同性、民族地区社会治理体系和治理能力现代化、青海各民族在"四个共同"中的历史贡献等方面的研究。二是在咨询服务方面，聚焦铸牢中华民族共同体意识重大现实问题，推进新型智库建设，努力提升建言资政能力，做民族地区和民族工作高质量发展的"思想库""智囊团"。

三是在平台建设方面,进一步建设好国家民委"中华民族共同体研究基地"、"青海省铸牢中华民族共同体意识研究基地"、学校"铸牢中华民族共同体意识研究院"等国家级、省级和校级研究平台;在《青海民族大学学报》《青海民族研究》《青藏高原论坛》等学术刊物上持续开设打造专栏、名栏,从全国范围约稿,集中刊发一批高质量论文,不断提升学术影响力。

将铸牢中华民族共同体意识作为学科建设的特色。一是构建以民族学为核心的人文社会科学和以理学为基础的理工医"两个学科群",打造"345"高水平学科专业体系,建设3个博士学位授权一级学科、40个硕士学位授权一级学科和专业学位硕士点、50个优质本科专业。二是打造民族学"学科高峰",以民族学学科为核心,带动辐射政治学、社会学、中国语言文学、法学、经济学、宗教学、管理学、历史学、艺术学等学科,拓展学科领域,优化学科布局,做强人文社会科学学科群。三是打造中国语言文学"学科高地",按照"新文科"建设要求,进一步凝练学科方向、优化学科团队,搭建学科综合交叉平台,促进学科交叉融合,推进国家通用语言文字普及。四是打造理工医学科群,围绕生态文明建设和产业"四地"建设等重大需求,加强"新工科"建设,促进传统理科与新兴学科交叉融合,积极推进智能与计算学部建设,抓好生态、旅游、盐湖化工、新能源、新材料、人工智能、藏医药、信息安全等领域学科建设,积极服务民族地区现代化建设。

将铸牢中华民族共同体意识作为服务社会的抓手。一是深度参与生态文明新高地建设,深入开展习近平生态文明思想研究和宣传教育工作,在学生中树牢"绿水青山就是金山银山、冰天雪地也是金山银山"的理念,围绕"三个最大"省情定位,积极参与生态文明建设、双碳政策研究、国家公园示范省建设、乡村振兴建设等。二是大力服务产业"四地"建设,加强与相关企业及对口支援高校的合作交流,积极推进盐湖资源开发研究平台、双碳研究院、高质量发展研究院建设,建好青海省蕨麻产业研究院。三是在省内相关市州县及企事业单位建立铸牢中华民族共同体意识教育与研究实践基地,总结民族团结进步创建和铸牢中华民族共同体意识工作经验,形成鲜活的"青海样板"和"青海经验",通过强化科技、人才等综合服务,促进各民族发展经济、改善民生,实现共同富裕,不断增强各族群众的获得感、幸福感、安全感。

立足新时代,我们将深入贯彻落实习近平总书记关于加强和改进民族工作的重要思想及中央民族工作会议、省第十四次党代会精神、省委民族工作会议精神，努力办好人民满意的民族高等教育。

（作者为青海民族大学党委副书记、校长，文章刊自《青海学习报》）

要把问题导向当作一个重要工作方法

马维胜

省第十四次党代会指出,前进道路上,我们要做好迎接新的风险挑战、破解新的矛盾问题的充分思想准备,持续用力解决好由于自身发展基础相对薄弱、一些方面欠账较多、创新能力不足等长期积累的矛盾和问题,积极应对百年变局和世纪疫情相互叠加、我国发展环境复杂性严峻性不确定性上升背景下,我省可能面临的各种新挑战新问题。

解决问题才是硬道理。马克思说过:"问题就是公开的、无畏的、左右一切个人的时代声音。问题就是时代的口号,是它表现自己精神状态的最实际的呼声。""世界史本身除了通过提出新问题来解答和处理老问题之外,没有别的方法。"也就是说,一个时代是通过这个时代所面临的问题来呈现的,每个时代都有相应的问题。习近平总书记强调:"坚持问题导向是马克思主义的鲜明特点。"问题是创新的起点,也是创新的动力源,理论创新只能从问题开始。所谓问题导向,就是在实际工作中奔着问题去,在发现问题、分析问题和解决问题的过程中实现事业发展。所以,坚持问题导向是我们的重要工作方法。

坚持问题导向,首先要有问题意识。对什么是问题,我们很难一言以蔽之,它可能是指人们的一些不符合规律的认识,可能是指人们对某一事实的疑惑,也可能指某些不符合规矩的言行。从工作方法角度所讲的问题属于管理学范畴。在管理学当中,问题是指预期目标和现实结果之间的偏差,目标的未来性和现实的复杂性决定了工作中存在偏差是必然的,即有问题是常态,没有问题是例外。所以,坚持问题导向就是要围绕问题开展工作,我们的工作要从发现问题开始,要在解决问题中结束,旧的问题解决了新的问题在更高层面又出现,工作或事业在发现问题——解决问题的循环中实现进步和发展。

坚持问题导向要建立积极的问题观。问题本身并不可怕,在一定意义上问题也是资源。我们不能绕开问题或任由问题存在、发展下去,而是要直面问题、正视不足、有所作为。存在问题之处,是工作薄弱之处,也是实现改进和发展之地。事业的发展,正是表现为对于一个个问题的发现和解决。说问题是资源,不是说问题越多越好,更不能人为制造问题,而是说很多问题本身与发展有关,是发展本身带来的问题,再发展就要解决问题。辩证唯物主义认为,一切事物都处在永不停息的运动、变化和发展之中,整个世界就是一个无限变化和永恒发展的物质世界,发展的实质就是新事物的产生和旧事物的灭亡,是新事物代替旧事物的过程。而解决问题就是用新事物代替旧事物从而实现发展的过程,发展也就必然的是在发现和解决问题的过程中实现的。

坚持问题导向,要有目标能力。目标是管理的灵魂,没有目标就没有科学的管理。管理的整个过程是围绕制定和实现目标来进行的。问题是相对于目标而言的,我们的工作现状只有与目标相比对,才有了问题本身,问题是目标的伴生物,没有目标也就没有了问题。因此,要做到坚持问题导向,必须先明确目标,目标是组织行为所指向的终点,是通过努力要达到的最终状态,它要解决的是带大家到哪里去的问题。目标是制定工作标准的基本依据,或是工作标准的主要来源,只有清晰的目标指引才能产生明确的工作标准,我们才能用这个标准来衡量实际成效,进而发现和解决问题。提高目标能力,首先要有制定目标的能力,做任何工作先要回答"为什么做"以解决目的问题;要描述那个可以达到的最终状态,以解决指向和标准问题。这里所说的目标不是泛泛地提一句口号,而是要制定一个具体(尽量量化)的、可操作的、可衡量的,通过努力才能实现的目标。好的目标本身就是很强的实践指引和持续激励。管理者或领导者不同于一般员工的最大特征之一就是明白自己要到哪里去。当然,提高目标能力,还要保持对目标的执着追求,领导者必须对目标负责,对目标有强烈、稳定的奔赴并着力实现。领导不一定是业务最精的人,但一定是目标最清晰、对目标最执着,有咬定青山不放松、不达目的不罢休的人。唐僧不会舞枪弄棒,也无伏妖降魔之功,他高于孙悟空之处就在于对西天取经目标的坚定与执着。

坚持问题导向，要有发现问题的能力。发现问题有一个过程，提高发现问题的能力，首先要有对目标或标准的理解能力。抓管理、当领导，必须认真学习相关规章制度和文件，深刻了解工作目标本身，这是发现问题的基础。只有充分了解工作要求和规范，才能拥有一把衡量长短的尺子和评价对错的标准，才能及时发现问题。提高发现问题的能力，要及时全面了解实际情况，只有全面准确了解实际情况，才能拿目标或标准去衡量其对与错、是与非。实际情况往往是复杂的，现实中真正的问题往往被各种客观的或人为的因素所遮盖，被很多的现象所掩盖。因此，要发现真实的问题，不仅要善于听汇报、看材料，更要有深入基层、深入一线调查研究的作风；要了解真正的现实，更要有透过现象看本质的能力，因为听到的、看到的不一定是真实的，真实的也并不一定都是本质的。只有透过现象看到本质，我们才能从根本上解决问题。一般来说，显而易见的问题无须发现，难以发现的是隐蔽在常见现象背后的问题。所以，发现问题应该表现为能意识到现象背后的实质，意识到寻常现象中的非常之处。从这个意义上说，发现问题是解决问题的关键，发现问题是创新的起点。

坚持问题导向，要有分析问题的能力。"一个时代所提出的问题，和任何在内容上是正当的因而也是合理的问题，有着共同的命运：主要的困难不是答案，而是问题。因此，真正的批判要分析的不是答案，而是问题。正如一道代数方程式只要题目出得非常精确周密就能解出来一样，每个问题只要已成为现实的问题，就能得到答案。"事物的复杂性决定问题的根源往往是复杂的。我们经常讲要对症下药，就是要找到病因开处方，分析问题的能力从根本上说就是找到掩盖在现象背后的真正的"病因"的能力。如果把产生各种问题的原因加以抽象提炼，任何问题的原因可概括为主客观两大方面，主观又分目标本身与努力程度两个层面，合起来就是目标本身的原因、主观努力方面的原因和客观环境方面的变化三个层面。分析问题的过程，实际上是工作理性化的过程、管理精细化的过程，分析得越具体，解决问题的思路越清晰。

坚持问题导向，要有解决问题的能力。如果说预期结果讲的是目标，是说彼岸的事，现实结果是此岸的状态，那么，解决问题，就要寻找过河的桥和船的问题。或者说，如果目标是解决要去哪里的问题，那么解决问题就是要回答怎么去的问题。干部的能力不仅表现在发现问题、分析问题的能力，也体现在解决问题的思路和办法上，体现在能否将这些思路和办法付诸实践，能够修桥造船，使我们的现实结果符合目标要求，消除预期和现实结果之间的偏差，即解决问题。做了一系列的分析研判，提了一大堆的思路举措，落不了地，执行不了，等于没有。这就要求我们要有对目标的不懈追求，对思路举措的坚定推进，纵向沟通、横向协调，不达目的、决不收兵。

毛泽东同志在《关心群众生活，注意工作方法》一文中指出，我们是革命战争的领导者、组织者，我们又是群众生活的领导者、组织者。组织革命战争，改良群众生活，这是我们的两大任务。在这里，工作方法的问题，就摆在我们的面前。我们不但要提出任务，而且要解决完成任务的方法问题。我们的任务是过河，但是没有桥或没有船就不能过。不解决桥或船的问题，过河就是一句空话。不解决方法问题，任务也只是瞎说一顿。习近平总书记强调："理论上不彻底，就难以服人。我们要以更加宽阔的眼界审视马克思主义在当代发展的现实基础和实践需要，坚持问题导向，坚持以我们正在做的事情为中心，聆听时代声音，更加深入地推动马克思主义同当代中国发展的具体实际相结合，不断开辟 21 世纪马克思主义发展新境界，让当代中国马克思主义放射出更加灿烂的真理光芒。"党的十八大以来，我们的事业取得历史性成就、发生历史性变革，其中一条很重要的经验就是坚持问题导向，把解决实际问题作为打开工作局面的突破口。每个时代有每个时代的问题和声音，事业越发展，新情况新问题就越多，也就越需要我们在实践上大胆探索、在理论上不断突破。把握新发展阶段的时代内涵，无论从事什么工作，我们需要解决的问题都是多样、复杂的，我们只有坚持问题导向，坚持创新思维，跟着问题走、奔着问题去，才能在把握规律的基础上实现变革创新，在一个个问题的解决中推动事业发展和历史前进。我们要坚持使命引领和问题导向相统一，按照我省第十四次党代会确定的总体要求、目标任务、方法路径、重点举措，全力以赴办好青海的事情，努力交出让习近平总书记和党中央放心、让全省各族人民满意的合格答卷，以优异成绩迎接党的二十大胜利召开。

（作者为青海民族大学党委副书记、校长，文章刊自《青海日报》）

推进青海红色旅游高质量发展的几点思考

谢文军

习近平总书记强调:"红色资源是我们党艰辛而辉煌奋斗历程的见证,是最宝贵的精神财富。"《国务院关于新时代支持革命老区振兴发展的意见》强调,要弘扬传承红色文化,推动红色旅游高质量发展,建设红色旅游融合发展示范区,形成红色文化繁荣、生态环境优美、基础设施完善、产业发展兴旺、居民生活幸福、社会和谐稳定的发展新局面。"红色文化 + 旅游融合发展与革命老区振兴"不仅是巩固党的执政地位的政治工程和文化工程,也是巩固脱贫攻坚成果与实施乡村振兴战略的富民工程和民心工程,更是实现中华民族伟大复兴和加快建设社会主义文化强国的重要内容。

一、青海红色旅游发展现状

(一)高度重视,精心部署

"十三五"期间,青海省委、省政府高度重视青海红色旅游高质量发展。青海编制的《青海省"十四五"文化和旅游发展规划》等九个专项规划对推进红色旅游发展制定了明确目标和发展指南。以班玛红军沟等为重点的青海红色旅游产品在市场上引起较大反响,青海省多措并举推动红色旅游发展,效益显著提升。

(二)发展基础雄厚

红色旅游产业发展势头良好。2016—2019 年,红色旅游景区共接待游客 804.2 万人次,红色旅游总收入 4.43 亿元。国家级红色旅游经典景区实现了"全覆盖",红色景区建设初具规模。2021 年,新增红色旅游景区 5 家,推出了红色旅游精品线路 10 条,推动了革命历史文化资源的有效保护和合理利用;"红、绿、特"三色融合发展格局呈现,产品体系不断优化。以西路军西征等为代表的全省红色旅游特色品牌逐步树立。

(三)发展势头强劲

借力"一带一路"建设,拓展红色旅游国际化发展。青海作为"丝绸之路经济带"的前沿阵地、西北五省(区)旅游发展重要潜力型省份,必将迎来全面发展机遇期。旅游援青机制强化了红色旅游智力支持与客源新市场。2010年,青海被纳入对口支援范围,山东、辽宁等6省市从人力、物力、财力、智力等方面对青海发展给予了大力支持,各类红色旅游品牌活动也蓬勃兴起。2021年7月,第一届青海省大学生红色旅游创意策划大赛在班玛县成功举办,吸引了全省9所高职院校142支队伍的近千名师生参加,赛事获得央广网等8家主流媒体报道。2022年5月,第二届青海省大学生红色旅游创意策划大赛吸引了357支队伍,参赛人数达2000多人。

但是,当前青海省红色旅游仍然存在以下问题:一是资源本底调查不充分,资源利用程度较低。二是产业链条不完善,产品体系不健全。三是人才队伍建设不足,理论基础较为滞后。四是红色景点发展差异大,红色景点大多孤立存在,景点融合发展局面未能呈现。

二、推进青海红色旅游高质量发展的对策建议

(一)健全红色旅游高质量发展体制机制

完善法律法规、制度体系,保障红色旅游健康发展。设置专门机构,明确红色旅游发展制度规范,制定红色旅游及红色产业管理制度,增强红色旅游发展、红色文化传承的规范性。强化组织协调、管理和领导能力,推进红色旅游机制改革,完善红色旅游产业融合发展机制、红色教育机制、红色精神传承机制、部门治理机制、游客管理应急机制,创新青海省红色旅游目的地发展。构建全民共建共享机制,重点完善激励机制,吸引企业、科研单位以及个体共同参与。

(二)完善红色旅游高质量发展产业体系

加快提升红色旅游的精品线路和产品的建设质量,推动实施红色旅游建设工程。在发展原子城、班玛红军沟等既有红色旅游资源的基础上,联合生态旅游目的地建设,培育具有民族特色、地区特色的红色旅游目的地,实现旅游目的地的综合性构建,提高供给端质量。着力推进红色旅游融合示范区、红色产业基地建设,拓展青海省红色旅游发展方式和模式。加快

建设省内重点红色旅游目的地，完善目的地的基础设施、服务设施和品牌建设，提高红色资源的利用度，串联省内重点红色旅游目的地，打造全域红色旅游发展模式和现代化的产业体系。疏通融资渠道，拓宽社会资金、政府资金以及金融资本的多元化投资渠道，激发民间资本的活力，进一步完善红色旅游目的地周边厕所、停车场、酒店等配套设施建设。塑造红色文化和旅游品牌，重点打造红色演绎和红色文创产品等，推动青海红色文化与民族风俗、历史文化、生态文明等领域的结合，加快建设红色主题公园、红色旅游小镇、红色演出团队等，打造青海省红色文化旅游品牌。

（三）数字赋能红色旅游高质量发展

构建青海红色旅游资源大数据中心，推动省内红色资源挖掘、普查、分级以及建档工作，实现红色资源的数字化、网络化。利用高新技术和数字技术，结合电子沙盘、全息投影等实现多媒体互动，提高传统红色纪念馆、陈列馆的吸引力，提升红色景区项目的可视化效果，增强游客红色教育的体验性。依托红色旅游大数据中心实现针对性、个性化红色旅游产品推荐及其产品的差异化供给。推动省内红色展馆数字化战略，加快发展新型红色文化和旅游数字创意、数字出版、演绎产品等新模式。

（四）夯实红色旅游高质量发展人才基础

注重省内后备力量的培养，推动人才培养模式的变革。根据省内红色旅游发展特色和产业发展的需求，加强与党校等部门的合作，鼓励省内大专院校设立红色旅游相关课程或专业，建立青海红色旅游研究机构；加强与省内外院校、专业机构的对接，推动校校、校企、校政合作，做好人才的对口培育和输送工作。注重外部人才引进，重点加大对红色旅游管理、规划和运营类人才的引入，明确薪资和发展机会等政策支持，提高省内红色旅游人才整体素质。以五好讲解员培养标准为准则，规范红色旅游目的地讲解员行为，推动讲解员培训和管理模式创新，积极创作富有青海特色的红色旅游景区讲解词，构建符合青海省红色资源特点、新时代红色旅游发展理论架构的讲解员话语体系；引入现代元素创新红色文化感知模式。强化省内群众对红色旅游的责任意识和主体意识，积极推动红色旅游目的地居民参与红色旅游资源保护与开发，鼓励退伍军人、离退休老干部等群体投入红色精神和故事的讲解工作，引导红色旅游项目为省内困难群众、低收入群体提供培训和就业岗位。

（五）强化红色旅游推广和红色精神传播

依托红色旅游资源整合平台，利用新兴社交媒体，拓展红色旅游的宣传途径，推动红色旅游传播手段的现代化、宣传方式的多样化。拓展讲解方式，讲好红色故事。通过举办红色讲解员大赛、情景剧等方式，走进校园、企业进行红色文化宣讲，推动红色精神传播。积极探索红色旅游教育途径，切实发挥红色旅游教育功能，优化红色教育辅助工具的设计，构建"寓教于乐、寓教于游"的红色教育方式。建立健全红色旅游目的地标识解说系统，配合相关旅游目的地宣传片等视频的制作，直观化红色旅游目的地红色故事和红色文化传播。将红色文化与历史文化、非物质文化等文化资源相融合，深入挖掘红色元素，并将红色元素融入地方产业开发、艺术设计等环节，实现"红色文化＋产品"，推动红色文化创意产品创新，使得红色文化创意产品既能带来经济效益，又能成为地方旅游宣传的重要媒介。丰富和拓展大学生红色旅游创意策划大赛等比赛项目，扩大其影响力，提升其知名度，通过赛事加快红色精神传播的速度、力度和广度，为推进青海红色旅游高质量发展注入强劲动力。

（作者为青海民族大学生态环境与资源学院教师，文章刊自《青海日报》）

以"五个明确"为引领 坚定不移沿着习近平总书记指引的方向前进

马文祥

中国共产党青海省第十四次代表大会报告强调,习近平总书记关于青海工作发表的重要讲话和作出的重要指示批示,明确了青海"三个最大"省情定位和在全国大局中"三个更加重要"的战略地位,明确了"三个先行区"建设、"四个扎扎实实"重大要求,明确了推动高质量发展、维护国家生态安全、增进民生福祉、促进民族团结进步、在党史学习教育中坚定理想信念五项重大任务,明确了把青藏高原打造成为生态文明高地的更高要求,明确了将建设产业"四地"作为推动青海高质量发展的主攻方向和行动路径,为青海发展指明了前进方向、擘画了宏伟蓝图、提供了根本遵循。这"五个明确"是对习近平总书记殷殷嘱托的高度概括,为全省奋力谱写全面建设社会主义现代化国家的青海篇章确立了目标。

"五个明确"涵盖了物质文明建设、政治文明建设、精神文明建设、社会文明建设和生态文明建设。在物质文明建设方面,习近平总书记强调,要优化国土空间开发保护格局,坚持绿色低碳发展,结合实际、扬长避短,走出一条具有地方特色的高质量发展之路。在政治文明建设方面,习近平总书记强调,在党史学习教育中做到学史崇德,就是要引导广大党员、干部传承红色基因,涵养高尚的道德品质。在精神文明建设方面,习近平总书记强调,要全面贯彻党的民族政策,铸牢中华民族共同体意识,深化民族团结进步示范省建设。在社会文明建设方面,习近平总书记强调,要推动巩固拓展脱贫攻坚成果同乡村振兴有效衔接,加强农畜产品标准化、绿色化生产,做大做强有机特色产业,实施乡村建设行动,改善农村人居环境,提升农牧民素质，繁荣农牧区文化。在生态文明建设方面，习近平总书记强调，"青海最大的价值在生态、最大的责任在生态、最大的潜力也在生态，必须把生态文明建设放在突出位置来抓，尊重自然、顺应自然、保护自然，筑牢国家生态安全屏障，实现经济效益、社会效益、生态效益相统一。""要牢固树立绿水青山就是金山银山理念，切实保护好地球第三极生态。要把三江源保护作为青海生态文明建设的重中之重，承担好维护生态安全、保护三江源、保护'中华水塔'的重大使命。"

"五个明确"是全省推进青藏高原生态保护和高质量发展等方面工作不断取得新成就的根本保证，为建设现代化新青海奠定了坚实基础。五年来，我们在经济发展方面，牢牢把握稳中求进工作总基调，绿色低碳转型步伐加快，发展基础更加稳固，发展质量不断提升，经济实力逐步增强，居民收入逐年提高；在生态文明建设方面，坚决扛起生态保护重大政治责任，举全省之力打造生态文明高地，制度体系创新取得新突破，探索积累了一批可复制可推广的经验；在民生福祉方面，始终把大部分财政支出用于民生事业，积极实施为民办实事工程，一大批惠民举措相继落地，各族群众获得感不断增强；在民族团结方面，全面贯彻中央民族工作会议和中央第七次西藏工作座谈会精神，率先创建全国民族团结进步示范省，成为首个所有市（州）建成国家级示范的省份；在社会治理方面，深入推进科学立法、严格执法、公正司法、全民守法，推动法治青海、平安青海建设上台阶上水平；在全面从严治党方面，坚持党的全面领导，把党的领导落实到各领域各方面各环节。历史性的新成就新进展，是对"五个明确"的清醒认识、清晰把握，也是"五个明确"的具体实践成果，为建设现代化新青海奠定了坚实基础。

"五个明确"是实现"六个现代化新青海"和"八个坚定不移"的根本指引。加快建设绿色发展、生态友好、创新开放、文明和谐、人民幸福、政治清明的现代化新青海，"六个现代化新青海"勾勒出了富裕文明和谐美丽新青海的美好画卷。为此，我们要把"八个坚定不移"落在实处，坚定不移推动高质量发展、坚定不移打造生态文明高地、坚定不移推进共同富裕、坚定不移推进新时代党的民族工作、坚定不移建设更高水平的平安青海、坚定不移推进社会主义民主政治建设、坚定不移推动社会主义文化繁荣发展、坚定不移把党建设得更加坚强有力。"八个坚定不移"是实现"六个现代化新青海"的基本要求,也是实现"六个现代化新青海"内涵的具体体现。现代化新青海建设,立足于青海"三个最大"省情定位和在全国大局中"三个更加重要"的战略地位,紧扣"三个先行区"建设、"四个扎扎实实"重大要求,凸显了推动高质量发展、维护国家生态安全、增进民生福祉、促进民族团结进步、在党史学习教育中坚定理想信念五项重大任务和把青藏高原打造成为生态文明高地的更高要求,以及将建设产业"四地"作为推动青海高质量发展的主攻方向和行动路径,从而使"五个明确"成为自始至终贯穿于现代化新青海建设的主线。

多年来,青海广大干部群众认真学习贯彻习近平新时代中国特色社会主义思想和党中央重大决策部署,全面落实习近平总书记对青海工作提出的重大要求,感恩奋进,勇毅前行,干成了一系列打基础、谋长远的大事,办好了一系列惠民生、聚民心的实事,迎来了一系列增信心、鼓干劲的喜事,经济社会发展呈现出蓬勃生机和巨大潜力。现代化新青海建设不会一帆风顺、一蹴而就,很多现实之困、诸多风险挑战都是前进道路上的"拦路虎"。我们要牢记嘱托,锐意进取,自觉把习近平总书记的殷切期望转化为奋勇前行的磅礴力量,把党中央决策部署不断转化为加快建设现代化新青海的生动实践,焕发精气神,干出新气象,以实干实绩实效回报习近平总书记和党中央的关怀厚爱,以优异成绩迎接党的二十大胜利召开。

(作者为青海民族大学马克思主义学院教师,文章刊自《青海日报》)

履行好铸牢中华民族共同体意识的时代使命

陈永祥

铸牢中华民族共同体意识是新时代党的民族工作的"纲"。习近平总书记强调："铸牢中华民族共同体意识是维护各民族根本利益的必然要求，只有铸牢中华民族共同体意识，构建起维护国家统一和民族团结的坚固思想长城，各民族共同维护好国家安全和社会稳定，才能有效抵御各种极端、分裂思想的渗透颠覆，才能不断实现各族人民对美好生活的向往，才能实现好、维护好、发展好各民族根本利益。"省第十四次党代会也明确提出："深化民族团结进步创建。创新载体、丰富内涵、拓展外延，全面推进民族团结进步示范省建设，在铸牢中华民族共同体意识上继续走在前列。"我们深刻把握现阶段民族工作的历史方位和重要使命，深刻认识铸牢中华民族共同体意识的历史必然性，全面贯彻落实习近平总书记重要讲话精神，以省第十四次党代会精神为引领，在铸牢中华民族共同体意识上走在前列。

实施具有中华民族共同体意识的高素质人才培养工程。为党育人、为国育才，铸牢中华民族共同体意识，是民族院校的初心使命，也是新时代落实立德树人根本任务的必然要求。我们始终坚持把铸牢中华民族共同体意识作为统领学校发展的"纲"，作为学校一切工作的出发点和落脚点，并贯穿于教学科研、人才培养的全过程。近年来，按照强文、优理、精工、兴师范的学科建设思路，构建以民族学为核心的人文社会科学和以理学为基础的理工医"两个学科群"。努力打造民族学"学科高峰"和中国语言文学"学科高地"，以民族学学科为核心，带动辐射政治学、社会学、中国语言文学等学科，组建中国语言文学学部，推进国家通用语言文字教育。打造理工医学科群，抓好生态、盐湖化工、藏医药等领域学科建设，为奋力谱写全面建设社会主义现代化国家的青海篇章提供人才和智力支撑。下一步，将进一步深化关于铸牢中华民族共同体意识方面的教学改革，构建落脚于"中华民族共同体"主题主线，以铸牢中华民族共同体意识必修课为核心、10门"四个共同"思政选修课为骨架、50门融中华优秀传统文化传承创新与爱国主义及家国情怀教育于一体的"中华文化"系列综合素养课为支撑、100门民族团结主题专题讲座为辐射的校本特色思政课程体系，努力培养始终听党话、感党恩、跟党走，政治立场坚定、专业能力强、熟练掌握国家通用语言文字、能够长期扎根高原和建设现代化新青海的人才。

实施党的民族宗教理论与政策高水平研究工程。服务国家重大战略和民族团结进步事业是民族高校政治建校原则的重要体现。近年来，青海民族大学通过建设国家民委"中华民族共同体研究基地"等国家级、省级研究平台，强化中华民族共同体理论研究，深入研究阐释习近平总书记关于加强和改进民族工作的重要思想，围绕新时代中国特色民族理论和实践中的重点难点热点问题，有组织地开展民族理论与政策、各民族交往交流交融史等方面的研究，取得了一系列具有重要影响的研究成果。下一步，将继续发挥学科优势，在省内相关市州县及企事业单位和社区建立铸牢中华民族共同体意识教育与研究实践基地，通过持续不断地研究，系统总结民族团结进步创建工作和铸牢中华民族共同体意识方面的工作经验，为打造"青海样板"和积累"青海经验"踔厉奋发、笃行不怠。

实施助力涉藏州县在全面现代化进程中行稳致远助推工程。在青海，做好民族工作意义重大，关乎全局。我们要全面贯彻新时代党的治藏方略，全面贯彻党的民族政策，全面贯彻党的宗教工作基本方针。我们将坚定不移沿着习近平总书记指引的方向前进，结合我省发展实际，积极参与生态文明建设、"双碳"政策研究、国土空间规划与保护利用、建设国家公园示范省等领域建设，推进涉藏州县高质量发展。下一步，将继续加强与涉藏州县的深度联系，加大与对口支援高校的合作交流，发挥学校"双碳"研究院、铸牢中华民族共同体意识研究院、中华民族艺术研究院、青海高质量发展研究院和区域国别研究院等机构作用，为推进涉藏州县高质量发展和长治久安不懈努力。

实施体现党的民族政策优越性高层次展示工程。青海民族大学是中华民族和谐大家庭的生动缩影和展示党的民族政策优越性以及民族团结进步的重要窗口。我们将进一步发挥学校博物馆、古籍馆、校史馆、党性教育体验馆的教育作用,新建铸牢中华民族共同体意识主题展示教育馆,展示各民族共同奋斗、共同发展的光辉历史。创作一批生动反映各民族团结奋斗历程的文艺精品,讲好各民族休戚与共、荣辱与共、生死与共、命运与共的共同体故事。接续打造向国家培养输送高素质人才、民族宗教政策研究、维护社会稳定、传承弘扬各民族优秀文化等的重要基地,发挥好展示党的民族政策优越性、体现民族团结进步和繁荣发展的重要窗口作用。

实施中华民族共有精神家园高品位样板校建设工程。文化是一个民族的魂魄,文化认同是民族团结的根脉。增强中华文化认同是中华民族勠力同心、和衷共济发展中国特色社会主义文化的现实需求,是铸牢中华民族共同体意识、汇聚中华民族伟大复兴磅礴力量的精神纽带。以建设教育部"一站式"学生社区综合管理模式自主试点单位为契机,以学生公寓为育人载体和重要抓手,构建互嵌式学生社区环境,促进各民族师生广泛交往、全面交流、深度交融。下一步,将继续发挥青海省红色文化研究院、大学生理想信念宣讲团的积极作用,深入挖掘红色文化资源,加强校园文化建设,常态化组织师生赴省外高校交流学习、实习实践。持续深化"四史"教育,积极培育和践行社会主义核心价值观,大力弘扬以爱国主义为核心的民族精神和以改革创新为核心的时代精神,传承和弘扬中国共产党人精神谱系,为实现中华民族伟大复兴的中国梦提供共同精神支柱和强大精神动力。在挖掘三江源文化、河湟文化中的优秀文化传统及青海省长城文化、长征文化等文化资源方面下功夫,坚持将中华优秀传统文化创造性转化、创新性发展,结合时代发展的文化需求,焕发出中华优秀传统文化旺盛生命力。

(作者为青海民族大学原党委书记,文章刊自《青海日报》)

坚持把"两个维护"　作为根本政治原则
——访青海民族大学马克思主义学院院长、教授李琼

戴美玲

"两个维护"是我们党的政治命脉，是最根本的政治要求、最重要的政治纪律、最严肃的政治规矩。坚决维护习近平总书记党中央的核心、全党的核心地位，坚决维护党中央权威和集中统一领导，这是我们党和国家紧紧抓住前所未有的机遇、应对世所罕见的挑战的命脉所系，是加强党的政治建设和赢得新的战略机遇期的关键所在。在党的二十大召开之际，本报记者就始终坚持把"两个维护"作为根本政治原则为题，专访了青海民族大学马克思主义学院院长、教授李琼。

记者：新时代我们党为什么要提出"两个维护"这一重大政治原则？

李琼：作为党的十八大以来形成的重大政治成果和宝贵经验，"两个维护"的提出，不仅是理论和历史逻辑的必然结果，也是新时代中国共产党管党治党的直接现实需要。习近平总书记指出："治理好我们这个世界上最大的政党和人口最多的国家，必须坚持党的集中统一领导，维护党中央权威，确保党始终总揽全局、协调各方。"以习近平同志为核心的党中央，立足"两个一百年"奋斗目标的历史交汇期，着眼于解决党内存在的突出问题和矛盾，坚决改变管党治党"宽、松、软"状况，郑重提出"两个维护"，并以坚持和完善党的组织领导体制为抓手，把"两个维护"落到实处，全面从严治党取得显著成效。党内政治生态明显好转，党的创造力、凝聚力、战斗力显著增强，党群关系明显改善，党在革命性锻造中更加坚强。

记者：请您谈谈如何理解"两个维护"的基本内涵？

李琼："两个维护"是新时代这十年新鲜经验的深刻总结，是百年党史

演进的必然结果，是马克思主义中国化的必然要求，因而有着丰富而鲜明的政治内涵。坚决维护习近平总书记党中央的核心、全党的核心地位，对象是习近平总书记；坚决维护党中央权威和集中统一领导，对象是党中央，党中央权威是具体的，而不是抽象的。维护习近平总书记的核心地位，就是维护党中央权威；维护党中央权威，首先要维护习近平总书记的核心地位。坚决做到"两个维护"，是我们党在历史性变革、革命性锻造中形成的共同意志，也是我们党在新时代最重要的政治纪律和根本政治规矩。

记者：如何把握"两个维护"之间内在逻辑关系？

李琼：只有对新时代取得的伟大成就有敏锐的洞察力，才能看清"两个维护"的生成逻辑。"两个维护"之间具有内在的必然联系和政治逻辑关系。维护党中央的核心、全党的核心地位，必须维护党中央权威和集中统一领导。有一个坚强的领导核心，才能确保政党的政治权力及其组织结构长期稳定。维护党的领导核心就是维护党中央的核心地位，就是更好地形成和强化党中央的权威性，保障和实现党的集中统一领导。维护党中央权威和集中统一领导为维护党中央的核心、全党的核心夯实了根基，维护党中央权威和集中统一领导必须维护党中央的核心、全党的核心的权威。二者的政治指向是统一的，都是为了实现党的领导这一政治目标。

记者：请您谈谈我们如何坚决做到"两个维护"？

李琼："两个维护"源自中华民族客观历史脉络，扎根中国特色社会主义新时代的宏伟实践，是实现开启全面建成社会主义现代化强国的理论指导。坚决做到"两个维护"，首要的是严明政治纪律。全体党员干部必须做到党中央提倡的坚决响应、党中央决定的坚决执行、党中央禁止的坚决不做。不讲条件，不搞变通，不掉队，不走偏，严格遵守和模范践行党章党规的制度规定，是坚决做到"两个维护"的政治保证。坚决做到"两个维护"，必须要在思想上政治上行动上全方位向习近平总书记看齐、向党中央看齐，表里如一、知行合一。始终同以习近平同志为核心的党中央保持高度一致，忠诚核心、拥戴核心、维护核心、捍卫核心，更加坚定自觉地用习近平新时代中国特色社会主义思想武装头脑、指导实践、推动工作，以更加奋发有为的精神，把新时代中国特色社会主义不断推向前进。

（作者为《青海日报》记者，文章刊自《青海日报》）

着力做好三篇文章
推进民族高等教育高质量发展

马维胜

党的十八大以来，以习近平同志为核心的党中央着眼实现中华民族伟大复兴的中国梦，坚持把教育摆在优先发展战略地位，对教育工作作出了一系列重大决策部署，发表了一系列重要论述。习近平总书记在第五次中央民族工作会议发表的重要讲话，明确了以铸牢中华民族共同体意识为主线推进新时代党的民族工作高质量发展的指导思想、战略目标、重点任务、政策举措，为做好新时代党的民族工作指明了前进方向，提供了根本遵循。

民族高等教育是我国高等教育的重要组成部分，自中华人民共和国成立初期就发挥了其为少数民族和民族地区服务的社会功能。1949年11月，毛泽东同志在致彭德怀和中共中央西北局的电报中强调："青海、甘肃、新疆、宁夏、陕西各省省委及一切有少数民族存在地方的地委，都应开办少数民族干部训练班，或干部训练学校。""要彻底解决民族问题，完全孤立民族反动派，没有大批少数民族出身的共产主义干部，是不可能的。"青海民族大学正是应党中央、毛泽东同志的这一指示精神建立起来的高校，建校73年来，学校始终坚持社会主义办学方向，肩负党的教育工作和民族工作双重使命，落实立德树人根本任务，服务国家战略需要和民族地区发展，与祖国共奋进、与时代共发展、与青海共命运，谱写了青海高等教育改革发展气壮山河的精彩华章。

高质量发展是高等教育在新时代、新阶段、新理念、新格局下的新导向、新要求，标志着中国教育进入了全面提质创新的发展时代。高等教育发展的历史表明，鲜明的办学特色是大学的品牌和优势所在，如何合理定位、强化特色、克服同质化倾向，是高等院校实现高质量发展必须解决好的问题。新时代发展定位是民族高等教育适应新形势、明确新任务、落实新要求、实现新发展的重大问题，是民族高校高质量发展的关键核心。近年来，青海民族大学坚持以习近平新时代中国特色社会主义思想为指导，深入学习贯彻习近平总书记关于教育的重要论述和党的民族工作大政方针，立足学校办学定位和特色，着力做好"大学""民族""青海"三篇文章，积极服务国家战略和青海经济社会发展，推进民族高等教育高质量发展。

着力做好"大学"文章

习近平总书记强调："'为谁培养人、培养什么人、怎样培养人'始终是教育的根本问题。要坚持党的领导，坚持马克思主义指导地位，坚持为党和人民事业服务，落实立德树人根本任务，传承红色基因，扎根中国大地办大学，走出一条建设中国特色、世界一流大学的新路。"扎根中国大地办大学，就是要坚持社会主义办学方向，坚持为党育人、为国育才，落实立德树人根本任务，始终不忘教学科研工作的中心地位，始终不忘队伍建设的关键地位，不断提升学科建设水平和服务发展能力。

学校始终坚持以学生为中心，坚持"民大为学生"的办学理念，紧紧围绕"为谁培养人、培养什么人、怎样培养人"的根本问题，充分发挥思政课的主渠道作用，拓展网络思政教育载体，不断增强课程的思想性、理论性、亲和力和针对性。把培育和践行社会主义核心价值观作为铸魂育人的核心，扎实推进省级示范马克思主义学院建设，推动思政课"四优"教学改革和课程思政建设，深入开展"四爱三有"教育，成功打造国旗班、原创话剧《守望可可西里》、"两弹一星"精神之"青春之光"等校园思政教育品牌。推进"三全育人"和板块化教育，推行辅导员、班主任和学业导师有机结合的学生教育管理制度，足额配齐配强思政工作队伍，打造省内一流的心理健康教育服务中心。坚持"以本为本"，以本科教学工作审核评估为契机，聚焦人才培养和本科教学，深化教育教学改革，优化培养方案，调整学分设置，扩大学生选学权，创新公共外语、公共体育教育教学方式，实施卓越人才培养计划，推行"六环一体"实践教学体系，健全学习效果多元化评价机制。建立就业、人才培养质量、社会需求、产业结构调整、专业结构与招生计划联动机制，提高人才培养需求的社会契合度。加强课程研究与建设，立项建设精品课程、慕课、微课、示范课、网络课等各类课程，利用优质的课程资源改革传统的课堂教学方式、方法，提高课堂教学效果。开展创新创业教育，对学生创新精神、创业意识和创新创业能力提出学分要求。重点发挥学校大学生创新创业项目培育作用和国家"互联网+"大学生创新创业大赛引领推动作用，提升创新创业教育水平。2012年至今，学校本科生录取人数从2140名增加到3517名，同期录取平均分数从378分上升至428分，2021年录取平均分超过省控分数线116分。2012年到2021年，就业率在毕业生人数不断增加的基础上，从2012年的85.72%逐年稳步增长，到2021年达到93.06%，连续两年名列青海省高校第一名。

学校始终坚持以教师为主体，实施"人才强校"战略，实施"双百"工程、"修业英才"工程、人才暖心工程，坚持引培并举，三支队伍结构进一步趋于合理，进一步优化了教师队伍的年龄、学缘和学历结构。涌现出国家"万人计划"领军人才、青海千人计划杰出人才、百千万人才工程国家级人选、中宣部文化名家暨"四个一批"人才、青海学者工程人选等一大批优秀人才。加大师资培训工作力度，实施教师学历提升计划，推动产学研用深度融合，师资能力水平有效提高；加强师德师风建设，建立师德负面清单，建立教师退出机制，建设高素质教师队伍。目前，学校专任教师总数达到747人，其中具有博士学位教师总数达232人，具有硕士学位教师总数达419人，具有省部级及以上专家人才总量达291人，学校师资队伍的整体规模、结构层次、综合实力得到了显著提升。

学校始终坚持以学科建设为龙头，着力构建以民族学为核心的人文社会科学学科群，以"大民族学"建设为特色，树立"民族学+""+民族学"理念，实现民族学与经济、管理、法学、艺术和语言文学等学科的深度融合，以此打造青海民族大学民族学学科优势，彰显青海民族大学人文社科学科不同于其他高校的特色，增强青海民族大学服务民族地区的能力和水平。着力构建以理学为基础的理工医学科群，充分发挥数理化等专业历史悠久、体系完整、基础雄厚的优势，立足青海省情实际和产业定位，坚持"精特强"定位，强化服务面向的精准化。通过落实"四新"专业建设理念和成立"计算与智能学部"等方式，促进传统理学与新兴学科交叉融合，提升传统学科发展能力，夯实新兴学科发展基础，切实做优理学学科群。目前，学校有1个民族学国家级一流建设学科和1个中国语言文学省级一流建设学科，有1个博士学位授权一级学科、17个硕士学位授权一级学科、16个专业硕士学位点，学位点布局更加合理、覆盖面更加广泛。在"双一流"建设方面，获批青藏高原首个信息安全和人工智能本科专业，成立全省唯一的工业机器人实验室和网络安全实验室，先后获批"网络工程"等8个国家级一流专业、"化学工程与工艺"等17个省级一流专业，学科实力大幅提升。

着力做好"民族"文章

习近平总书记强调，必须从中华民族伟大复兴战略高度把握新时代党的民族工作的历史方位。省第十四次党代会也将促进民族团结进步作为重大任务，提出了"着力推进在铸牢中华民族共同体意识上走在前列"的总体目标，明确了坚定不移推进新时代党的民族工作的前进方向和目标任务。作为民族院校，我们要深入学习领会习近平总书记的重要讲话精神，赋予学校各项工作以铸牢中华民族共同体意识的意义，这既是深刻领悟"两个确立"的决定性意义、做到"两个维护"的具体体现，也是推动学校高质量发展的必由之路，是体现自身价值的重要方面。

学校始终坚持走政治建校之路，坚持党对学校工作的领导，全面贯彻执行党的教育方针和民族政策，坚守教育工作和民族工作双重使命，遵循高等教育的普遍规律和民族高等教育的特殊规律，坚持育人为本、德育为先，注重培养具有科学精神和人文素养，政治素质过硬、专业基础扎实、实践能力较强、适应民族地区现代化建设需要的各类专门人才，把各族学子培养成下得去、留得住、干得好、靠得住的，服务民族地区经济社会发展的关键力量。73年来，11.6万余名各族学子直接服务于民族地区发展，有些甚至献出了年轻的生命，为建立和巩固新生的人民政权，为青海的民主改革、民族团结、经济发展、社会稳定、生态保护和各项事业改革发展做出了不可磨灭的重大贡献。富有特色的科学研究、高质量的科研成果，为维护青海社会稳定、民族团结，促进青海经济转型产业升级提供了新视角、新方法、新技术，有力促进了民族地区现代化建设。

学校始终坚持将民族团结进步教育贯穿教学各环节，将铸牢中华民族共同体意识融入人才培养全过程，注重从民族地区招生、面向民族地区就业，率先成立民族研究所，建设民族理论与民族政策教研室，设立铸牢中华民族共同体意识教育课程教研团队，开设铸牢中华民族共同体意识专题研究课程，大力推广普及国家通用语言文字，有效提高了人才培养质量。将铸牢中华民族共同体意识作为师生日常教育的重点，开展丰富多样的民族文化进校园活动，促进各民族优秀传统文化创新交融，构建各民族共有精神家园，推行混合编班、融合宿舍，有效促进了各民族学生交往交流交融，形成了相互尊重、包容多样，手足相亲、守望相助的生动局面。积极推进思政工作创新发展，突出铸牢中华民族共同体意识教育，形成独具一格的思政格局，教育引导各族师生树立正确的国家观、历史观、民族观、文化观，有效增强了师生"五个认同"。

学校始终坚持民族团结进步校园创建工作，着力打造铸牢中华民族共同体意识典范单位，全力实施具有中华民族共同体意识高素质人才培养、党的民族宗教理论与政策高水平研究、少数民族和民族地区现代化高质量助推、体现党的民族政策优越性高层次展示、中华民族共有精神家园高品位样板校建设等"五大工程"，抓好工作机制、研究基地、相关学部、课程体系、实践基地、校园雕塑、主题场馆、思政平台、先进典型、文艺精品等"十件大事"，努力在构筑中华民族共有精神家园、促进各民族交往交流交融、推动民族地区加快现代化建设步伐、推进民族工作高质量发展、创建民族团结进步示范校园等方面走在先、作表率。目前，已形成"课堂讲授＋专题讲座＋科学研究＋社会实践＋知识竞赛＋选树典型"的"六位一体"民族团结进步教育模式，积极打造《守望可可西里》"两弹一星"精神之"青春之光"等文艺精品，建成校史馆、博物馆、古籍馆等文化平台，建设马克思主义理论研习社、习近平治国理政思想研习社等社团，达到了让铸牢中华民族共同体意识教育随处可见、随时可学的效果，学校先后两次获得"全国民族团结进步创建活动示范高校"称号，成为全省高校民族团结进步教育的模范。

着力做好"青海"文章

党的十八大以来,习近平总书记始终高度重视青海工作,心系各族人民、情注高原大地,两次亲临青海考察,两次参加全国人大青海代表团审议并发表重要讲话,作出一系列重要指示批示,明确了青海"三个最大"省情定位,明确了把青藏高原打造成为生态文明高地的更高要求,明确了将建设产业"四地"作为推动青海高质量发展的主攻方向和行动路径,为青海发展指明了前进方向、擘画了宏伟蓝图、提供了根本遵循。

学校始终坚持突出民族地区和青藏高原地域两个特色,以国家、区域和青海省重大需求为导向,紧扣学校学科建设的需要和各学院的学科建设方向,打造特色科研领域和研究方向,围绕国家在青藏高原的重大战略和区域经济社会发展,建设服务于铸牢中华民族共同体意识、"一带一路"建设、文化传承创新、生态文明建设等领域的国家级、省部级重点研究基地,开展有组织、有计划的科研工作,产出了一批具有区域特色和民族特色的学术成果,成为研究青藏高原经济、政治、社会、文化和生态问题的重要智库。高质量建设《青海民族大学学报》《青海民族研究》《青藏高原论坛》等刊物,设置"铸牢中华民族共同体意识"专栏,成为交流学术、凝聚共识、促进团结、推动融合的重要平台。"十三五"期间学校共获批国家社科基金项目94项,国家自然科学基金项目14项,省社科规划、省科技计划项目146项,经费达到8647.09万元,科研实力水平明显提升;围绕青海特色产业发展进程中急需解决的技术难题,学校与对口支援高校开展科研攻关联合项目申报,并先后获批国家自然科学基金项目15项、青海省科技计划项目72项。

学校始终坚持将教育援青和对口支援的制度优势转化为增强服务地方经济社会发展能力的助推器。十年对口支援工作,教育部层面,形成了天津大学为组长单位,中国人民大学、厦门大学"组团式"对口支援的格局;省级层面,在江苏省对口支援青海省的平台上,学校与南京理工大学、苏州大学建立起合作交流关系;地方层面,在天津大学对口支援效益的辐射下,天津市教委积极推动天津市属高校"区域团队式"与学校相关学院建立结对帮扶,目前已与天津师范大学、天津外国语大学、天津音乐学院、天津体育学院开展了富有成效的交流合作；校级层面，北京工业大学、中央民族大学、东华理工大学也与青海民族大学建立了支援合作关系，逐步形成了"3+9"的对口支援与合作交流工作大格局。"青海省人民政府·天津大学双碳研究院""青海民族大学·中国人民大学铸牢中华民族共同体意识研究院""青海民族大学·天津大学中华民族艺术研究院""青海民族大学·厦门大学青海高质量发展研究院""区域国别研究院""高原体育运动研究所""蕨麻研究院"等科研平台，都着眼于全力服务青海省创建全国碳达峰碳中和先行区、民族团结进步示范省、全国民族体育示范基地等重大战略部署。高原特色旅游学科，着眼于服务青海省国际生态旅游目的地建设。与东华理工大学在尼泊尔特里布文大学共同建设我省首家孔子学院，成为我省提升国际影响力的平台。

　　学校始终坚持积极主动融入地方经济社会发展大潮，充分发挥学科专业优势，先后与省检察院共建民事行政检察、公益诉讼检察两个研究基地，与省文旅厅共建青海省文化和旅游发展研究院，与中国银行青海省分行联合成立民族地区金融研究院。与省人大及地方人大签订合作协议，开展立法评估等工作。与果洛州政协、德令哈市、格尔木市、省科技厅、省民政厅等地方政府部门及联通公司、华为公司等企业以项目合作为抓手，深入开展校政、校企合作，积极融入地方经济社会发展。成人教育规模不断扩大，今年实现招生人数首次破千。认真落实省委、省政府脱贫攻坚工作部署，扎实开展联点帮扶工作，经国家、省、市三级督查组验收评估，我校联点帮扶的3个村全部脱贫摘帽，共144户贫困户588人全部脱贫。接续巩固拓展脱贫攻坚成果同乡村振兴有效衔接，聚焦"青薯9号"优质高产马铃薯种植、"小尾寒羊"和"西门塔尔牛"养殖等产业发展，激发群众内生动力，通过安全饮水工程、村内道路硬化工程、危房改造项目、电网升级改造等改善乡村环境，推动乡村振兴和生态振兴。

　　站在新的历史起点，青海民族大学将坚持以习近平新时代中国特色社会主义思想为指导，坚持社会主义办学方向，坚持立德树人根本任务，全面贯彻党的教育方针和民族政策，紧紧围绕第二个百年奋斗目标和"六个现代化新青海"建设要求，牢牢抓住国家推进西部大开发形成新格局、实施振兴中西部高等教育计划的重大机遇，牢牢抓住全面提高人才培养质量这个核心，坚持高质量发展与突出办学特色，坚持内涵提升与长远发展，坚持强化优势与弥补短板，坚持谋划长远与善抓落实，不断增强铸牢中华民族共同体意识教育和研究能力，不断提升服务国家重大战略和区域发展需要的能力和水平，不断推动社会主义现代化一流民族大学建设新征程，在中华民族共同体建设、推动少数民族和民族地区现代化进程和青海政治、经济、文化、社会、生态文明建设中发挥更大作用，为民族高等教育事业作出新的更大贡献。

（作者为青海民族大学党委副书记、校长，文章刊自《青海教育》）

中国式现代化与人类文明新形态的创造

马维胜

党的二十大报告指出："在新中国成立特别是改革开放以来长期探索和实践基础上，经过十八大以来在理论和实践上的创新突破，我们党成功推进和拓展了中国式现代化。""从现在起，中国共产党的中心任务就是团结带领全国各族人民全面建成社会主义现代化强国、实现第二个百年奋斗目标，以中国式现代化全面推进中华民族伟大复兴。"这些重要论述和重大战略安排，不仅广泛借鉴了人类现代化漫长历程的经验教训，也深刻总结了中华民族自近代以来特别是中国共产党带领中国人民进行的艰苦卓绝的奋斗历程，为中华民族伟大复兴指明了方向、明确了任务，不断丰富和发展了人类文明新形态。

一、理论与陷阱：现代化道路被归于一尊的困境

现代化最初是由西方资本主义国家来引领的。作为一种思想解放的过程，现代化可追溯至文艺复兴时期，其最重要的成果就是从神性下解放人性。从经济社会发展的历史来讲，现代化以18世纪中期英国工业革命为起点，以工业化为主线，带动经济、政治、社会、文化、教育以及环境等发生了深刻变化。现代化是一种全球性的现象，是一个世界性的历史过程。几个世纪以来，现代化已经成为世界各国经济社会发展的重要目标，是人类文明的全球性潮流。但这一进程并不是同时在全世界各地普遍推展开来的，而是渐次推进、逐步展开的过程，在实际的历史进程中，通向现代化的道路也是多样化的。根据现代化的起因不同，大致可分为内源性和外源性两种不同的现代化。内源性现代化是由社会自身力量产生的内部创新，走社会变革道路，是一个自发的、自下而上的、渐进变革的漫长过程，西方最早进入现代化进程的国家属于这一类型，它的原动力即现代生产力是

从内部孕育成长起来的。外源性现代化也即外诱性现代化，是在国际环境影响下，社会受外部冲击而引起内部思想和政治变革并进而推动经济社会变革的道路，也就是在自身内部因素不足的情况下，使得外来因素的冲击和压力成为主要推动力，呈现出外部因素的作用超过内部因素、内部创新居于次要地位的特征。外源性现代化大多发生在欠发达国家，起步也相对较晚，现代生产力要素和现代化的文化要素都是从外部移植或引进的，大多数发生在非西方国家和地区，是在外来异质文明的撞击下激发或接枝引进的。相对而言，外源性现代化国家在发展进程中遇到的困难远大于内源性现代化国家。正如马克思所言："工业较发达的国家向工业较不发达的国家所显示的，只是后者未来的景象。"外源性现代化国家无论在学习西方发达国家的过程中，还是在探索符合本国实际的现代化进程中，都曾遇到很多困难，付出巨大代价，致使很多国家的现代化举步维艰。

现代化理论兴起于20世纪50年代，比实践晚了整整200年。现代化理论是对内源性国家实现现代化过程的总结和提炼，可以理解为是美国进行冷战的工具。二战后美国迅速崛起成为超级大国，为了建立以美国为中心的盟国体系并遏制共产主义运动的发展，在制定和实施马歇尔计划以支持重建西欧的同时，为了引导尚处于美国、苏联两大阵营中间地带的亚洲、非洲和拉丁美洲的新兴和独立国家倒向美国，并针对这些国家急需探索政治独立和经济繁荣发展道路的实际，通过梳理和传播现代化理论，促使它们选择西方现代化道路并进入资本主义的轨道。因此，早期西方现代化理论的主要意图与其说是出于学术上的兴趣，还不如说是政治上的需要。在这一背景下产生的经典现代化理论，一方面的确对总结西方发达国家的现代化进程具有一定理论价值，但更重要的是，这一理论在价值中立的外衣下，实际是通过引导新兴国家"西方化"来服务美国建立并维持其霸权地位。社会学家塔尔科特·帕森斯的结构功能主义对模式变项进行两极设置，一极为现代标准，另一极为传统标准。现代标准实际上是对美国社会制度的抽象。这种变量设定，预设了美国的现状是每个国家都要努力的目标、美国的现代化道路是所有国家实现现代化的道路这一前提。而传统这一极，则是没有实现现代化的各个国家，这些国家都处在从传统到现代的不同发展阶段上。"在这套结构中，美国是现代化的'灯塔'，所有的国家都在驶向'灯塔'的航程上，只是远近不同而已。"在这样一种意识形态影响或导向下，经典现代化理论提出了一系列观点：

一是认为现代化的价值取向是"理性化"。这种思想源自马克斯·韦伯，认为人类的发展就是从追求情感价值为主的理性转向追求目的、利益为主的理性，资本主义国家的科学、艺术、政治或经济的现代化，基本精神动力即是西方文化独具的理性主义。在韦伯及其继承者英格尔斯、麦克勒兰德等现代化理论家们看来，现代化的精神动力就是理性精神，人的价值观念、思想意识、精神特征的转变等是现代化历史进程中的重要部分，而这种理性化的本质就是功利主义导向的经济理性，资本主义精神就是强调"营利是生活的最终目的""是一项天职"，企业家精神就是要以坚韧的毅力执着于自己的天职。

二是认为现代化的目标是"欧美化"。现代化理论家大多来自欧美国家，他们认为"现代化是一个朝欧美型的社会、经济和政治系统演变的过程"，发展中国家要实现发展，就必须按照欧美模式逐次经历欧美现代化的各个阶段和过程，他们还从政治、经济、社会、文化等方面系统总结了现代化的主要内容和特征，这些特征无不是对欧美国家现状的描述和解释，认为达到了这些方面的要求也就实现了现代化，从而使"西方发达国家在全球树立了一根现代化标杆，其他社会都会缓慢地向这个方向发展"。

三是提出现代化的路径是从传统走向现代。认为现代化就是从"传统社会"变迁到"现代社会"，"将发达国家和不发达国家放在同一条历史发展线上，认为社会是一个逐渐进化的有机体"，这种从"传统社会"向"现代社会"转变的社会进化思想贯穿于经典现代化理论的始终，最负盛名的是罗斯托提出的"传统社会阶段、为起飞创造前提阶段、起飞阶段、向成熟推进阶段、高额消费阶段、追求生活质量阶段"社会发展六阶段论，发展中国家的现代化过程就是不断跨越这些阶段，最终达到同发达国家一样的发展水平。在这样一个"单线进化"的发展样式中，西方国家是带领者，发展中国家是追随者。发展中国家的经济、政治、社会、文化是"传统社会"的产物，发达国家呈现的工业文明以及与此相关的精神产物是"现代社会"的象征，实现现代化就要抛弃传统因素，积极积累现代因素。这种亦步亦趋的发展状态注定发展中国家是不可能超越发达国家的。

现代化理论一度成为诸多发展中国家实现现代化的重要指导。然而，由于现代化理论自身的缺陷和发展背景的巨大差异，使按照这一理论指导的实践陷入巨大困境,成为发展中国家现代化进程的泥淖和陷阱。现代化理论自身的缺陷,不只是由于其强烈的意识形态特性,也由于这一理论对欧美现代化进程的片面总结,掩盖了其现代化进程、财富增长过程与其曾经在全球范围进行殖民统治和战争掠夺同步等事实,而大多数发展中国家不仅经受过殖民时代的严重掠夺,也往往是被迫拉入现代化轨道畸形发展的,他们即使在取得了民族独立后依然处于依附地位,经济和技术受制于发达国家。因此,无论内部条件还是国际环境都迥异于欧美内源性现代化国家的现代化进程。不仅如此,现代化理论的本质在于服务欧美中心主义和霸权主义,这个理论建立的是一个"中心—边缘"的不平等经济贸易关系和剥削关系,最终"造成了一种有利于一些国家却损害另一些国家的经济发展结构"。西方学者们画给发展中国家的现代化蓝图,在实践进程中更多看到的是诸如拉美陷阱、中等收入陷阱等,更是由于过度渲染"理性至上",最终使人成为理性、科技和金钱的奴仆,使得人们的精神日益匮乏,社会反常现象和极端事件频发,犯罪率上升,人类的幸福感和主体性降低,"人从理性的主体和人道主义服务的中心对象的位置沦落为工具和机器的奴隶,至高无上的人道、人权和人的价值等变得一钱不值了"。我们没有看到像经典现代化理论所描述的那样,只要按照欧美的模式去发展,各国就能从传统社会向现代社会演变的现实图景。在发展中国家的现代化进程中,我们更没有看到欧美"教师爷"指导、支持和鼓励这些国家顺利完成现代化进程,看到的却是在新的国际体系中通过美元、能源、技术和不平等的分工进一步掠夺发展中国家,发生的却是通过贸易战、金融战来打压、遏制发展中国家,甚至不惜发动战争来清除异己、控制市场和资源。从这个角度来讲,经典现代化理论实际上成为西方发达国家在后殖民主义时代进一步实施殖民统治和掠夺剥削发展中国家的理论工具。一句话,历史不可复制,西方式现代化道路难以模仿,"单线进化"和归于一尊的经典现代化理论没有能让发展中国家顺利推进现代化进程,而发展中国家的现代化道路必然与现代化理论提倡的"欧美化"有很大不同。人类的现代化需要探寻符合时代特征和各国国情的新的路径和模式。

二、探索与创新:坎坷历程中渐趋成熟的中国式现代化

中国的现代化是典型的外源性现代化,是在帝国主义国家的侵略中以救亡图存和民族复兴为主要目标而开启的现代化进程。"1840年鸦片战争以后,

中国逐步成为半殖民地半封建社会，国家蒙辱、人民蒙难、文明蒙尘，中华民族遭受了前所未有的劫难。从那时起，实现中华民族伟大复兴，就成为中国人民和中华民族最伟大的梦想。"鸦片战争及其之后的一连串侵华战争，帝国主义国家以洋枪洋炮的丑陋和罪恶，第一次把工业化和以其为主要内容的现代化展现在中华民族面前。中华民族正是在苦难中、在被动和饱受屈辱中感受到现代化的威力，开启了现代化的探索。从林则徐主持编译《四洲志》"第一次睁眼看世界"、洋务运动以技术与利器等于现代化的逻辑"师夷长技以制夷"、北洋水师等斥巨资购买帝国主义的坚船利炮，到戊戌变法、辛亥革命等，不同阶级不同政党以不同方式登上历史舞台，实施不同的救国方案，都是民族救亡图存的抗争和探索，但由于历史和阶级的局限性，这些改良和革命终究无法完成反帝反封建的任务，无法使中华民族摆脱半殖民地半封建社会的命运，始终没有找到适合中国国情的现代化道路。

历史走到了1921年，在中华民族内外交困、社会危机空前深重的情况下，中国共产党应运而生。"中国共产党一经诞生，就把为中国人民谋幸福、为中华民族谋复兴确立为自己的初心使命。"从此，中国革命有了正确前进方向，中国人民有了强大精神力量，中国命运有了光明发展前景，通过领导新民主主义革命推翻三座大山，打败日本帝国主义侵略，推翻国民党反动统治，建立人民民主政权，为现代化建设扫清了障碍、创造了条件，为新中国的发展翻开新的篇章。

中华人民共和国成立到改革开放前，尽管社会主义现代化建设经历了曲折与坎坷，但也对社会主义现代化道路进行了初步探索，从起初学习模仿苏联模式到后来探索自己的道路，积累了正反两方面宝贵经验。在社会主义改造时期，通过对农业、手工业和资本主义工商业的社会主义改造，确立了新中国的社会主义基本制度。1954年，毛泽东同志提出，"我们的总任务是……为了建设一个伟大的社会主义国家而奋斗……准备在几个五年计划之内，将我们现在这样一个经济上文化上落后的国家，建设成为一个工业化的具有高度现代文化程度的伟大的国家"。同年，周恩来同志提出要建设起强大的现代化的工业、现代化的农业、现代化的交通运输业和现代化的国防。后来，在与苏联的长期论战中，毛泽东同志意识到，中国必须要走出一条自己的现代化道路，从此中国社会主义建设道路从"以苏为师"转变为"以苏为鉴"。党的八大提出了为建设一个伟大的社会主义的中国而奋斗，明确提出国内的主要矛盾已经是人民对于建立先进的工业国的要求同落后的农业国的现实之间的矛盾，已经是人民对于经济文化迅速发展的需要同当前经济文化不能满足人民需要的状况之间的矛盾，对现代化的追求始终如一。1964年第三届全国人民代表大会第一次会议正式和完整地提出我国实现"四个现代化"的任务："就是要在不太长的历史时期内，把我国建设成为一个具有现代农业、现代工业、现代国防和现代科学技术的社会主义强国。"这个时期确立起社会主义基本制度，推进社会主义工业化建设向着工业、农业、国防和科学技术四个现代化目标不断发展，建立了独立的比较完整的工业体系和国民经济体系，为中国式现代化道路奠定了根本政治前提和经济基础。"我们毕竟在工农业和科学技术方面打下了一个初步的基础，也就是说，有了一个向四个现代化前进的阵地。"

改革开放和社会主义现代化建设时期，以继续探索中国建设社会主义的正确道路，解放和发展社会生产力，使人民摆脱贫困尽快富裕，为实现中华民族伟大复兴提供充满新的活力的体制保证和快速发展的物质条件为主要任务，果断开启了改革开放之路和现代化建设新时期。

1979年3月，邓小平同志提出："我们定的目标是在本世纪末实现四个现代化。我们的概念与西方不同，我姑且用个新说法，叫作中国式的四个现代化。""过去搞民主革命，要适合中国情况，走毛泽东同志开辟的农村包围城市的道路。现在搞建设，也要适合中国情况，走出一条中国式的现代化道路。"他指出："社会主义现代化建设是我们当前最大的政治，因为它代表着人民的最大利益，最根本的利益。""能否实现四个现代化，决定着我们国家的命运、民族的命运"，"中国式的现代化，必须从中国的特点出发"。在这一进程中，以邓小平同志为主要代表的中国共产党人，科学回答了什么是社会主义、怎样建设社会主义的历史课题，明确社会主义的本质是解放和发展生产力，提出贫穷不是社会主义，落后不是社会主义，低速度不是社会主义，开启并推进对内改革、对外开放。20世纪80年代末90年代初，社会主义进入低谷，"历史终结论"甚嚣尘上，认为人类历史只有资本主义一条道路的声音弥天蔓延。中国向何处去？邓小平同志的南方谈话在关键节点发出了坚持改革开放的明确信号，以江泽民同志为主要代表的中国共产党人，通过回答建设什么样的党、怎样建设党的问题，提出"三个代表"重要思想，以越是困难越要加强党的领导和党的建设的坚定意志，保持定力，决定建立社会主义市场经济体制。党的十六大以后，以胡锦涛同志为主要代表的中国共产党人，团结带领全党全国各族人民，成功在新形势下坚持和发展了中国特色社会主义。针对过去发展中高投入、高消耗、高成本发展难以为继等问题，提出了全面协调可持续的科学发展观，并强调保障和改善民生，促进社会公平正义，深刻认识和回答了实现什么样的发展、怎样发展等重大问题。这个时期中国经济创造了世界奇迹，形成了充满新活力的社会主义市场经济体制，加入WTO，推进新型工业化进程，实现人民生活从温饱不足到总体小康、奔向全面小康的历史性跨越，中国式现代化道路初步成型。

党的十八大以来，中国特色社会主义进入新时代。十年来，以习近平同志为核心的党中央从中国基本国情和发展阶段出发，深刻洞察历史大势和国际形势，提出并贯彻新发展理念，着力推进高质量发展，推动构建新发展格局，实施供给侧结构性改革，制定一系列具有全局性意义的区域重大战略，在经济、政治、文化、社会、生态等方面采取一系列战略性举措，取得一系列标志性成果，各项事业取得历史性成就、发生历史性变革，推动我国迈上全面建设社会主义现代化国家新征程。新时代十年伟大变革，擘画中华民族伟大复兴蓝图、全面建成小康社会、创造了人类文明新形态、开辟了马克思主义新境界，对中华民族的未来发展产生深远影响，在中华民族发展史上具有里程碑意义。习近平总书记在庆祝中国共产党成立100周年大会上指出："走自己的路，是党的全部理论和实践立足点，更是党百年奋斗得出的历史结论。""我们坚持和发展中国特色社会主义，推动物质文明、政治文明、精神文明、社会文明、生态文明协调发展，创造了中国式现代化新道路，创造了人类文明新形态。"中国式现代化实践，打破了只有遵循资本主义现代化模式才能实现现代化的神话。中国式现代化的成功昭示世人，现代化道路并没有固定模式，适合自己的才是最好的。党的十九届六中全会通过的《中共中央关于党的百年奋斗重大成就和历史经验的决议》指出，党领导人民成功走出中国式现代化道路，创造了人类文明新形态，拓展了发展中国家走向现代化的途径，给世界上那些既希望加快发展又希望保持自身独立性的国家和民族提供了全新选择。2022年7月，习近平总书记强调："在新中国成立特别是改革开放以来的长期探索和实践基础上，经过党的十八大以来在理论和实践上的创新突破，我们成功推进和拓展了中国式现代化。世界上既不存在定于一尊的现代化模式，也不存在放之四海而皆准的现代化标准。我们推进的现代化，是中国共产党领导的社会主义现代化，必须坚持以中国式现代化推进中华民族伟大复兴，既不走封闭僵化的老路，也不走改旗易帜的邪路，坚持把国家和民族发展放在自己力量的基点上、把中国发展进步的命运牢牢掌握在自己手中。"党的二十大明确提出："从现在起，中国共产党的中心任务就是团结带领全国各族人民全面建成社会主义现代化强国、实现第二个百年奋斗目标，以中国式现代化全面推进中华民族伟大复兴。""中国式现代化，是中国共产党领导的社会主义现代化，既有各国现代化的共同特征，更有基于自己国情的中国特色。""中国式现代化的本质要求是：坚持中国共产党领导，坚持中国特色社会主义，实现高质量发展，发展全过程人民民主，丰富人民精神世界，实现全体人民共同富裕，促进人与自然和谐共生，推动构建人类命运共同体，创造人类文明新形态。"党的二十大报告对全面建成社会主义现代化强国两步走战略进行了宏观展望，体现了党中央宏阔的战略视野、高远的战略眼光与科学的战略谋划，让我们清晰地看到了民族复兴的光明前景。建成社会主义现代化强国，实现中华民族伟大复兴，是一场接力跑。我们要凝聚万众一心的伟力，保持勇毅笃行的坚定，继续担当历史使命、掌握历史主动，扎实推动党的二十大精神在青海落地生根、结出硕果，创造无愧于党、无愧于人民、无愧于时代的新业绩。

三、意蕴与价值：创造人类文明新形态

在中国式现代化发展进程中，党的二十大无疑具有重大意义。会议对中国式现代化的中国特色和本质要求、全面建成社会主义现代化强国总的战略安排进行了系统阐释，强调"中国式现代化，是中国共产党领导的社会主义现代化，既有各国现代化的共同特征，更有基于自己国情的中国特色"。中国式现代化是世界现代化进程中的重要组成部分和成功典范，中国式现代化自然有各国现代化的共同特征，但中国式现代化的关键在于其"基于自己国情的中国特色"，为人类文明新形态贡献中国方案，因而与西方现代化道路有着根本性的差异，引领世界文明走向，开启一种人类文明新形态，这是中国式现代化承担的更高历史任务。

1.中国式现代化是中国共产党领导并充分体现其初心使命的现代化。人类社会发展的历史反复证明，当一个国家和民族面临的国际环境和国内自身拥有的资源在质和量上确定的前提下，其发展状况主要取决于国家领导力的强弱。中国共产党的领导是中国式现代化的根本特质，只有了解中国共产党的性质宗旨及中国共产党是中国人民最可靠的主心骨、定盘星的地位作用，才能真正理解中国式现代化的本质。中国共产党不是一个普通的政党，她是一个有崇高初心和使命的马克思主义政党。"一百年来，中国共产党团结带领中国人民进行的一切奋斗、一切牺牲、一切创造，归结起来就是一个主题：实现中华民族伟大复兴。"她从建立之初就把为中国人民谋幸福、为中华民族谋复兴作为自己的初心使命，承载着民族复兴的历史重任，是中国共产党亲手缔造了中华人民共和国并按自己的宗旨建构了国体政体，不断加强党对坚持和完善中国特色社会主义制度、推进国家治理体系和治理能力现代化的领导，并把"人民"二字深深镌刻、彰显在包括党政机构在内的各个领域。是她以非凡的领导力让中国人民实现站起来、富起来、强起来的跨越；是她引领社会革命和建设，成为社会治理和社会和谐稳定的根本力量；是她在自己的旗帜上写上共产主义远大理想的同时，审时度势、把握大势，在不同阶段制定不同目标，以卓越的组织力团结带领中国人民一代代赓续精神、接续奋斗，不断赢得胜利和荣光。在世界历史上，各种政党层出不穷，但唯有中国共产党这种经由历史选择的使命型政党，才具有这种特质，也只有在中国共产党的领导下，才能实现具有上述内涵和特色的中国式现代化。中国共产党的领导是中国特色社会主义最本质的特征，是中国特色社会主义制度的最大优势，党是最高政治领导力量，是领导中国式现代化的核心力量，是中国式现代化得以形成并在实践中不断取得成功的最为关键的要素。

2. 中国式现代化是充分体现社会主义制度优势并着力实现全体人民共同富裕的现代化。"我们推进的现代化，是中国共产党领导的社会主义现代化。"社会主义的本质是解放生产力，发展生产力，消灭剥削，消除两极分化，最终达到共同富裕。共同富裕是中国特色社会主义的本质要求，也是一个长期的历史过程。中国式现代化是以人民为中心的现代化，其显著特征之一便是对"人"的认识，"人"在现代化中的地位得到了历史性提升，使我们认识到，"人"不仅是第一资源，更是现代化的目的、目标和价值取向。在中国式现代化框架下，人民至上是一种根本价值理念，它既是价值目标，又是价值原则，其基本内涵在于人民是社会的主体、主人、主角。人民至上，就其内涵而言主要包括人民地位、人民利益、人民力量、人民生命和人民评价至上。党的十八届五中全会首次提出"坚持以人民为中心的发展思想"，具有重大意义。党的二十大报告强调："坚持以人民为中心的发展思想。维护人民根本利益，增进民生福祉，不断实现发展为了人民、发展依靠人民、发展成果由人民共享，让现代化建设成果更多更公平惠及全体人民。""全面建设社会主义现代化国家，必须充分发挥亿万人民的创造伟力。"其表明，推进中国式现代化的过程，实际上是人民群众的实践过程，只有尊重人民创造、人民智慧，中国式现代化才能得到人民的认可和支持，并由此造就中国式现代化的主体力量。在这一理念引领下的中国式现代化进程，是为了人民的现代化，是依靠人民的现代化，也是全体人民共同团结奋斗的现代化。中国式现代化是正确处理公平和效率的现代化，是兼顾发展性、共享性和可持续性的现代化，不仅解决了"富裕"问题，也解决了西方现代化未能解决的"共同"难题。实现全体人民的共同富裕是中国文化的重要价值取向，是中国社会历来追求的理想，从"昔者神农之治天下，务利之已矣，不望其报；不贪天下之财，而天下共富之"，到孔子提出的"不患寡而患不均"，体现的就是追求"共同富裕"的价值取向。中国式现代化把发展作为执政兴国的第一要务，坚定不移贯彻创新、协调、绿色、开放、共享的新发展理念，既强调贫穷不是社会主义，在高质量发展社会生产力的基础上，一方面允许一部分人、一部分地区先富起来，另一方面通过完善社会保障体系、建立东西部帮扶机制、实施"三农"扶持政策等各种方式，使历史上长期存在的城乡之间、区域之间的贫富差距得到快速缩小。特别是用脱贫攻坚"金钥匙"开乡村振兴致富门，打赢了人类历史上规模最大的脱贫攻坚战，全国832个贫困县全部摘帽，近1亿农村贫困人口实现脱贫，960多万贫困人口实现易地搬迁，历史性地解决了绝对贫困问题，为全球减贫事业作出了重大贡献。实现了第一个百年奋斗目标，在中华大地上全面建成了小康社会，用事实宣告了"历史终结论"的终结和"社会主义失败论"的失败，表明从全面小康到共同富裕，中国式现代化的内涵不断拓展。

3. 中国式现代化是充分体现全人类共同价值并走和平发展道路的现代化。对中国人来讲，和平发展是再正常不过的一条道路，这是由中华文化特质所决定的。和平是人类普遍认可的共同价值，但是，由于发达国家的现代化几乎无一例外是通过侵略战争、殖民主义和对外掠夺等方式实现的，即西方的现代化是建立在其他国家和民族的苦难与痛苦之上的现代化，给人类留下的是痛苦的记忆。在当今世界发展的大势下，与殖民统治和对外侵略历史相伴而行的西方现代化已经没有进一步延续、推广和复制、借鉴的未来前景。因此，走和平发展道路的中国式现代化更显其正义和道义价值。习近平总书记强调："中国走和平发展道路，不是权宜之计，更不是外交辞令，而是从历史、现实、未来的客观判断中得出的结论，是思想自信和实践自觉的有机统一。和平发展道路对中国有利、对世界有利，我们想不出有任何理由不坚持这条被实践证明是走得通的道路。"党的百年奋斗深刻影响了世界历史进程。党和人民事业是人类进步事业的重要组成部分。习近平总书记指出："在人类追求幸福的道路上，一个国家、一个民族都不能少。""通向幸福的道路不尽相同，各国人民有权选择自己的发展道路和制度模式，这本身就是人民幸福的应有之义。"当今世界正经历百年未有之大变局，中国积极倡导构建人类命运共同体，走出了一条通过合作共赢实现共同发展、和平发展的现代化道路，打破了"国强必霸"的大国崛起传统模式，开创了通过和平崛起实现现代化的全新道路，为人类提供了通向现代化的新选择。

4. 中国式现代化是充分体现可持续发展理念并促进人与自然和谐共生的现代化。现有发达国家无一例外走了一条"先污染后治理"的现代化道路，让人类付出了沉重的资源和环境代价。2005年8月，时任浙江省委书记的习近平同志在湖州安吉首次提出"绿水青山就是金山银山"的发展理念。今天，绿水青山就是金山银山的理念已成为我们党的重要执政理念之一，深入理解其科学内涵具有重要的理论和现实意义。从"两山论"到绿色发展理念、人与自然和谐共生理念、"人与自然生命共同体"理念，到习近平生态文明思想的形成、完善和实践，我们开展了一系列根本性、开创性、长远性工作，推动形成人与自然和谐发展的内生动力机制，使中国发展真正走上了"生产发展、生活富裕、生态良好的文明发展道路"。习近平生态文明思想的提出及其实践创新，不仅深刻改变了中国自身的发展方式，也发展了世界现代化思想，代表了当今科技和产业变革方向，用实践成效证明了经济与生态并不是此消彼长、彼此相斥的关系，只要恪守绿色发展理念，以人与自然和谐相处为目标，就能解决好工业文明带来的矛盾，实现世界的可持续发展和人的全面发展。推动实现人与自然和谐共生，既是中国式现代化能够行稳致远并确保中华民族永续发展的重要保障，也表明生态文明的兴起是现代社会生产力发展和变革的必然结果。

5. 中国式现代化是对传统理论的重大突破，是对人类现代化进行重新定义的现代化。曾几何时,西方国家借助其先行构建和主导的资本主义现代化体系垄断了现代化的定义权和解释权。中国式现代化的内涵特征则改写了现代化的内涵体系,体现了现代化的丰富性和全面性。以处理物质文明和精神文明建设的关系为例,中国式现代化坚持以马克思主义为指导,对物质与精神的关系有着深刻而独特的理解。马克思主义经典作家在阐释人的自由全面发展时,曾围绕"人的精神生产"和"文化上的进步"进行论述,指出人要取得"真正人的生存条件",就要有精神世界的生产再生产,就要有文化的进步和跃升。习近平总书记指出:"当高楼大厦在我国大地上遍地林立时,中华民族精神的大厦也应该巍然耸立。"中国式现代化既汲取西方现代化脱离价值目标规范、物欲泛滥、利益理性的片面发展,使人与物关系错位、人与人对立,引发诸多社会性危机的教训,也深刻反思苏联现代化未能解决好人民群众的物质条件改善问题而被历史淘汰的教训,强调只有物质文明建设和精神文明建设都搞好,国家物质力量和精神力量都增强,全国各族人民物质生活和精神生活都改善,中国特色社会主义事业才能顺利向前推进,实现中华民族伟大复兴中国梦才能指日可待。一方面,从"经济基础决定上层建筑"这一原理出发,自改革开放之初我们就牢牢抓住经济建设这个中心不放松,一心一意谋发展,聚精会神搞建设,经济社会发展取得了举世瞩目的成就。同时,从"上层建筑反作用于经济基础"出发,我们高度重视加强文化建设,从全面实现农业、工业、国防和科学技术的现代化,到强调物质文明和精神文明"两手抓、两手都要硬";"三位一体"(经济建设、政治建设、文化建设),到"四位一体"(经济建设、政治建设、文化建设和社会建设),到党的十八大深化为"五位一体"(经济建设、政治建设、文化建设、社会建设、生态文明建设),到党的十九大展望"五个文明"(物质文明、政治文明、精神文明、社会文明、生态文明),到党的二十大强调"物质富足、精神富有是社会主义现代化的根本要求",中国式现代化的内容越来越丰富、越来越协调,使得人们在物质上越来越丰裕的同时,也愈益接受到精神文化元素的滋养。

不仅如此,中国式现代化还是中华民族五千年文明史滋养下的现代化。就儒学和以儒学为主干的中国传统文化所蕴集的思想价值,习近平总书记指出:"世界上一些有识之士认为,包括儒家思想在内的中国优秀传统文化中蕴藏着解决当代人类面临的难题的重要启示,比如,关于道法自然、天人合一的思想，关于天下为公、大同世界的思想，关于自强不息、厚德载物的思想，关于以民为本、安民富民乐民的思想，关于为政以德、政者正也的思想，关于苟日新日日新又日新、革故鼎新、与时俱进的思想，关于脚踏实地、实事求是的思想，关于经世致用、知行合一、躬行实践的思想，关于集思广益、博施众利、群策群力的思想，关于仁者爱人、以德立人的思想，关于以诚待人、讲信修睦的思想，关于清廉从政、勤勉奉公的思想，关于俭约自守、力戒奢华的思想，关于中和、泰和、求同存异、和而不同、和谐相处的思想，关于安不忘危、存不忘亡、治不忘乱、居安思危的思想，等等。中国优秀传统文化的丰富哲学思想、人文精神、教化思想、道德理念等，可以为人们认识和改造世界提供有益启迪，可以为治国理政提供有益启示，也可以为道德建设提供有益启发。"循着这一脉络，我们坚信，世界上其他各种历史文化中蕴含的各具特色的思想价值，也都应结合当今的时代条件加以继承和弘扬，使之共同为消除经济全球化、社会现代化中存在的弊端，为解决经济全球化、社会现代化带来的难题，促进世界和平与各国共同发展，造福于人类的现在与未来服务。

　　总之，中国式现代化摒弃了西方以资本为中心的现代化、两极分化的现代化、物质主义膨胀的现代化、对外扩张掠夺的现代化老路，打破了现代化等于西方化的迷思。中国式现代化是在人类发展理论、发展实践和发展道路上具有里程碑意义的伟大创举，不仅为中国发展繁荣进步创造了重要条件，而且改变了长期以来西方现代化模式占主导地位的世界现代化格局，展现了世界现代化模式的多样性，为世界现代化模式的多元发展开辟了广阔前景，为人类对更好社会制度的探索提供了中国方案。

（作者为青海民族大学党委副书记、校长，文章刊自《青海日报》）

以党的二十大精神助推法治青海建设水平

王 刚

坚持全面依法治国，推进法治中国建设是实现国家治理体系和治理能力现代化的必然要求，也是全面建成社会主义现代化强国、实现第二个百年奋斗目标，以中国式现代化全面推进中华民族伟大复兴的重要保障。聚焦聚力产业"四地"建设，坚定不移走高质量发展之路，全面深化各领域改革，必须全面推进依法治省，奋力推进和提升法治青海建设水平。

一、树牢法治思维，解决好奉法问题

党的二十大报告指出："加强宪法实施和监督，健全保证宪法全面实施的制度体系，更好发挥宪法在治国理政中的重要作用，维护宪法权威。"对我省而言，解决好奉法问题，要大力弘扬宪法精神，履行宪法职责，维护宪法权威。一是以习近平新时代中国特色社会主义思想为指导，深入贯彻落实习近平法治思想，广泛开展宪法学习宣传教育，大力弘扬宪法精神，维护宪法权威，准确把握全面依法治国工作布局，坚持依法治国、依法执政、依法行政共同推进，坚持法治国家、法治政府、法治社会一体建设。二是持续推进青海特色法治文化建设，推动全民尊法学法守法用法。同时，开展青海法治人物和单位评选表彰活动，充分发挥先进典型在法治青海建设中的示范引领作用，弘扬法治精神，传播法治理念，加快法治青海建设进程，为全社会营造知法懂法守法用法的浓厚氛围。三是发挥法学会、高校等平台作用，以国家宪法和全国"宪法宣传周"为契机，充分总结和展示新时代以来我国人权事业取得的突出成就。四是结合地区特点和实际，推动宪法宣传教育向基层延伸，用宪法精神凝心聚力，筑牢法治社会和法治信仰根基，以宪法和宪法精神不断增强广大民众特别是信教群众的国家意识、公民意识和法治意识。

二、用足地方立法权，解决好立法问题

改革开放以来，我省人大及其常委会重视涉及涉藏州县经济社会发展的地方立法工作，制定了一批符合我省实际、具有可操作性的地方性法规和自治条例、单行条例，立法引领保障经济社会发展的作用功能进一步增强，为促进我省经济发展、社会和谐稳定等发挥了重要作用。然而，近年来，随着全面依法治国战略的持续推进，无论从国家层面，还是从我省社会经济发展实际需求，均对地方立法提出了更高要求，地方立法面临新挑战。党的二十大报告指出："加强重点领域、新兴领域、涉外领域立法，统筹推进国内法治和涉外法治，以良法促进发展、保障善治。"新时代，如何用足用好地方立法权？如何使地方立法能够切实发挥作用和解决地方实际问题等都是我们面临和急需解决的难题，都需要从地方经验和视角予以研判、分析和解决，以此与全国形成一盘棋，共同筑牢应对相应问题的法治合力和藩篱。为此，应加强地方立法工作的理论与实践研究，在《中华人民共和国立法法》的规范之内，用好用足地方立法权，做好"立、改、废、释"工作，结合"科学立法、民主立法、依法立法"和青海社会经济发展实际，扎实推动重点领域立法工作，争取在生态环境保护、民族宗教事务法治化治理等方面出一批高质量、可供复制的地方立法成果，以此彰显法治青海建设水平。

三、规范决策行为，解决好守法问题

党的二十大报告指出："法治政府建设是全面依法治国的重点任务和主体工程。"按照法治政府行政决策制度科学、程序正当、过程公开、责任明确，决策法定程序严格落实，决策质量显著提高，决策效率切实保证，违法决策、不当决策、拖延决策明显减少并得到及时纠正，行政决策公信力和执行力大幅提升的目标，推进行政决策科学化、民主化、法治化水平。从健全依法决策机制、增强公众参与实效、提高专家论证和风险评估质量、加强合法性审查等方面解决好守法问题。一是必须要加强对领导干部进行法治教育，切实提高领导干部的法治理念和法治思维。要建立一个长期的、常态化的、落地的包括新入职公务员在内的具有整体性、系统性的法治培训机制，提高法治教育的可行性、有效性、系统性，培养领导干部善于运用法治思维和法治方式处理各种复杂问题、化解社会矛盾纠纷的能力。二是加强重大决策事项公众参与平台和重大民生决策事项民意调查制度建设，对民众关注度高的重大决策事项

予以公开并及时反馈意见采纳情况和理由，以此发挥民众的作用并强化对重大决策的监督。三是发挥和利用各类智库优势，对专业性、技术性较强的决策事项，组织相关专家、专业机构进行论证。搭建智库行政决策咨询论证平台，提高专家论证和风险评估质量。四是组织专家学者围绕产业"四地"建设中的涉法问题及我省较为突出的相关问题开展专题调查研究，整合不同学科和领域研究优势，为相关部门决策和解决问题提供高质量的意见建议。

四、构建互动及多元机制，解决好"疏""导"问题

当前，我国改革发展已经进入深水区，改革触及的问题由浅层次逐渐转入深层次。因此，一是各级政府要恪守法治思维，坚持依宪施政、依法行政、依法决策，规范政府行为，将政府工作全面纳入法治轨道，推动法治政府建设不断深入。二是各级监察机关要履行职责，依法做好监督、调查、处置各项工作，加强纪法衔接，不断提高反腐败工作法治化水平。三是各级司法机关要坚持社会公平正义法治价值追求，严格规范司法行为，不断提高司法公信力，让人民群众在每一起案件中切实感受到公平正义。四是以公共法律服务体系建设为总抓手，在服务质量上做足文章，努力为民众提高普惠式、公益性、可选择的公共法律服务，更好地满足人民群众对公共法律服务的需求，增强人民群众共享法治建设成果的获得感。同时，各级部门要充分认识到特殊时期疏导民众各种情绪和诉求的极端重要性，正确处理好"疏"和"导"的关系，畅通疏导机制，加强和创新基层社会治理，不断探索和总结新时代"枫桥经验"，回应社会关切和民众诉求，未雨绸缪，以扎实肯干的工作作风将矛盾、不良情绪和各种问题遏制在萌芽状态。

五、创新普法形式和方式，解决好"宣法"问题

法治社会是构筑法治国家的基础。加快法治青海建设，必须解决好法治宣传教育，引导全体人民做社会主义法治的忠实崇尚者、自觉遵守者、坚定捍卫者。为此，一是要创新普法宣传方式，拓宽普法宣传渠道。可充分利用"乡村振兴·法治同行"、民族宗教政策宣传月、民族团结进步创建等方式，加强教育和宣传，引导教职人员和广大信教群众自觉维护宪法法律尊严、维护民族团结，着力提高民众法治素养；拓宽普法渠道，运用新媒体进行法治宣传。二是丰富普法宣传内容，通过法治漫画、法治节目表演、身边人身边事"以案说法"等鲜活方式开展法治宣传。三是要提高普法宣传的针对性。以"八五"普法为契机和抓手，以公民法治素养和社会治理法治化水平显著提升、全民普法工作体系更加健全为目标,从以前的挂挂横幅、发发传单等粗放式向就某一问题专门开展集中宣传的精准化宣传方式转变,以提高普法宣传的针对性。

(作者为青海民族大学法学院教师,文章刊自《青海日报》)

谱写生态旅游高质量发展新篇章

王玉峰

党的二十大报告指出："尊重自然、顺应自然、保护自然，是全面建设社会主义现代化国家的内在要求。"2021年，习近平总书记参加十三届全国人大四次会议青海代表团审议和来青考察时赋予青海"打造国际生态旅游目的地"的重大任务和历史使命，这既是"政治要件"，也是青海发展生态旅游的根本遵循，是青海为全国发展生态旅游、走生态优先、绿色发展之路作出的积极探索。

保护好青海的生态环境是"国之大者"。青海位于地球第三极，不仅是国家重要的生态安全屏障，也是北半球气候敏感启动区、全球生态系统调节稳定器和高寒生物自然物种资源库，生态地位特殊而重要。同时，青海生态环境优美、旅游资源丰富，集山宗、水源等诸多特点于一身，生态文化、历史文化、红色文化、民族文化源远流长。高质量发展生态旅游，打造国际生态旅游目的地，是青海"生态报国""强省富民"，加快推进中国式现代化步伐的重要途径。

高质量发展生态旅游是青海省"生态报国"的战略选择。加强生态保护是青海立省之本，生态报国是青海义不容辞的政治责任和时代担当。高质量发展生态旅游是实现党领导下的社会主义现代化的必由之路。高质量发展生态旅游必须高度重视生态旅游业发展战略的系统性和宏观性，坚持以习近平生态文明思想为指导，坚持绿水青山就是金山银山理念，让绿水青山永远成为青海的优势和骄傲。

高质量发展生态旅游是实现青海"强省富民"的现实选择。从强省层面来看，青海独特的地理位置、丰富的自然资源和重要的生态功能，为高质量发展生态旅游提供了得天独厚的"大美"资源，为培育发展生态旅游、实现生态价值转化为经济价值提供了坚实基础。从富民层面，发展生态旅游的本质在于让当地群众得到最大实惠。青海生态旅游资源富集区大多在农牧区，我们应借新时代乡村振兴的强劲东风，建立健全全员共同参与生态旅游发展机制，打造区域特色生态旅游产品，促进全民共享生态旅游业高质量发展红利。

高质量发展生态旅游是促进青海经济社会可持续发展的有效选择。促进经济社会可持续发展、实现物质文明和精神文明相协调的现代化是发展生态旅游业的重要目的。从社会方面来看，旅游业的发展可以促进文化交流交融，使当地群众开阔眼界；从经济方面来看，深化供给侧结构性改革，将优质的生态资源向优质的生态产品转化，优化区域生态旅游要素，能有效促进旅游地经济发展；实现保护生态和发展生态旅游相得益彰，将"绿水青山"变成群众参与保护、共得实惠的"金山银山"。

高质量发展生态旅游是青海实现人与自然和谐共生的系统选择。人与自然和谐共生是一个系统工程，人与自然生命共同体这一理念突出强调人与自然应是和谐统一的整体，二者应当和谐共生、协同共进。习近平总书记从大历史观角度考察人与自然和谐共生问题，指出"生态文明是人类社会进步的重大成果"，人类经历了原始文明、农业文明、工业文明，生态文明是工业文明发展到一定阶段的产物，是实现人与自然和谐发展的新要求。新时代推进生态文明建设，应坚持好以下原则：一是坚持人与自然和谐共生，二是绿水青山就是金山银山，三是良好生态环境是最普惠的民生福祉，四是山水林田湖草是生命共同体，五是用最严格制度、最严密法治保护生态环境，六是共谋全球生态文明建设。坚持推动绿色旅游发展、改善生态环境质量，提升生态系统的质量和稳定性、树立和践行绿水青山就是金山银山的理念，才能站在人与自然和谐共生的高度谋划旅游业高质量发展。

高质量发展生态旅游是推动青海创新发展的强大动力。一是利用信息技术、计算机技术、大数据、云计算等，为游客提供个性化旅游服务，增加青海生态旅游产业科技含量，促进青海生态旅游产业智慧化发展，构建生态旅游目的地建设的科技创新平台。二是做好在线宣传工作，全面动态地呈现旅游景区信息，构建交易模块，方便游客交易，让更多游客在电子商务网站了解旅游景区信息，领略旅游景区特色。三是在管理层面突破传统方法，通过引进人才和技术，引导使用推广新技术尤其是大数据应用；

在市场层面鼓励科技型企业投资生态旅游业，推动生态旅游业由资源驱动型转向技术驱动型。

中国最美湖泊青海湖成为热门打卡地，茶卡盐湖凭借盐湖资源走出了"工业+旅游"的有益探索之路，从油嘴湾到青海"小三亚"，"花海经济"、乡村旅游也成为人们休闲游憩的目的地，藏毯、唐卡、青绣等民族传统文化产品远销海内外。新征程上，我们要高质量打造国际生态旅游目的地，实施生态旅游核心品牌培育行动，构建国际生态旅游目的地品牌体系，让生态旅游产业成为幸福产业、优势产业、富民产业，成为青海实现中国式现代化进程的强大动力和推进器。

（作者为青海民族大学旅游学院教师，文章刊自《青海日报》）

思政引领　铸魂育人

杨　颖

教育是社会进步、民族振兴的重要基石，思政教育是立德树人、铸魂育人的重要抓手。扎实开展思政教育、着力办好思政课是培养社会主义建设者和接班人的重要保障。高校应当在以生为本理念的指引下，扎实开展思政教育，充分发挥思政引领铸魂育人伟力，为党育人、为国育才，全面落实立德树人根本任务。

创建于1949年的青海民族大学始终坚持社会主义办学方向，将党的教育工作与民族工作牢牢扛在肩上，扎实开展铸魂育人的思政教育工作，培养了一大批全面发展的优秀社会主义建设者和接班人，育人成效充分彰显。

坚定教育地位，夯实信仰根基

思政教育是解答"培养什么人，怎样培养人，为谁培养人"问题的重要抓手，思政育人是实现立德树人根本任务的重要工具。高校应当坚定思政教育的重要地位，提高对思政引领工作的重视度，自上而下全面推动思政育人工作的实施。民大正确认识思政教育的重要性，树立科学的思政育人理念，构建思政育人新格局，上好思政课、讲好课程思政，多管齐下夯实信仰教育的根基。

坚持党建引领，强化思政工作顶层设计，先后出台思政理论武装建设及思政教育队伍建设的指导性文件，明确工作清单、任务清单及责任清单，强力推进思政教育落地落实。科学构建"三全育人"新模式，配齐配强学业导师、专职辅导员及组织员队伍，积极打造一批"名师金课"，营造"人人是教师、事事是教育、处处是课堂"的铸魂育人氛围。强化思政教育重要性，打造由思政必修课、思政选修课、综合素养课及专业课共同构建的全方位课程思政体系，从团队、课堂、平台及评价4个方面入手，扎实开展思政教育"四优"改革，提升思政教育质量。先后推出了"学科文化"等6个系列100多个精品讲座，为学生提供思想文化大餐。成立青海省红色文化研究院，承担多个国家重大课题研究，着力提升服务国家战略、回答现实问题的能力。

创新引领方法，充分激扬斗志

新时代的大学生拥有更多获取信息、接受教育的方式，对相对枯燥的传统思政理论课堂教学接受度普遍不高。思政教育信息化、创新化已成为高校思政教育的必然选择。科学创新思政教育的方式方法，才能提升教育的亲和力及吸引力，增强学生的主动性。民大创新改革传统灌输式思政教育模式，科学构建以学生为本的教育教学体系，与时俱进地综合应用多种教学方法，用情、用心、用力提升思政教育的感染力、吸引力，充分激发学生们的青春斗志。

坚持以教育引导实践、以实践深化教育的目标。组建学生实践服务团队深入基层、农村、厂矿，分类开展社会实践教育，既磨炼学生的意志品质又深化学生对国情省情的认识，提升学生的责任意识、担当精神。坚持思政教育线上组织和线下组织的相互融合，用好传统媒体、用实新兴媒体，搭建"传统+新兴"协同育人的融媒体平台，打造"学思践悟""校园访谈"等众多思政教育的平台，充分发挥媒体引导舆论、引领学生成长的作用。建设思政专题网站和学校微信公众平台，及时推送原创思政教育信息，牢牢抓住互联网这一思政教育的重要阵地，做到"学生在哪里，思想引领就在哪里"。成立"大学生思想咨商室"，打造解决学生思想困惑、开展理性对话、加强价值引导的重要平台，建立课堂讲授与课下辅导相结合的育人联动机制，实现思政教育工作方式从"大水漫灌"向"精准滴灌"转变。

营造育人氛围，做到启智润心

文化育人是高校思政引领的重要载体，积极向上的正能量能够帮助大学生培养坚定的理想信念、高尚的品德。民大坚持以文化人、文化育人，着力营造良好校园育人氛围，在潜移默化中启智润心。

　　构建具有民大特色的荣誉体系，进德修业之星、本科教学优秀奖等激励教师们努力成为"经师"和"人师"的统一者。扎实开展"四爱三有"教育，科学打造国旗班社团等文化活动社团，创建丰富多彩的精神文化体系。建成文化走廊，建设校园文化景观，精心命名润泽园等校园建筑及园区，实现渗透性的教育。扎实举行文化节、书法比赛、歌咏比赛等丰富多彩的民族文化活动，形成独具一格的民族思政文化格局。

（作者为青海民族大学马克思主义学院教师，文章刊自《光明日报》）

在青藏高原厚植中国式现代化的生态经济根基

陈文烈　丹琛措

党的二十大报告指出："从现在起，中国共产党的中心任务就是团结带领全国各族人民全面建成社会主义现代化强国、实现第二个百年奋斗目标，以中国式现代化全面推进中华民族伟大复兴。"中国式现代化内涵丰富，人与自然和谐共生的特色是人类文明新形态的重大成果。生态环境保护和经济发展是辩证统一、相辅相成的，建设生态文明、推动绿色低碳循环发展，不仅可以满足人民日益增长的优美生态环境需要，而且可以推动实现更高质量、更有效率、更加公平、更可持续、更为安全的发展。生态经济建设作为实现发展和保护协同共进的重要抓手，是实现人与自然和谐共生的必然选择和最佳方案，是新时代高质量发展的重要组成部分，在全面践行习近平生态文明思想、经济转型升级、构建绿色低碳循环经济体系中起着重要作用。青藏高原作为世界上不可忽视的生态经济资源富集区，在推进和拓展中国式现代化进程中，要将生态经济作为青海生态保护和高质量发展的根基和引擎，持续推动生态经济高质量发展，为把青藏高原打造成全国乃至国际生态文明高地奠定坚实基础。

一、生态经济为青藏高原建设中国式现代化点明路径

绿水青山就是金山银山，这既是重要的发展理念，也是推进现代化建设的重大原则，为我们阐明了保护生态环境就是保护生产力、改善生态环境就是发展生产力的道理。摸清生态环境家底，加强自然资源管理，健全

多元生态保护补偿机制,加快探索生态产品价值实现路径,延伸衍生态产品开发全链条,推动生态资源权益交易等,是我们以生态经济建设为助力,将青藏高原生态优势转化为产业发展胜势,用生态产品转化的价值实现富民惠民的必由之路。一是加强自然资源管理。青藏高原生态地位重要而特殊,承载着保护好"中华水塔"、守护好地球第三极的历史使命。扎实推进以国家公园为主体的自然保护地体系示范省建设,青海要健全完善自然资源资产产权制度,推进自然资源统一确权登记,建立全民所有自然资源资产有偿使用制度和资源高效利用制度,用足用好生态环境监测网络,优化技术路线,这是青藏高原生态产品价值能够实现转化的基础保障。二是健全多元保护补偿机制。构建多元化生态保护补偿机制是生态产品价值保值的必然选择。全国首个跨省流域生态保护补偿机制的"新安江模式"、草原生态保护补助奖励政策以及今年4月1日黄河保护法施行等,为我省生态补偿机制的构建提供了宝贵经验。就青海而言,要加快推动草原、森林、湿地、荒漠等生态补偿全覆盖,推动建立以水量和水质为补偿依据的黄河干流和湟水河等主要支流横向生态补偿机制,完善生态管护员制度,持续优化受益者付费、保护者得到合理补偿的政策环境。三是延伸衍生态产品开发全链条。优质的原生态产品供给是提升衍生态产品数量与质量的先决条件,是生态产品价值增值的前提所在。要以创新为第一要务,加大科技赋能力度,持续提升"绿水青山"等原生态产品附加值,持续提高生态产品的整体供给能力与水平。要紧抓产业"四地"建设的有利契机,探索开发"生态+"产业新模式,不断延伸特色农牧业、生态旅游业、中藏医药、民族手工业等区域特色优势产业衍生态产品的价值链,并深化拓展其中的价值内涵。四是深化生态资源权益交易。生态资源权益交易是生态产品价值实现的重要途径。纵观国内外成功经验,碳排放权、排污权、水权、用能权等生态资源权益交易"谁污染,谁治理""谁受益,谁补偿"的格局已初步形成。比如,山东创新用能权质押融资的资源利用配额方式,对青海传统产业转型升级,实现碳达峰、碳中和目标有一定启发意义。要建设区域性资源环境交易市场,逐步构建以市场为主、政府引导为辅、企业共同参与的排污权交易市场。完善水权配置交易制度,推动建立水权交易平台,探索地区间、流域间水权交易。

二、生态经济为青藏高原建设中国式现代化夯实基础

党的二十大报告指出："推动经济社会发展绿色化、低碳化是实现高质量发展的关键环节。"面向第二个百年奋斗目标，新发展阶段、新发展理念与新发展格局正在重塑青藏高原区域的经济发展体系，绿色低碳循环产业发展是青海改变传统发展模式、"脱胎换骨"展新颜的必然选择，是青海加快构建具有本地特色的现代经济体系的实现路径。青海要依托生态资源优势和地理气候条件，以产业"四地"建设为抓手，全方位全过程坚持绿色发展、推动高质量发展，不断拓展发展新空间，培育绿色新动能，促进经济社会发展全面绿色转型。第一，推动传统型产业高端化、智能化、绿色化发展。目前"双碳"目标的提出，使资源依赖型和能源高耗型传统产业发展模式已难以持续，转型发展迫在眉睫，要从产业内部挖潜，通过技术创新、流程创新对传统产业进行生态化改造。青海工业发展与绿色低碳循环要求有差距，要开展技术改造提升产业技术工艺水平，用提高产业集中度和集约化发展水平等方式来降低传统制造业企业能耗、物耗及排放，提升青海工业全产业链的国内市场份额。第二，激发生态型产业发展新优势。充分依托青藏高原生态资源优势，不断激发生态产业化、产业生态化的发展潜能。要通过加强创新驱动，全面提高盐湖资源综合利用效率，打造具有规模优势、效率优势、市场优势的新能源支柱产业，研究制定生态旅游产品、生态旅游景区开发与经营管理等规范、标准，推动"生态+""旅游+"模式全域发展，坚持质量兴农、绿色兴农、品牌兴农，有效破除农畜产品同质化、低价值发展瓶颈，为建设以产业"四地"为主体的绿色低碳循环发展经济体系提供有力支撑。第三，夯实新兴产业发展基础。充分发挥市场在资源配置中的决定性作用，以市场需求导向激发青藏高原新兴产业活力，提升产品附加值，主动适应产业转型升级和绿色生活消费趋势，提升产业配套服务能力和整体竞争力。比如，在青海独特的冷凉气候环境下应运而生的"数字经济"、高质量打造国家清洁能源产业高地等，为我国实现"双碳"目标作出了"青海贡献"；持续推动生产性服务业和生活性服务业提质增效，探索发展"原生态+体验游""吃住游玩赏购"一站式旅游等新兴绿色低碳循环产业发展新模式，全力推动服务业提质增效。

三、生态经济为青藏高原建设中国式现代化拓展空间

党的十八大以来，青海坚决扛起生态保护重大政治责任，倡导绿色发展，坚持生态保护优先，坚持一切产业、经济活动都必须有利于促进生态良性发展，为美丽中国贡献了高原力量。全省上下深入践行习近平生态文明思想，立足"三个最大"省情定位和"三个更加重要"战略地位，从理论建设、制度改革、生态工程实施、环境整治层面全力践行习近平生态文明思想，生态文明成果利民惠民，为青海建设中国式现代化拓宽了发展空间。一是从战略资源空间来看，在生态经济的持续推动下，盐湖资源、清洁能源作为青海的特色优势，已上升为国家重要的战略资源。依托绿色低碳循环发展道路，盐湖资源综合利用产业成为全国有影响力的循环经济产业集群，盐湖产品为国家粮食安全、新能源发展作出了积极贡献。以绿电为主导的清洁能源，擦亮了青海又一"金"字招牌。二是从生态经济空间来看，生态产品价值实现路径越走越宽。青海绿色有机农畜产品输出地建设加速奔跑，"生态+文旅"让青海生态旅游大放异彩等，为产业生态化发展增值赋能。生态管护成为群众参与并共享环境保护成果的重要举措，为人民群众谋好生态福祉。三是从生物多样性空间来看，青海是世界高海拔地区生物、物种、基因、遗传多样性最集中的地区，生态文明建设的深入推进，有力拓宽了生物多样性空间。比如，三江源国家公园成功设立，祁连山、青海湖国家公园试点稳步推进，裸鲤洄游、雪豹出现、藏羚羊数量增加……生物多样性持续向好，为青海推进以国家公园为主体的自然保护地体系建设打下了坚实基础。四是从多元文化聚合共融精神空间来看，西部大开发、黄河生态保护和高质量发展等重大区域战略的实施，促进了青海各民族交往交流交融，多元文化聚合共融精神空间不断拓宽，进一步铸牢中华民族共同体意识。比如在黄河青海流域，以河湟文化为代表的黄河文化基因得以传承创新，彰显了河湟文化的多样性和多元化。

总之，生态经济是青藏高原建设中国式现代化的必由之路，是实现人与自然和谐共生的重要途径，是坚持绿色低碳循环产业发展、建设具有本地特色现代化经济体系的必然选择。厚植青藏高原生态经济根基，青海要以绿色为底色、创新为动力、融合为路径，推动生态保护和高质量发展取

得新成就。要把发展生态经济作为青藏高原推进生态保护和高质量发展的根基和引擎，咬定目标、脚踏实地，踔厉奋发、笃行不息，赓续前行、奋楫争先，走好中国式现代化的青海之路。

（作者分别为青海民族大学经济与管理学院教师、学生，文章刊自《青海日报》）

新时代用好调查研究传家宝的实践路径

许 晓 李海明

调查研究是中国共产党领导中国革命、建设和改革的谋事之基、成事之道，关乎党和人民事业的兴衰成败。党的十八大以来，以习近平同志为核心的党中央坚持把调查研究置于治国理政方略的重要位置，明确指出"调查研究是我们党的传家宝，是做好各项工作的基本功"，并形成了一系列关于调查研究的新观点、新论断，极大地丰富和发展了调查研究的思想内涵。新时代新征程，我们要学习贯彻习近平总书记关于调查研究的重要论述，在全党大兴调查研究之风，坚持求真务实、做到实事求是，增强调查研究的思想自觉和行动自觉，不断提高调查研究能力，更好推动强国建设和民族复兴。

一、持续推进"一新"，夯实调查研究思想基础

调查研究是干好各项工作的基础方法，是一项实践性、创造性很强的社会活动。我们党的历史，就是一部不断推进马克思主义中国化的历史，就是一部不断推进理论创新、进行理论创造的历史。做好调查研究，既要坚持科学理论的指导，也要在做好调查研究的基础上，持续不断地推进调查研究理论创新。

筑牢调查研究理论创新的基础。调查研究理论不是书斋里的经学，而是致力于全面准确地认识和分析客观实际的理论。理论形成的基础在于调查研究的实践，创新和发展的基础也在于调查研究的实践。因此，新时代的调查研究理论创新必须立足于中华大地上的调查研究实践，从实践中总结用于指导调查研究、促使调查研究更加深入细致的新经验、新方法，并在实践中检验关于调查研究的新认识、新观点。

展现调查研究理论创新的增量。要以马克思主义经典作品的调查研究观为思想前提，以中国共产党调查研究的发展进程为历史基础，以推进中国特色社会主义事业为现实导向，创新调查研究理论的内容、形式，拓展调查研究理论的内涵、价值，更加清晰地回答新时代为什么要加强调查研究、调查研究什么、如何进行调查研究等问题，在既有调查研究理论的基础上扩大理论创新的增量。

抓住调查研究理论创新的关键。调查研究理论创新的关键在于党员干部和理论工作者主观能动性的发挥。要坚持理论创新和实践探索良性互动，组织专家学者对调查研究的相关文献、相关制度进行研究、论证，跟踪、破解党员干部在调查研究实践过程中遇到的重点、难点问题。特别是要加强改革调查研究，加大改革抓落实力度，调动各方面改革积极性，在大变局中保持战略定力、把握发展趋势，实现解放思想与改革开放相互激荡、观念创新和实践探索相互促进。

二、高度重视"二化"，健全调查研究保障机制

习近平总书记指出："在坚持和加强调查研究方面，我们党相继制定了一系列行之有效的制度。要在实践中大力弘扬、健全完善、抓好落实，使调查研究真正成为各级领导干部自觉的经常性活动。"调查研究不是一劳永逸的，而是一项长期性工作。只有将调查研究常态化、制度化，才能实现这项工作的长效化。

推进调查研究常态化。常态化意味着坚持不懈、持续有效地抓好调查研究，重在指向调查研究的日常性与时效性。没有调查，就没有发言权，更没有决策权。对党员干部而言，要提高决策的正确性、严谨性，必须确保调查研究工作的质量，让调查研究成为一种工作常态。这就需要深刻认识调查研究的重要性、必要性，夯实党员干部常态化开展调查研究意识，进而从工作规划、人员配置、时间分配上增强调查研究分量，为调查研究提供全方位保障，使调查研究真正成为各级领导干部主动自觉的经常性工作。

推进调查研究制度化。制度化意味着以规章制度的方式将调查研究的职责、任务、原则、方式等固定下来，重在指向调查研究的规范性、稳定性与有序性。其一，坚持和完善重要决策调研论证制度。把调查研究贯穿于决策的全过程，严格执行调查研究相关程序，坚持做到不调研不决策、先调研后决策。其二，坚持和完善调研工作制度。通过健全调研工作考核、评估、奖惩制度，促进党员干部率先垂范，熟悉和掌握调研对象实际情况进而作出科学判断和决策。其三，坚持和完善领导干部联系点制度。促进领导干部定点联系基层群众、蹲点考察实际问题，在践行群众路线过程中发现影响经济社会高质量发展和人民生活水平提高的症结。

三、深刻把握"三实"，明确调查研究工作导向

习近平总书记指出："开展调查研究的目的是把事情的真相和全貌调查清楚，把问题的本质和规律把握准确，把解决问题的思路和对策研究透彻。"这说明，在调查研究过程中察实情、谋实招、干实事，才有可能达到习近平总书记强调的调查研究的目的。

坚持察实情。察实情，就是要突出问题导向，带着问题去调查研究，深入实际、深入基层、深入群众，掌握反映实际情况和人民群众需求的第一手材料，确保把事情真相和全貌调查清楚，做到心中有数；事实表明，只有在那些愿意听真话、能听真话的人面前，人们才敢于讲真话、乐于讲真话。因此，要乐于听真话、听逆耳之言，在讲真话、听真话中提升调查研究的质量。

坚持谋实招。谋实招，就是在察实情的基础上，集合众智研究出具体的、有针对性的、切实可行的解决问题的办法，努力使对策建议有的放矢、切中要害，不空喊口号、坐而论道；聚焦新时代党和国家事业发展的目标任务，紧密结合地方工作大局，提出具有前瞻性、战略性、系统性的意见和建议，不提不切实际或超越发展阶段的目标任务。

坚持干实事。干实事，不是"想一出干一出"，也不是不加思考地"埋头干"，而是通过调查研究，在察实情、出实招基础上的务实行动。因此，要抓住关键环节、明确主攻方向，敢于担当、勇于创新，多干暖民心、顺民心、得民心、稳民心的实事，不搞轰轰烈烈、空空洞洞的形式主义，不图虚名、不务虚功，切实干出成绩，实打实促进调查研究成果的有效转化。

四、着重锻炼"四力"，增强调查研究工作本领

做好调查研究，需要相应的能力基础。习近平总书记指出："宣传思想干部要不断掌握新知识、熟悉新领域、开拓新视野，增强本领能力，加强调查研究，不断增强脚力、眼力、脑力、笔力，努力打造一支政治过硬、本领高强、求实创新、能打胜仗的宣传思想工作队伍。"这一要求对于增强党员干部调查研究工作本领同样重要。"脚力、眼力、脑力、笔力"是一个

内涵丰富、环环相扣、紧密联系的有机整体，体现了宣传思想干部和每一位调查研究者应具备的能力素质。

增强下马观花的脚力。要不畏艰险、不辞辛劳，力戒形式主义、官僚主义，多到困难多、群众意见集中、工作打不开局面的地方和单位调研，坚决纠正浮光掠影、走马观花，浅尝辄止、不求甚解的不良习惯，不搞人到心不到的"蜻蜓点水"式调研；不搞作指示多、虚心求教少的"钦差"式调研；不搞调研自主性差、丧失主动权的"被调研"；不搞到工作成绩突出的地方调研多、到情况复杂和矛盾突出的地方调研少的"嫌贫爱富"式调研，真正做到"行万里路""脚下有泥土"，全面了解情况，深入研究问题。

增强精细入微的眼力。要注重调查研究的有效性，不仅要重调查，更要重分析研究，能够综合提炼、见微知著、管窥全豹。"见微知著、管窥全豹"要求我们在开展调查研究时，要入细入微，有"一叶知秋"的敏锐，善于从群众的衣食住行、精神面貌、生活环境的细微之处发现问题、了解实情，从群众的牢骚话、质疑声中听出真实诉求、真实期盼，练就一双善于调查研究的"火眼金睛"。

增强行成于思的脑力。从解决实际问题出发，针对调研情况的核心内容，勤加思考、多加分析、善于总结，避免只将调查了解的情况作简单记录，"调"而不"研"、"研"而不"究"。在这个过程中，要善于运用解剖麻雀的方法，把了解到的真实情况和问题分解为各个方面、各个部分，通过层层剖析、深挖根源，把感性认识上升到理性认识，全面、准确把握问题的规律和实质，真正实现知其然更知其所以然。

增强文从字顺的笔力。脚力、眼力、脑力都要通过笔力来体现，笔力可谓是调查研究工作者综合素质的集中体现，反对大而化之、空洞抽象。要在全面真实摸清底数、查准问题的基础上，追根本、理脉络、求确证，写出深入浅出、言简意赅、观点鲜明的调研报告，切实将调研成果转化为解决问题、改进工作的具体思路和务实举措，真正做到多献务实之策、多谋长远之计。

五、切实增强"五度"，确保调查研究扎实有效

提升调查研究高度。搞好调查研究，要提高政治站位，增强服从大局、服务全局的自觉性，始终坚持以党和国家事业为重，以人民根本利益为重，将调研工作重心放在紧紧围绕党和国家中心工作上，进而找准切入点和着力点，积极作为，为积极破解发展面临的各种难题、化解来自各方面的风险挑战和巨大压力保驾护航。

拓展调查研究广度。强化广泛联系、纵横拓展思维，多层次、多方位、多渠道调查了解情况，既要调查机关，又要调查基层；既要调查干部，又要调查群众；既要解剖典型，又要了解全局；既要到工作局面好和先进的地方去总结经验，又要到困难较多、情况复杂、矛盾尖锐的地方去研究问题，从而提高调查研究对象的广泛性，从中找出解决问题的新视角、新思路和新对策。

突出调查研究精度。以精准化为引领，精准指向调查研究的对象、要素和环节。具体包括对调查研究的对象进行精确化认识，对调查研究内容进行精细化制定，对调查研究行动进行明确划分，从而在对调查研究工作进行精雕细琢的基础上，充分优化调研主题、调研线路和调研方案，确保顺利实现各项调研目标。

涵养调查研究温度。党员干部要把调查研究当作积极主动的"作为"，而非消极被动的"任务"，努力做到放下架子、扑下身子，接地气、通下情，带着情感温度贴近群众、深入群众，注重与人民群众的共情沟通，从而以强烈而真挚的情感感化群众，让群众畅所欲言，表达真实意愿、反映真实情况。

增强调查研究效度。调查研究要注重实效，使调研的过程成为加深对党的创新理论领悟的过程，成为保持同人民群众血肉联系的过程，成为推动事业发展的过程。为此，要坚持效果导向，深刻把握调查研究目标维度的价值导向，深入总结调查研究的规律和经验，持续推动调查研究的适用性模式及其体系拓展，以确保在实践中获取大量客观、真实、有效的信息，不断增强调查研究的实效性。

（作者分别为山东大学马克思主义学院学生、青海民族大学马克思主义学院教师，文章刊自《青海日报》）

大学之"大"与大学之"学"

马维胜

党的二十大报告指出:"教育、科技、人才是全面建设社会主义现代化国家的基础性、战略性支撑。"这一论断为新时代新征程加快建设教育强国指明了奋斗方向、提供了行动纲领。要践行这一论断,对于大学而言,就是要为国家、民族、社会发展进步服务。

大学之"大",大在"学"上

在大学,"学"无处不在,学堂、学时、学年、学分、学位……大学实际上就是围绕"学"字,建构体系,营造环境。大学的一切,都离不开"学"字。

大学之大,大在学者。清华大学老校长梅贻琦先生曾说:"所谓大学者,非谓有大楼之谓也,有大师之谓也。"大学汇聚了一大批睿智的专家学者,他们在各自不同的学科领域著书立说、潜心学术,用各种渠道传播科学信仰、弘扬优秀文化、启迪美好心灵、讲授知识技能。师资队伍既是大学的战略性资源和安身立命之本,也是建设一流大学的关键因素和重要支点。

大学之大,大在学术。"大学者,研究高深学问者也。"大学是知识的海洋、学术的高地,是人类智慧的重要象征。在新发展阶段,大学要实现从外延式发展向内涵式发展转变,必须在精准把握自身发展现状的基础上,积极创新完善学校学术治理体系建设,推进内部治理改革。

大学之大,大在学科。大学具有学术、文化和教育等属性,学术性集中体现在对高深知识的探究和追求上,文化性体现在对知识的保存、传承和发展方面,教育性则体现在培养社会所需要的各类人才上,这些要素合起来就构成了大学的基本细胞——学科。大学的办学水平和核心竞争力取决于学科建设。在一定程度上，办大学就是办学科。

大学之大，大在学子。学生是学校存在的最根本缘由，是学校教育教学活动的主体。中国特色社会主义大学要为党育人、为国育才，落实立德树人根本任务，必须以习近平新时代中国特色社会主义思想为指引，坚持社会主义办学方向，坚持服务国家重大战略和社会发展需要，坚持"以人为本"，高质量培养德智体美劳全面发展的社会主义建设者和接班人。

大学之大，大在学风。学风是学校治学之风、教学之风以及学习之风的总和。党的二十大报告明确提出："建设全民终身学习的学习型社会、学习型大国。"大学的学风建设就是要让学生实现从"学好"向"好学"的转变，用优良的学风培养学生勤奋刻苦的精神，磨炼学生的学习意志，增强学生的学习主动性，帮助他们树立终身学习的理念和习惯。

大学之"学"，学以致"大"

大学何以成其大，主要是通过大学之"学"致其之"大"。

开拓大视野，勇担使命。当前，中华民族伟大复兴进入了不可逆转的历史进程。身处这种特殊的历史时刻，大学必须肩负起历史使命和时代担当，使各项事业的后继者更优更强，成为能够更好地传承和促进人类文明的人。这是大学对国家和社会的重大贡献，也是大学的至高荣誉。

开阔大胸怀，培养大格局。胸襟壮阔，虚怀若谷，尊贤容众，包容彼此之不同，欣赏个性多样之精彩，是大学最需要彰显的特质。民族院校、民族地区高校，是各民族交流交往交融的好平台，广大师生应当树立正确的民族观，必须像石榴籽那样紧紧抱在一起，在中华民族共同体建设中展现重大作为。

培育大情怀，塑造理想人格。大学教育不仅仅包括专业知识和技能的学习，健康的人格、健全的心灵、美好的品格等都是大学的培养目标。大学的学者和学子在人生态度、行为风尚等方面，应当自觉将个人价值追求融入党和人民的事业之中，追求更有高度、更有境界、更有品位的人生。

新的赶考路上，大学的责任重大、使命光荣。当前，广大高等教育工作者要深刻把握教育强国的中国特色和本质要求，把思想认识转化为真抓实干的动能和效能，办好人民满意的教育，为全面建设社会主义现代化国家、全面推进中华民族伟大复兴作出新的更大贡献。

（作者为青海民族大学党委副书记、校长，文章刊自《中国教育报》）

三江源地区人与自然和谐共生现代化的科学实践

赵 艳

党的十八大以来,习近平总书记站在中华民族永续发展的高度,在几代中国共产党人不懈探索和艰辛实践的基础上,以前所未有的力度抓生态文明建设,首次将生态文明建设作为统筹推进"五位一体"总体布局和协调推进"四个全面"战略布局的重要内容,深刻把握人类文明和当今中国所处的历史方位和发展大势,科学提出了以人为本、人与自然和谐共生为核心的生态理念和以绿色为导向的生态发展观,形成了以习近平生态文明思想为核心的极具中国特色的新时代生态文明建设理论,推动我国生态环境保护发生历史性、转折性、全局性变化。过去十年,我国以年均3%的能源消费增速支撑了平均6.6%的经济增长。全国地级及以上城市细颗粒物(PM2.5)年均值由2015年的46微克/立方米降至2021年的30微克/立方米,成为全球大气质量改善速度最快的国家。新时代我们全方位、全地域、全过程加强生态环境保护系统谋划和生态文明体制改革,加大生态系统保护修复力度,坚定不移走生产发展、生活富裕、生态良好的文明发展道路。

2016年习近平总书记在青海考察时,用"三个最大"凸显青海生态的重要性,即"青海最大的价值在生态、最大的责任在生态、最大的潜力也在生态"。青海地处的青藏高原是地球第三极,是世界高海拔地区生物多样性、物种多样性、基因多样性、遗传多样性最集中的地区之一,也是国家重要的生态功能区和生态屏障区,被誉为"山宗水源"之地的三江源地区位于青藏高原腹地,这里地理环境特殊,生态敏感脆弱,对经济社会发展形成严重约束,生态保护与经济社会发展的矛盾突出。一直以来,三江源地区经济社会发展在我国区域发展格局中处于整体滞后的状态。必须认识到,三江源乃至整个青藏高原区域生态保护与经济社会发展的关系具有特殊性,处理好特殊环境下人与环境的关系问题,应对好实现人与自然和谐共生面临的困难,也具有特殊的意义。一方面,保护好三江源地区生态环境事关国家生态安全战略,对于我国乃至亚洲的可持续发展具有重要意义。另一方面,在我国全面建成社会主义现代化强国的战略背景下,三江源乃至整个青藏高原地区的经济社会发展,同样事关我国社会主义现代化强国建设和中华民族伟大复兴战略,因此,走人与自然和谐共生的现代化道路对于三江源乃至青藏高原区域而言是必然选择和必须路径。

大自然是人类赖以生存和发展的基本条件,尊重自然、顺应自然、保护自然是全面建设社会主义现代化国家的内在要求。青藏高原生态保护和建设是实施黄河流域生态保护和高质量发展战略及建设人与自然和谐共生中国式现代化的重要内容。习近平总书记多次对青藏高原生态文明建设作出重要指示,在中央第七次西藏工作座谈会上指出:"保护好青藏高原生态就是对中华民族生存和发展的最大贡献。""要牢固树立绿水青山就是金山银山的理念,坚持对历史负责、对人民负责、对世界负责的态度,把生态文明建设摆在更加突出的位置,守护好高原的生灵草木、万水千山,把青藏高原打造成为全国乃至国际生态文明高地。"习近平总书记致信祝贺第二次青藏高原综合科学考察研究启动时指出:"青藏高原是世界屋脊、亚洲水塔,是地球第三极,是我国重要的生态安全屏障、战略资源储备基地,是中华民族特色文化的重要保护地。开展这次科学考察研究,揭示青藏高原环境变化机理,优化生态安全屏障体系,对推动青藏高原可持续发展、推进国家生态文明建设、促进全球生态环境保护将产生十分重要的影响。"习近平总书记致第一届国家公园论坛的贺信中指出:"生态文明建设对人类文明发展进步具有十分重大的意义。近年来,中国坚持绿水青山就是金山银山的理念,坚持山水林田湖草系统治理,实行了国家公园体制。三江源国家公园就是中国第一个国家公园体制试点。中国实行国家公园体制,目的是保持自然生态系统的原真性和完整性,保护生物多样性,保护生态安全屏障,给子孙后代留下珍贵的自然资产。这是中国推进自然生态保护、建设美丽中国、促进人与自然和谐共生的一项重要举措。"

在习近平生态文明思想指引下,三江源地区坚持生态保护优先,走绿色发展之路。我国继《长江保护法》之后又制定《黄河保护法》这部流域性法律，《中华人民共和国青藏高原生态保护法》由第十四届全国人民代表大会常务委员会第二次会议于2023年4月26日通过，将于今年9月1日起正式实施，为三江源地区生态保护保驾护航。2005年国家启动三江源自然保护区生态保护和建设工程，退牧还草、减少牲畜、生态移民、黑土滩治理等工程措施有效遏制了青藏高原生态系统的恶化。2016年启动三江源国家公园体制试点，2021年10月建成面积最大的三江源国家公园，如今祁连山国家公园全面完成试点，青海湖国家公园创建工作启动，以国家公园为主体的自然保护地体系建设取得突出成就，可可西里成功入选世界自然遗产名录。2003年以来，国家对三江源生态保护投入累计超过300亿元，给三江源国家公园投入超过47亿元。牧民群众从三江源生态保护中得到实实在在的利益，草补政策、生态公益岗位等使牧民吃上生态饭，加上良好的公共服务保障，使得三江源社会发展实现历史性跨越。在三江源国家公园的建设过程中，国家已经考虑到了国家公园内的人地并存问题，把原居民留在国家公园内，融入国家公园的建设过程中同步发展，这是中国式现代化发展模式的一个缩影，是一种中国式的环境治理实践，让原住居民从社会文化、经济发展、生态管护等各方面融入国家公园建设，实现参与式发展，在体制试点之时就为原住居民安排17211个生态管护公益岗位，将游牧民转变为生态管护员，成为生态管护的主体，这是一种非常体现以人为本的发展模式选择。据调查，目前黄河源头地区的野生动物已从过去记载的17目29科78种增加到21目46科106种，尤其大型食草动物藏野驴、藏原羚、白唇鹿数量增加较快，仅藏野驴数量就达到2万多匹，食草野生动物约12万羊单位。

  青藏高原特殊生态环境背景下处理人与自然关系的成功实践，是中国式现代化道路中人与自然和谐共生现代化的重要内容，是中国道路、中国智慧、中国特色、中国方案在青藏高原生态文明建设中的具体体现和反映，对于我们在全面建设社会主义现代化国家的新征程上实现更高水平的生态文明具有重要价值。我们要坚持山水林田湖草沙冰一体化保护和系统治理，统筹产业结构调整、污染治理、生态保护，应对气候变化，协同推进降碳、减污、扩绿、增长，推进生态优先、节约集约、绿色低碳发展，打造生态文明高地，为中华民族永续发展做出青海贡献。

（作者为青海民族大学科研管理处教师，文章刊自《青海日报》）

打造国际生态旅游目的地的几点思考

马延孝

  青海要抓住"打造国际生态旅游目的地"这一难得历史机遇，推动旅游业可持续发展，促进经济社会协调发展，全力以赴推动高质量发展、创造高品质生活取得新成效。

  一是充分认清打造国际生态旅游目的地的现实价值，紧紧抓住推动青海省高质量发展的大好机遇。打造国际生态旅游目的地，既能保护地球"第三极"的生态环境，又能展示大美青海的无限风光；既能促进"世界屋脊"世居各民族交往交流交融，又能推动以昆仑文化、河湟文化为代表的河源文化的传承与发展；既能带动偏远地区基础设施的建设，又能改善青藏高原各民族的民生福祉。打造国际生态旅游目的地对于保护生态环境、促进民族团结、传播优秀文化、推动乡村振兴等具有积极的推动作用。打造国际生态旅游目的地旨在协调生态保护与旅游开发之间的关系，促进青海省高质量发展目标的实现，进而建立生态保护和旅游发展统筹推进、持续发展新体系，构建经济社会发展和生态环境保护、生态文明建设相互支持、相互促进新模式。青海要紧紧抓住这一历史机遇，将打造国际生态旅游目的地作为推动全省经济社会发展的重要内容落实好。

  二是准确掌握青海省独有的特色优势，构建青海省生态旅游发展的崭新模式。打造国际生态旅游目的地不仅是推动青海旅游高质量发展的重大任务，更是促进全国生态文明建设、深化生态旅游发展的积极探索。要实现生态资源优势驱动经济社会发展，大力培育生态旅游衍生的自然教育、生态研学、康养度假、科普考察、文化创意等关联产业，形成具有国际影响力的生态旅游产业体系。加大生态旅游产业融合开放力度，大力实施"生态旅游+"和"+生态旅游"战略，孵化一批新产业新业态，开发一批符合市场需求的好项目好产品，提升绿色资源的生产力和竞争力。及时评估国际生态旅游目的地的建设绩效，完善打造国际生态旅游目的地行动方案，推动青海省生态保护与经济社会协同发展。

三是率先启动国际生态旅游目的地建设试点，迈出打造国际生态旅游目的地的关键一步。根据生态价值地区差异性较大的现状，打造国际生态旅游目的地应该具有个性化标准。在深入了解省内生态旅游发展成效的基础上，先启动几个生态旅游开发较为完善的地区开展打造国际生态旅游目的地的试点工作。青海湖、昆仑山、三江源等地区生态资源丰富，基础设施较为完善，国际知名度较高，品牌形象较好。可在这些地区和景点开展试点工作，形成可复制、可推广的经验、模式，再带动省内其他地区全面打造国际生态旅游目的地。

四是认真做好生态旅游目的地打造与乡村振兴战略实施的深度结合，推动青海省生态旅游富民工作的稳步开展。打造国际生态旅游目的地是青海乃至青藏高原旅游开发空间结构的优化和升级。要充分挖掘打造国际生态旅游目的地与落实乡村振兴战略的内在联系，将打造国际生态旅游目的地与乡村振兴战略实施有机结合起来、统筹考虑、协同推进。通过进一步建设和完善高标准的基础设施和服务体系，充分利用打造国际生态旅游目的地对生态旅游发展及相关产业的带动作用，缩小区域、城乡收入差距，形成具有青海品牌、高原特色的生态旅游线路和产品，让生态旅游逐步成为现代服务业的龙头，提升全省人民的幸福指数。

五是高度重视打造国际生态旅游目的地的人才需求，打造一支业务精湛的人才队伍。打造国际生态旅游目的地不同于以往生态旅游的低层次开发，而是在推动地区生态旅游发展基础上实现生态旅游建设和发展的升级和优化。作为发展生态旅游目的地的先行省份，必须要具备相应规模和结构的人才储备，培养一批能够满足打造国际生态旅游目的地工作需要的人才队伍。从发展生态旅游人才结构、数量及质量上来看，目前青海省的人才储备与人才要求仍有较大差距。制定旅游高层次人才培养计划势在必行，应重点培养紧缺的旅游规划、管理、营销等方面的高层次人才。要深化校企合作，推动人才培养模式改革，实现旅游人才的供需平衡。优化旅游行业人员的薪酬制度，完善旅游行业福利制度，增强旅游从业人员的安全感与自信心。

六是全面理解打造国际生态旅游目的地的空间特征，实施省内外跨区域联合发展策略。将生态资源与旅游开发相结合，以构建全新的旅游目的地形象为目的，需要整合青海乃至青藏高原生态旅游资源以及支撑目的地旅游建设和发展的各项要素。以打造国际生态旅游目的地为契机，进一步推动全国生态旅游目的地的建设，实现生态文明与生态旅游的协同发展。就统筹而言，打造国际生态旅游目的地必然是大范围和大尺度的，突破地域限制，打破地域壁垒，实现区域内的联动发展，构建跨青、甘、川、藏四省区的全新生态旅游目的地空间格局，推进生态旅游目的地群的建设，从而实现跨区域合作的常态化发展模式。这不仅关乎青海省打造国际生态旅游目的地，也关系到全国旅游业发展的整体布局。

七是深刻认识参与式发展体系的重要性，建设打造国际生态旅游目的地的多元参与机制。参与式发展体系是协调相关利益主体之间关系的有效措施，不仅能激励社区群众参与国际生态旅游目的地建设效益的共建共享，还能推动其参与国际生态旅游目的地建设项目的决策、规划、管理和运营以及监督全过程。打造国际生态旅游目的地的多元参与机制，要求政府、市场、社区以及居民等主要相关利益者有序、广泛参与生态旅游目的地建设。有效的、参与式生态旅游目的地项目建设是以实现生态环境保护、生态系统安全、经济社会高质量发展等为目标的，要在构建与完善参与机制的基础上，积极探索打造国际生态旅游目的地的多元参与模式，将构建国际生态旅游目的地与实现多元参与机制有效结合起来，并依托相关利益者的广泛参与，深入推进青海多元主体共同参与的国际生态旅游目的地建设。

（作者为青海民族大学旅游学院教师，文章刊自《青海日报》）

以党的自我革命为青海发展提供坚强保障

刘进龙

习近平总书记在党的二十大报告中明确指出："经过不懈努力，党找到了自我革命这一跳出治乱兴衰历史周期律的第二个答案，自我净化、自我完善、自我革新、自我提高能力显著增强。""第二个答案"是对新时代党的自我革命成功实践的深刻总结，阐明了党的自我革命和伟大事业之间的必然联系和内在机理，对于回答中国共产党过去"何以可能"、未来"何以可为"这一重大历史命题具有深刻启示。在新征程上，要不断推进党的自我革命向纵深发展，以党的自我革命引领社会革命，以"第二个答案"在新的赶考之路上取得更大成就。

一、勇于自我革命是中国共产党区别于其他政党的鲜明品格

中国共产党是以无产阶级建党原则建立起来的马克思主义政党，自然内涵了马克思主义政党的自我革命的天然政治基因。在无产阶级政党的理论探索和具体实践中，马克思、恩格斯强调，无产阶级"只有在革命中才能抛掉自己身上的一切陈旧的肮脏东西，才能成为社会的新基础"，只有与"传统的所有制关系"和"传统的观念"实行最彻底的决裂，才能实现共产主义。

敢于、善于同自身的错误进行斗争与革命，是中国共产党夺取伟大社会革命成功的关键所在。在党的生死攸关的关键时刻，党在八七会议、遵义会议上直面问题、修正错误，在伟大自我革命中使我们的事业转危为安。进京赶考后，中国共产党人清醒地认识到党的先进性不是一劳永逸的，一旦丧失人民属性，党就会沦为特定利益集团的代表，就会被历史和人民所抛弃。我们党自觉运用自我革命的方法纠正思想错误、应对实践挫折，如新中国成立初期整党整风运动严肃批评与处理党员干部队伍中存在的贪污、浪费、官僚主义等腐化堕落行为；在改革开放时期勇于解放思想，坚持实事求是，实现思想路线的拨乱反正等。可以说，勇于自我革命是我们党最鲜明的品格，"第二个答案"不仅是无产阶级政党所赋予的独特政治基因，也是中国共产党在长期斗争实践中总结的制胜之道。

二、扎实推进全面从严治党这一新时代党的自我革命的关键之举

习近平总书记指出："全面从严治党是新时代党的自我革命的伟大实践，开辟了百年大党自我革命的新境界。"中国特色社会主义进入新时代，党的自我革命进入一个新的历史阶段。党的十八大以来，面对"四大考验"和"四种危险"对党的长期执政提出的挑战，以习近平同志为核心的党中央把全面从严治党纳入四个全面的战略布局，以制定和落实中央八项规定开局破题作风建设，持续推进党风廉政建设和反腐败斗争。

青海从执行中央八项规定入手，整治"会所里的歪风"，刹住"车轮上的腐败"，以强烈的使命担当，开展了史无前例的反腐败斗争，党内政治生态明显改善。全面从严治党，青海态度坚决、旗帜鲜明，进一步认清当前党风廉政建设和反腐败斗争的严峻性、紧迫性，牢记"两个永远在路上"，近期对标中央要求，突出从严从实，修订《省委省政府贯彻落实中央八项规定及其实施细则精神的若干措施》，把贯彻落实中央八项规定精神，深化全面从严治党、从严治吏作为正在开展的主题教育青海实践的载体，持续加强作风建设，紧紧围绕以案促改专项教育整治和作风突出问题专项整治，把严的基调、严的措施、严的氛围长期在青海坚持下去、见到实效。可以说，专项教育整治是一次刀刃向内革除弊病、刮骨疗毒的行动，本质上是党要管党、全面从严治党在青海的具体体现，是党的自我革命在青海的生动实践。

汲取深刻教训，切实以案为鉴，扎实开展教育整治，从加强政治建设、狠抓纪律建设、推进作风建设、强化组织建设、深化制度建设等方面作出系统安排部署，以强化纪律教育、强化政治监督、强化风腐一体查、强化长效机制建设为重点，把握作风建设地区性、行业性、阶段性特点，抓住普遍发生、反复出现的问题深化整治，发布全省党员干部违规吃喝"十严禁"，坚持从政治上看、政治上抓、政治上查，狠刹吃喝歪风，坚决铲除滋生作风之弊、行为之垢的温床。围绕重点全面深入排查风险隐患，逐项列出"风险点清单"，靶向制定针对性防控措施，实现内容上全涵盖、对象上全覆盖、责任上全链条、制度上全贯通。建立问题线索集中管理、集中研判、重点督办、提级审核、定期调度、通报曝光等工作机制，对违反中央八项规定精神问题零容忍、严惩戒，在全省持续释放动真碰硬、一严到底的强烈信号，推进全面从严治党、从严治吏在青海大地走深走实。

习近平总书记在党的二十大报告中强调："全党必须牢记，全面从严治党永远在路上，党的自我革命永远在路上，决不能有松劲歇脚、疲劳厌战的情绪。"迈向新征程，要以执着和定力打好自我革命攻坚战、持久战，全省各地各部门要时刻保持坚持党的自我革命、全面从严治党的政治自觉，要时刻保持以案为鉴的思想自觉，切实把思想和行动统一到党中央决定精神和省委工作要求上来，以心中有党、心中有民、心中有责、心中有戒的绝对清醒，以严的标准、实的举措、铁的纪律促进全面从严治党走深走实，持续推进作风建设常态化长效化，以务实举措整治出一个新气象，以党的自我革命为青海发展提供坚强保障。

（作者为青海民族大学马克思主义学院教师，文章刊自《青海日报》）

扎实推进党史学习教育融入高校思政课

杨 颖

历史是最好的营养剂，在全社会普及党史知识意义重大。新时代开展党史学习教育，旨在以党的光辉历史进行深刻的思想淬炼，帮助广大党员干部群众筑牢理想信念，强化初心使命，以昂扬姿态为全面建设社会主义现代化国家赓续奋斗。高校思政课是落实立德树人根本任务的关键课程，我们要推动学习贯彻习近平新时代中国特色社会主义思想主题教育走深走实，推进党史学习教育融入高校思政课常态化长效化，进一步增强新时代大学生的责任心和使命感。

第一，发挥思政课的理论优势增强学生对党史的理解。中国共产党的百年历程就是为争取民族独立、人民解放和国家富强而接续奋斗的历史。开展党史学习教育就是要从中真切领悟中国共产党为什么"能"、马克思主义为什么"行"和中国特色社会主义为什么"好"的深刻道理，在不断增强理论自觉和思想自觉的同时增强行动自觉，让青年学子在奋发有为中践行初心使命。马克思曾指出："理论只要说服人，就能掌握群众。"高校思政课推动党史学习教育常态化长效化，需要增强理论学习的针对性和实效性。一是要深入系统研究中国共产党百年来的奋斗历程，深刻阐释中国共产党百年来坚守初心担当使命实现人民美好生活的内在逻辑，进一步增强高校思政课党史教学的理论优势。二是要将教材体系转化为教学体系，中国共产党百年来气势恢宏的光荣历史已经写进教材体系中，我们要与时俱进更新教学思路，将教材话语转化为教学话语，根据教学特点转化为学生易于接受的内容，打造富有深度和温度的品质课堂，提升思政课价值观育人的亲和力和针对性，让广大青年学生在感悟中国共产党百年征程中坚定"四个自信"，增强历史定力，深刻领会新时代党的创新理论的思想伟力，自觉运用党的创新理论最新成果武装头脑、指导实践。

第二，创新教学方法丰富党史学习教育的方式。党史学习教育是以党史知识为载体而进行的思想洗礼和价值观教育，整个过程是知识性和价值性的有机衔接。因而，推动党史学习教育常态化长效化就要做到学有所思、学有所悟、学有所得，就要既注重内容和形式的创新又注重学习方法的创新。新时代高校思政课改革创新的重要一环便是教学方法的创新，经过长期的实践探索已经积累了行之有效的教学模式，为丰富党史学习教育形式、提升思政课教学质量创造了良好平台。高校思政课教学改革创新中的问题链教学、参与式研讨教学、情景式教学等教学模式，能实现教师主导性和学生主体性的有机统一，打破传统教学的沉闷状态，能充分调动学生参与课堂的积极性、主动性和创造性。特别是伴随教育信息化水平的提高，推动现代信息技术与课堂教学的融合成为提升高校思政课教学质量的有效方式。如今线上教学、线下教学、混合式教学等多元教学模式体现了以学生为中心的现代教育理念，创新丰富党史学习教育的方式，对提升党史学习教育实效大有裨益。

第三，用好红色资源增强党史学习教育的实效性。中国共产党百年辉煌历程留下了太多可歌可泣的故事和珍贵的历史遗迹，是我们传承红色基因、赓续革命薪火的最好资源。我们学习党的百年历史，要用好党的红色资源、讲好党的故事，把这些红色资源作为坚定理想信念、加强党性修养的生动教材，把先辈为之奋斗、为之牺牲的伟大事业奋力推向前进。青年兴则国家兴，青年强则国家强，新时代大学生肩负为中华民族伟大复兴而砥砺奋斗的时代使命。高校思政课不仅要从理论上深刻阐释中国共产党百年征程的理论逻辑、历史逻辑和实践逻辑，而且要从实践上触动学生深刻领悟共产党人百年永葆初心、永担使命的理想信念，进一步净化思想、提升境界。一是要发掘、保护和利用好红色文化资源，让红色文化资源所承载中国共产党革命史、奋斗史、建设史的历史光辉通过学习教育在新时代绽放出独具魅力的价值，从而促进青年学子在坚定历史自信中增强历史主动。二是推动高校思政课改革创新，把思政小课堂与社会大课堂结合起来，为思政课开展红色资源实践提供有利条件，在思政课程与课程思政融合创新中增强铸魂育人实效，让新时代青年在党史学习教育中汲取精神养分，以只争朝夕不负韶华的顽强斗志，矢志不渝为实现中华民族伟大复兴的中国梦而不懈奋斗。

（作者为青海民族大学马克思主义学院教师，文章刊自《青海日报》）

统筹推进新时代"五位一体"总体布局建设更高水平平安青海

马文祥 闫志敏

党的十八大以来,以习近平同志为核心的党中央把平安中国建设置于中国特色社会主义事业发展全局中进行谋划和推进,社会治理社会化、法治化、智能化、专业化水平大幅度提升,人民群众获得感、幸福感、安全感更加充实、更有保障、更可持续,发展了人民安居乐业、社会安定有序的良好局面,续写了社会长期稳定的奇迹。平安青海建设是平安中国建设的应有之义,青海省认真贯彻习近平总书记关于平安中国建设重要指示精神。今年4月,省委书记陈刚在省委政法委、省公安厅调研时强调,要深入贯彻党的二十大精神,以深入开展学习贯彻习近平新时代中国特色社会主义思想主题教育为牵引,全面落实习近平法治思想,坚持问题导向、目标导向、结果导向,聚力"十个一"夯实平安青海建设根基。之后,省委全面依法治省委员会守法普法协调小组根据我省"八五"普法规划,制定印发了《深化"法律九进"助推平安青海法治青海建设实施方案》,旨在深入推进法律进机关、进学校、进企业、进社区、进乡村、进军营、进家庭、进网络、进宗教活动场所等"法律九进"活动规范化、精准化、常态化,提升法治宣传教育的针对性和实效性,助推平安青海法治青海建设再上新台阶。这一系列重要举措是我省学习贯彻习近平总书记关于平安中国建设重要指示精神的体现。我们要进一步增强忧患意识,树牢底线思维,坚持问题导向,补齐短板弱项,以科学化的机制和常态化、法治化的理念,把工作做在日常、做到基层,着力建设更高水平的平安青海。

省委书记陈刚指出:"要走好符合青海实际、具有青海特点的团结稳定之路，树牢团结稳定底线，统筹推进平安青海建设、民族团结、经济发展、社会进步等工作。平安青海建设是一个综合工程，必须全面系统把握，以平安建设为'总'，以'十个一'工作任务为'纲'，以专业力量为'条'，以各级党委政府为'块'，做到纲举目张、条专块统。平安青海建设是项兜底工作，必须从机制上理顺，把工作责任落实到管常管长上，多做强基层、打基础、织网底的工作，健全长效机制，做到标本兼治。"新时代"五位一体"总体布局是一个有机整体，经济建设是根本，政治建设是保障，文化建设是灵魂，社会建设是条件，生态文明建设是基础，我们要坚持稳中求进工作总基调，统筹发展和安全，统筹推进新时代"五位一体"总体布局，以系统观念推动现代化新青海建设，进一步提高政治站位，树牢总体国家安全观，切实增强加快推进平安青海建设的责任感、使命感和紧迫感，紧扣"十个一"工作任务，扎实做好防风险、保安全、护稳定、促发展各项工作，切实把党中央决策部署和青海省委工作安排落到实处。

一、经济建设为平安青海建设提供了物质基础

习近平总书记指出："进入新发展阶段、贯彻新发展理念、构建新发展格局，青海的生态安全地位、国土安全地位、资源能源安全地位显得更加重要。"多年来，青海省牢牢把握稳中求进工作总基调，绿色低碳转型步伐加快，发展基础更加稳固，发展质量不断提升，经济实力逐步增强，居民收入逐年提高。2022年，全年生产总值3610.07亿元；全年全体居民人均可支配收入27000元，比上年增长4.2%。城镇居民人均可支配收入38736元，增长2.6%；农村居民人均可支配收入14456元，增长6.3%，为平安青海建设提供了物质基础。

安全是发展的前提，发展是安全的保障。前进道路上，我们既要善于运用发展成果夯实国家安全的实力基础，又要善于塑造有利于经济社会发展的安全环境，实现发展和安全互为条件、彼此支撑。我们要完整、准确、全面贯彻新发展理念，坚持以人民为中心，坚持稳中求进工作总基调，持续深化改革开放，统筹发展和安全，弘扬光荣传统和奋斗精神，把坚持生态优先、推动高质量发展、创造高品质生活部署落到实处，在推动青藏高原生态保护和可持续发展上不断取得新成就，书写新时代青海新篇章。

二、政治建设为平安青海建设提供了政治保证

2021年，人民群众对平安建设的满意度达98.62%。国际社会普遍认为，中国是世界上最安全的国家之一。平安已成为中国一张亮丽的国家名片。青海作为多民族聚居的省份，同时也是稳疆固藏的战略要地，重要性毋庸置疑，青海在党和国家工作全局中的重要性毋庸置疑，我们要全面贯彻新时代党的治藏方略，承担起主体责任，以党的政治建设为统领，加快建设政治清明的平安青海，为平安青海建设提供政治保证。

多年来，青海省坚持党要管党、全面从严治党，政治生态呈现新气象。党史学习教育做到常态化长效化，各级党组织的政治功能和组织功能明显增强，党的执政根基更加牢固，人民满意的服务型政府建设取得新成效，党风政风民风社会风气昂扬向上，正气充盈、风清气正的政治生态更为巩固，以案示警、以案为戒、以案促改，提高一体推进不敢腐、不能腐、不想腐的能力和水平，以党内监督为主导促进各类监督力量整合、工作融合，强化对权力监督的全覆盖、有效性，确保权力不被滥用。今天的青海，党的政治领导力、思想引领力、群众组织力、社会号召力显著增强，党在民族地区的执政根基更加牢固。

三、文化建设为平安青海建设提供了智力支持

文化是一个国家、一个民族的灵魂，是国家富强、民族振兴的重要支撑。党的十八大以来，党中央从全局和战略高度，对宣传思想文化工作作出系统谋划和部署，习近平总书记高度重视宣传思想文化工作，多次出席重要会议，发表重要讲话，作出重要指示。聚焦做好新时代宣传思想文化工作，习近平总书记鲜明提出了一系列重大创新理论。2023年10月召开的全国宣传思想文化工作会议首次提出了习近平文化思想，为做好新时代新征程宣传思想文化工作、担负起新的文化使命提供了强大思想武器和科学行动指南。一切伟大的实践，都需要科学理论的正确指引。宣传思想文化工作事关党的前途命运，事关国家长治久安，事关民族凝聚力和向心力，必须以科学理论为指导，加强理论思维，总结好、运用好党关于新时代文化建设的思想理论成果，更好指引新时代新征程宣传思想文化工作。

文明生生不息，思想与时俱进。新时代平安青海建设要立足于青海文化沃土，深入挖掘和展示青海大地历史文化的独特魅力。文化认同是民族团结之根、民族和睦之魂。青海是中华文明重要发祥地之一，我们实施中华优秀传统文化传承发展工程，挖掘昆仑文化、格萨尔史诗、热贡艺术、唐蕃古道等的文化价值，打造"山宗水源""大美青海"等文化符号，推

动各民族文化创造性转化、创新性发展。我们紧紧围绕铸牢中华民族共同体意识这条主线，大力培育和践行社会主义核心价值观，扎实开展群众性精神文明创建活动，深化拓展新时代文明实践中心建设，有力传播了社会主流价值，各族群众精神文化生活日益丰富，优秀传统文化得以有效传承和弘扬，为新时代平安青海建设提供了智力支撑。

四、社会建设为平安青海建设提供了有力保障

习近平总书记强调："平安是老百姓解决温饱后的第一需求，是极重要的民生，也是最基本的发展环境。"随着我国社会主要矛盾发生转化，"平安"已经从传统意义上的生命财产安全，上升到安业、安居、安康、安心等各方面，内涵外延不断拓展，标准要求更新更高。我们只有主动适应社会主要矛盾新变化，聚焦人民群众新需要，从更宽领域、以更高标准推进平安中国建设，才能让人民群众获得感、幸福感、安全感更加充实、更有保障、更可持续。

习近平总书记在党的二十大报告中指出："必须坚持在发展中保障和改善民生，鼓励共同奋斗创造美好生活，不断实现人民对美好生活的向往。"青海围绕保障人民安居乐业，坚持以群众期盼为工作导向，深入践行"四个扎扎实实"重大要求，完整、准确、全面贯彻新发展理念，知重负重、迎难而上，把加快补齐民生短板放在更加突出位置，用心用情用力解决就业、医疗、住房等群众急难愁盼问题，让高水平的平安青海以人民群众可见、可触、可感的方式实现。脱贫攻坚成果进一步巩固拓展，乡村振兴战略全面推进。实现更加充分更高质量就业，居民收入增长和经济增长基本同步，城乡居民收入差距进一步缩小。教育现代化制度基本建立，全省教育发展主要指标接近全国水平。卫生健康体系更加完善，主要健康指标接近全国水平。高原美丽城镇示范省建设取得新进展，人居环境和居住品质明显改善。多层次社会保障体系更加健全，基本公共服务均等化水平明显提高，为新时代平安青海建设提供了民生保障。

五、生态文明建设为平安青海建设提供了生态安全屏障

青海是三江之源、"中华水塔"，是重要的国家生态安全屏障。党的十八大以来，习近平总书记两次赴青海实地考察，先后两次在全国两会期间参加青海代表团审议并发表重要讲话，多次对青海经济社会发展作出重要指示批示，为青海发展指明方向路径、注入强大动力。我们要扎实做好生态保护和民族团结工作，走好高质量发展之路，以打造习近平生态文明思想实践新高地为统领，在推进青藏高原生态保护和高质量发展上不断取得新成就，全力以赴推动现代化新青海建设。

一是走在中国国家公园建设前列，正式设立三江源国家公园，坚定不移做好"中华水塔"守护人。探索构建省州县乡村全覆盖的三江源国家公园管理体制。二是坚持生态惠民、生态利民、生态为民，积极探索生态保护和民生改善共赢之路。在三江源头，创新建立"一户一岗"生态管护公益岗位机制，1.72万名牧民放下牧鞭、持证上岗，人均年增收2.16万元，实现生态、生活、生产"三生"共赢的良好局面，越来越多的生态利民故事印证了"人不负青山，青山定不负人"的科学论断。三是蓝天、碧水、净土保卫战成效显著，全省空气质量优良天数比例达到95%以上，河流国考断面优良水质比例达到100%，均在全国领先。区域生态功能不断优化，水源涵养地作用更加凸显，湿地面积稳居全国首位，国土绿化新增林地面积1800多万亩，高寒草地修复成效突出，高原生物种质资源稳定保有。今天的青海，人与自然更加和谐，向世人呈现出一幅海晏河清、碧草连天、生机勃勃的大美画卷。

（作者均为青海民族大学马克思主义学院教师，文章刊自《青海日报》）

青海民族大学铸牢中华民族共同体意识工作实践

阿进录

习近平总书记提出"铸牢中华民族共同体意识"重大原创性论断,强调"中华民族共同体意识是民族团结之本"。青海民族大学认真贯彻习近平总书记关于铸牢中华民族共同体意识的重要论述,落实中央和省委部署要求,结合学校实际,探索形成紧扣"一条主线",明确"一个目标",实施"五大工程",抓好"十件大事"的铸牢中华民族共同体意识工作基本模式和宝贵经验。

一、紧扣"一条主线",明确"一个目标",赋予学校所有工作以铸牢中华民族共同体意识的意义

青海民族大学紧扣铸牢中华民族共同体意识这条主线,明确打造青海省铸牢中华民族共同体意识典范单位这一目标,切实将铸牢中华民族共同体意识作为学校一切工作的出发点和落脚点,自觉赋予学校党的建设、思政教育、人才培养、学科专业、教育教学、科学研究、服务社会、大学文化等所有工作铸牢中华民族共同体意识的重大意义。研究制定《关于立足新时代打造铸牢中华民族共同体意识典范单位实施方案》和一系列配套措施,形成了全力打造青海省铸牢中华民族共同体意识典范单位的总体思路、工作路径和落实措施。

二、实施"五大工程",夯实铸牢中华民族共同体意识典范单位根基

一是实施具有中华民族共同体意识的高素质人才培养工程。学校切实将《铸牢中华民族共同体意识》课程列为全校公共必修课,并对所有学生安排36个学时进行系统讲授。全力推进国家通用语言文字教学,在人才培

养方案中明确规定本科学生的普通话标准,在民族语言类专业中加大国家通用语言授课比例。加强"中华文化""中国历史""中国哲学"等基础课程和"大学语文""现代汉语"等公共必修课建设,完成《现代汉语词典》汉藏对照编译任务,为少数民族学习国家通用语言文字创造了条件。二是实施党的民族宗教理论与政策高水平研究工程。围绕民族领域理论和实践中的重点难点热点问题,开展民族理论与政策研究。近5年承担3项国家社科重大课题和80多项一般课题、青年课题和青海省"揭榜挂帅"课题,出版《青藏高原各民族汇聚中华的历史》《铸牢中华民族共同体意识理论逻辑与现实问题研究》等重要成果。持续主办"理论·制度·实践:新时代铸牢中华民族共同体意识高端学术论坛"等国际国内学术研讨会,积极宣传阐释新时代党的民族工作的理论和实践成果。《青海民族大学学报》《青海民族研究》《青藏高原论坛》等学术刊物持续开设打造专栏,集中刊发近100篇高质量论文。三是实施民族地区中国式现代化建设行稳致远助推工程。在天津大学、中国人民大学、厦门大学等对口支援高校关心支持下,合作成立铸牢中华民族共同体意识研究院、"双碳"研究院、中华民族艺术研究院、青海高质量发展研究院和区域国别研究院、青海省红色文化研究院等机构,为推进涉藏州县高质量发展和长治久安提供综合服务。四是实施体现党的民族政策优越性高层次展示工程。建成以博物馆、古籍馆、校史馆为主要内容的全省爱国主义教育基地,长年面向全社会和全校师生开放,教育引导广大师生和观众坚定理想信念、构筑精神家园,传承优秀文化、增强文化自信。积极输送优秀学生到对口支援高校学习,2012年以来以"2+2""1+3""1+2"等形式选派408名学生到内地高校学习,加强了与内地学生的交往交流交融。实施"团结与奋斗:铸牢中华民族共同体意识"各族青年学生交流计划,先后选派5期200名各族学生到北京、上海、深圳、成都等地感受伟大祖国的大好河山、改革开放的伟大成就、新时代十年取得的历史性变革,感受中国特色社会主义和党的民族政策的巨大优越性。五是实施中华民族共有精神家园高品位样板校建设工程。充分认识青少年是交往交流交融最活跃的群体,也是建立深厚师生、同学友谊,铸牢中华民族共同体意识关键时期这一特殊性,高度重视各族青年的交往交流交融工作,建成教育部"一站式"学生社区综合管理模式自主试点单位,以学生公寓为育人载体和重要抓手,充分考虑学生民族成分、生源地、学习状况等因素,持续实行全校各民族学生混合编班、混合住宿,搭建各族师生共居共学共事共乐的条件与环境,促进各民族师生广泛交往、全面交流、深度交融。

三、抓好"十件大事",助推铸牢中华民族共同体意识工作有形有感有效

一是建成一套有效机制。专门成立铸牢中华民族共同体意识典范单位建设领导小组,建立组织领导、督促落实、全员参与、资源保障机制,形成党委统一领导、党委统战部负责日常工作,各相关学院部门负责具体落实,全校师生员工自觉参与其中的工作格局。二是建成一组研究基地。建成国家民委"中华民族共同体研究基地"、"青海省铸牢中华民族共同体意识研究基地"、学校"铸牢中华民族共同体意识研究院"三级研究平台,组建了由11名专职人员、54名兼职人员组成的高层次研究团队,每年设立100万元专项经费,全力推动铸牢中华民族共同体意识教学研究工作。三是初步建成一个学部。制定《青海民族大学中国语言文学学部建设方案》,从中华民族共同体建设的高度,加大对汉语言文学、藏语言文学、蒙古语言文学、广播电视学等专业的整合力度,系统推进中国语言文学学部建设。四是建成一套课程体系。构建落脚于"中华民族共同体"主线,以铸牢中华民族共同体意识必修课为核心、10门"四个共同"思政选修课为骨架、50门"中华文化"系列综合素养课为支撑、100门民族团结主题专题讲座为辐射的"1+10+50+100"校本特色思政课程体系。五是建成一批实践基地。精心选择省内市州县和国有企业、社区等不同点位,建设52个涵盖不同层级和领域的铸牢中华民族共同体意识教学研究实践基地,针对新时代背景下少数民族和民族地区经济社会发展中的重大理论和现实问题开展持续不断的追踪研究。六是建成一组校园雕塑。从有形有感有效角度,制定主题雕塑建设方案,策划打造"全链条"主题校园文化景观体系。七是建成一座教育场馆。以青藏高原各民族汇聚中华的历史为线索,建成铸牢中华民族共同体意识博物馆,构建课堂教学、社会实践、主题教育多位一体的教育平台。八是建成一个思政平台。以铸牢中华民族共同体意识为主要方向,按照"理论研究+实践创新+工作示范+经验推广"的"四位一体"模式,打造省级大中小学思政课一体化共同体基地。九是选树一批先进典型。设立大学生"进德修业之星"奖,连续11年对100名优秀学生进行表彰奖励,在评选中将民族团结、铸牢中华民族共同体意识方面的表现作为基本条件。开展"民族团结处室""民族团结学院""民族团结宿舍""民族团结班级"评选活动。近3年评选出5个民族团结进步处室(学院)、249个民族团结进步和优良学风宿舍、100个民族团结进步和优良学风班,在全校学生中起到了很好的示范带动作用。十是打造一批文艺精品。按照"一剧一团一会一赛"模式,打造原创话剧《守望可可西里》、"青春之光"理想信念宣讲团、"铸牢中华民族共同体意识"主题文艺晚会、"铸牢中华民族共同体意识"知识竞赛。

(作者为青海民族大学党委副书记,文章刊自《青海统战》)

种好民族高校国家通用语言教育"责任田"

雷富英

党的二十大报告从"实施科教兴国战略,强化现代化建设人才支撑"的高度,对"办好人民满意的教育"作出专门部署,强调要"加大国家通用语言文字推广力度"。提高民族地区、农村地区国家通用语言文字推广力度主体在学校,学校国家通用语言教育教学质量关键在教师,作为一名民族高校语言文字教育工作者,应该承担应有的使命与责任。

坚守初心课程育人

国务院办公厅印发的《关于全面加强新时代语言文字工作的意见》指出:"坚持学校作为国家通用语言文字教育基础阵地。"课程是最微观的,但是解决的却是最根本的问题,高质量的课程不仅关系着学生的思维发展、能力培养和品格养成,影响到学生成人成才的方方面面,更是师生联系和交往的纽带,是实现教育目的、培养全面发展人才的基本保障。我在青海民族大学从事国家通用语言教育教学20余年中,以守好课程建设"主阵地",用好课堂教学"主渠道",种好民族高校国家通用语言教育"责任田",落实立德树人根本任务为己任,围绕目标达成、教学内容、组织实施和多元评价需求进行整体规划,在砥砺"四准"上下功夫,即找准课程目标、把准教学内容、盯准课程实施、瞄准课程评价。

找准课程目标。课程目标是指导整个课程编制过程中最为关键的准则,确定国家通用语言课程目标,要符合学校办学定位和人才培养目标,注重知识、能力、素质培养。青海民族大学现有的藏族、回族、土族、撒拉族等少数民族学生占在校学生的55.32%，加强国家通用语言教育既是宪法规定的责任，也是铸牢中华民族共同体意识的重要途径。依据民族高校办学定位和专业培养目标制定课程目标，我主教的小学教育专业遵循青海省小学教育实际与教师成长的基本规律，培养的师范生是熟悉民族地区小学教育专业且能够胜任小学学科教学的教师后备力量。在课程建设方面，我们聚焦"会教和会学"，从教师的角度考虑，教育活动需要考虑教什么、怎么教、为什么教的问题，落脚之处是教会；从学生的主体性出发，教育活动则需要考虑学什么、怎么学、为什么学的问题，落脚之处是学会。师范生作为未来教育事业的储备军、主力军，不仅自身要学会普通话，在学习中面对知识点多、逻辑性强的语音知识还要会学；师范生在教育见习过程中不仅要教会小学生说普通话、书写规范汉字，在教的过程中更要结合语言学、教育学专业知识会教普通话和规范字。一名合格教师不仅自身要具备扎实的语言文字功底，更要肩负起教育引导学生学好普通话、写好规范字、热爱国家通用语言文字的神圣使命。

把准教学内容。以学生为中心、以产出为导向，依据语言学科前沿动态与社会发展需求动态更新知识体系，契合课程目标使课程内容结构符合学生成长规律。我在讲授"现代汉语基础"时，教材选用的是邢福义、汪国胜主编，高等教育出版社出版的《现代汉语》，教学内容围绕小学教育专业学生培养目标增加了"语言与国家安全""小学拼音教学设计"等内容，在教学中将理论知识用于分析与语言文字相关的社会热点，启发、引导学生学以致用，分析语言现象背后的语言规律，在说好、用好国家通用语言文字的同时，激发民族学生热爱祖国语言文字的情感，坚定文化自信。民族高校师范生自身需要学好国家通用语言文字，教师的职业特点注定了教师语言是用标准或比较标准的普通话表达符合教育、教学要求的专业语言，普通话能力和汉字书写规范能力是师范生必备的基本素质。在课时不足的情况下，课内课外相结合、线上线下相促进，讲语音时采用"小学拼音与《汉语拼音方案》之比较"探究式学习，讲"现行汉字"内容时布置3500常用汉字规范化书写的学期作业，设定下限，每个汉字按照笔顺一笔一画最少写两遍，不设上限。学生根据自己汉字笔顺书写实际酌情自定。学生通过这样的学习和训练，大大增强了成就感。

盯准课程实施。课程实施不仅仅是教师教的过程，更是学生学的过程。国家通用语言课程教学过程应依据学生认知规律和接受特点，创新教与学模式，因材施教，促进师生之间、生生之间的交流互动。对需要识记的语言学基础知识，我采用苏联学者沙塔洛夫提出的"纲要信号"图示法，即在上课时用一种直观图表，把需要学生掌握的课程内容用文字、符号或图表的形式表现出来，以充分调动学生的视觉记忆和联想能力；对需要理解的语言规律，我采用建构主义理论进行参与式教学设计，从认知发展规律、语言发展规律、教育教学规律三大规律出发，立足民族高校大学生国家通用语言文字教育教学，在授课过程中以学生为中心，学生主动、平等地参与学习。教学过程中采用"讨论+现象剖析""案例+研究学习"项目教学法、任务驱动法等创新教学方法，不断优化教学策略，润物细无声地实施课程思政教育，有效激发学生学习兴趣。这些创新教学方法的运用打破了课堂沉默状态，学生通过学习不仅提高了语言理解能力、表达能力和综合应用能力，同时也让国家通用语言文字教育教学走出了高耗低效的误区，极大地调动了学生学习国家通用语言文字的积极性与主动性，养成自觉学习国家通用语言文字的习惯，为终身发展打好基础。

瞄准课程评价。从"知识传授"和"价值引领"两个层面对课程进行多角度、全过程、多元化评价。课程开始推荐参考书目，强化学生阅读量，提升课程学习的广度；课程进行中以过程性评价包括3500常用汉字规范书写、绘制语音知识思维导图、小学识字教学设计等，具体说明每项任务的要求及时限，线上线下与口头书面作业相结合，及时督促检查学生的学业完成情况并进行指导，提升课程学习的深度；课程结束时结合学生学习评估结果（平时成绩+期末成绩）和学习过程数据，采用闭卷考试多角度、全过程地考核评价学生的学习效果。通过网络平台收集问卷调查、讨论区留言等方式收集学生对国家通用语言课程学习的体会和收获，每次结课我收集到较多的话题是"大学学习拼音获得的新认知""了解汉字的悠久历史和博大精深"等。

探索创新科研引领

教育者先受教育，传道者明道信道。习近平总书记在北京师范大学师生座谈会的讲话中指出："过去讲，要给学生一碗水，教师要有一桶水，现在看，这个要求已经不够，应该是要有一潭水。"作为高校教师，要提高对语言文字工作重要性的认识，深入把握语言文字作为文化资源、经济资源、安全资源、战略资源的深刻内涵，将国家通用语言文字教育教学提升到服务铸牢中华民族共同体意识和构建人类命运共同体、强语助力强国的高度，以科研为引领，夯实专业基础，加强民族高校国家通用语言教育和推普育人实践。

努力学习，夯实理论素养。中国教育发展日新月异，既然选择了教师这个职业，终身学习既是自觉也是自律。语言文字工作具有基础性、全局性、社会性和全民性的特点，作为语言学教师更应砥砺深耕、履践致远。我的学习主要是自学和培训，通过自学加强政治理论学习和业务知识，不断提升自身综合素养水平。认真学习领会党的方针政策，贯彻落实国务院办公厅印发的《关于全面加强新时代语言文字工作的意见》和教育部、国家语委印发的《关于加强高等学校服务国家通用语言文字高质量推广普及的若干意见》。业务知识方面不仅要加强语言学专业知识的学习，还要拓展课程与教学论、教育心理学等教育学知识。珍惜每一次培训机会，以百分百的热情投入学习。在参加的培训中，国家语委举办的第 29 期中央普通话进修班和第 68 期国家级普通话水平测试员培训考核班是最严格也是收获最大的，这些培训集中了一大批优秀的师资力量，授课教师既有老一辈语言学人，也有中青年优秀学者，堂堂都是精品课，参加完培训让我深刻感到学无止境，勤则可达。作为国家通用语言文字推广普及工作中的普通一员，我要跟随前辈们的脚步发现光、追随光、成为光、散发光，照亮后来者前方的路，不断夯实理论素养，并且在实践中积累经验，在民族高校国家通用语言文字教育教学中运用最新的教育教学理论解决教育实际问题。

积极探索，创新教育实践。2018 年，我带队师范生赴青海省西宁市大通回族土族自治县顶岗支教，在支教的过程中我在一次次听课评课、一次次教学指导和检查过程中见证了支教学生们从初上讲台的紧张和胆怯，到再上讲台的淡定和从容。当地一个小学生称我为"老师的老师"，这句话深深地烙印在我的心底。我的学生们犹如草原上的草籽、乡村的油菜花，4 年后他们会扎根在青海农村牧区，成为一名小学教师教育自己的学生。金杯银杯不如老百姓的口碑，用当地一所小学教师的话说："民大的老师对你们的学生好,你们支教的学生把我们的学生娃教得好!"正是去基层锻炼的经历,让我意识到作为一名高校教师,不能仅满足于上好课教好学生,更要以科研为引领,走教科研培一体化之路。以科研为引领、课程建设与教学研究齐发力,把教学改革成果落实到课程建设上。我主讲的"现代汉语基础"和"普通话与教师语言",均为校级一流课程。我主持完成"民族高校国家通用语言教育课程思政实践研究"等5项省部级课题,发表了6篇文章。

不断进取,学思践悟贯通。在完成青海省语委课题——"中华经典诵读与民族高校育人途径研究"过程中,以弘扬中华优秀传统文化为目标,以经典诵读为推普育人切入点,让学生在经典诵读活动中锻造人格、塑造品德、提升人文素养,夯实专业基础。我每周开展一次"阅读经典读书交流活动",探索中华优秀传统文化在民族高校的教育教学实践,形成课程融入(国家通用语言课程思政)、打造社团(组建学院经典诵读小组)、以赛促学(连续三年参加"诵读中国"比赛)、提升水平(提高普通话水平测试等级)、以文育人(增强师范生文化自信)的教育路径,持之以恒地开展训练并取得实效:2021年,我指导学生参加中共青海省委宣传部、青海省教育厅主办的青海省首届"诵读中国"经典诵读大赛,藏族学生获得全省高校组第一名、团队获得第二名和优秀奖的好成绩,本人获得"优秀指导教师"和教育部、国家语委举办的第三届中华经典诵写讲大赛优秀组织奖(个人)。

锐意进取谱写新篇

当前,青海省在推广普及国家通用语言文字工作方面取得了重要成效,但普通话普及率与全国平均水平还存在一定差距,学校主阵地作用发挥得也不均衡,高等教育与基础教育协同推普机制不健全。新时代,高校要通过提高政治站位深化认识、强化学校主阵地功能发挥、健全高等教育与基础教育协同推普机制,推动民族地区国家通用语言教育高质量发展,打造铸牢中华民族共同体意识实践高地,努力构建各民族共有精神家园。

要提高政治站位,深化认识加强国家通用语言文字工作的重要性和必要性。截至2020年,青海省普通话普及率为76.31%,距离"十四五"末全国普通话普及率要达到85%的总体目标还有一定距离。高校开展国家通用语言文字工作，不能把党的二十大报告提出的"加大国家通用语言文字推广力度"仅仅局限于说标准普通话、写规范汉字层面上，更要站在夯实高质量教育发展的语言文字基础上来认识这项工作的基础性和先导性；要提高政治站位，站在铸牢中华民族共同体意识上来认识这项工作的全局性和战略性；要立足新时代发展的要求与国际国内环境变化，站在维护国家主权的高度，深化认识加强国家通用语言文字工作的重要性和必要性。

社会之变驱动语言文字事业之变，高校要促进大学生提升国家通用语言文字的学习能力。大学生思维活跃，视野开阔，接受新事物的能力强，受网络语言、影视传媒的影响较大，语言污化、语言纠纷及重要语言舆情事件直接影响着大学生的交际方式、价值观念、审美情趣和为人处事的方式。加强高校国家通用语言文字教育要实现两手抓，一方面，要注重大学生口语表达能力水平提升。规范、引导大学生适度使用网络语言，规范交际用语，阅读经典文献，增加文化底蕴，提高人际交往能力。另一方面，更要关注大学生书面语言表达能力提升。在专业培养中通过开设"写作""汉字规范书写""中国文化概论"等课程，强化学生书面写作、汉字书写，促进语言文字规范使用，提升文化审美能力和文化自信。

教师是国家通用语言文字提升的核心力量，要充分发挥教师在促进民族地区国家通用语言文字教育高质量发展中至关重要的作用。基础教育在国民教育体系中处于基础性地位，这一阶段也是学生学习国家通用语言文字的最佳时期，是提高国家通用语言文字应用能力的高效时期。教师是学生国家通用语言文字能力提升的关键力量，民族地区教师既是国家通用语言的学习者，又是中华优秀语言文化的传承者，其国家通用语言文字能力和教育教学水平至关重要。在高等教育、基础教育的链条上，高校应积极与中小学、幼儿园、地方政府等建立长效合作机制，协同推普育人，积极开展国家通用语言文字教育教学质量提升的结对帮扶、应用监测等教研科研活动，进一步促进民族地区国家通用语言文字教育高质量发展。

（作者为青海民族大学教师教育学院教师，文章刊自《中国民族教育》）

田野调查是中国特色区域国别学的基本方法

马海龙

当前，关于区域国别学研究方法的讨论尚显不足，有待进一步加强。本文就田野调查为何应成为中国特色区域国别学的基本方法作简要分析。

田野调查是大国开展区域国别研究的重要传统。田野调查（field work）又称田野工作、实地调查，是人类学的重要研究方法与学科根基，并日益受到社会学、历史学、政治学等人文社会科学的重视和采用。一般而言，田野调查是指受过人类学学科训练的专业研究人员深入到某一与自身文化差异较大的地域、族群和社会中，经过较长时段（一般为一年）的访问、观察、互动、参与体验等活动，对所要研究的地域、族群和社会的文化、结构、民俗等进行第一手资料的搜集、记录、整理与分析的过程，以探索人类文化的多样性与普遍性，建立对世界的整体性认识，思忖"自我"与"他者"之关联。

纵观近现代以来西方大国的区域国别研究，人类学的田野调查是知识生产和智库服务的重要传统。在知识生产方面，西方人类学家往往终其一生，通过长期的、深入的田野调查研究，为世人呈现遥远的异域社会的文化、历史、风俗、宗教、婚姻家庭等知识，客观上为增进人们对于人类社会多样性和整体性的认识作出了巨大贡献。也因此，人类学家被誉为"文化的探险家"和"文化行者"。

在智库服务方面，西方国家通过建立大量的区域研究机构或学院，并以人类学的田野调查为重要方法，为国家的政策制定和现实应用服务。在对殖民地的管理方面，人类学家通过深入调查所获得的地方知识，为殖民统治者的地方治理提供了大量的决策咨询和服务。英国殖民政府为了维系其在非洲的殖民统治，曾资助一批人类学家开展对非洲区域和国别的研究。人类学家通过田野调查获取区域和国别的知识，满足国家咨政需求的例子不胜枚举。

从世界经验来看，西方大国的区域国别研究很早就吸纳了人类学的田野调查方法。特别是两次世界大战的推波助澜，使得人类学的田野调查越来越成为西方大国开展区域研究的重要范式。

田野调查是发展中国特色区域国别学的重要路径。20世纪六七十年代以来，全球化的加速推进，使得国与国之间的联系愈发紧密。中国实行改革开放以后，随着中国的综合国力不断提升，中国在国际舞台上日益发挥着重要的作用。在此背景下，中国如何正确理解域外世界，如何准确处理中国与域外世界的关系，已经成为摆在现实面前的一项重大课题，它涉及中国与域外世界间的政治层面、经济层面、民间层面，以及影响最为深远的文化交流与文明互鉴层面的关系。中国一贯秉持"尊重多元、合作共赢"的国际关系理念，并为构建新型国际关系提出"一带一路""构建人类命运共同体"的中国方案。然而，一方面，长久以来，我们对于域外世界的认知是基于西方视角所生产的知识和经验。这导致西方视角下区域国别研究的议题、问题、理论和概念等，不乏基于西方中心主义视角而产生的错误认知。另一方面，中国对域外世界的了解和认识，向来多注重史学资料，而缺乏实地调查的一手经验，这也难免造成中国对域外世界的认知有失偏颇。面对世界百年未有之大变局，对域外世界的错误经验或不全面的知识，不利于我们建立对域外世界的正确认知，更不利于我们建立与域外世界的良好关系。因此，从中国视角出发，发展中国特色区域国别学就显得尤为重要。在这一过程中，田野调查的重要性日益凸显。

第一，基于深入的田野调查，掌握对象区域和国别的一手资料，是中国特色区域国别学研究的内涵要求。不同于以往西方国家从自身"中心主义"视角出发，对非西方国家和区域的调查研究所得出的带有偏见的经验知识和理论思想，中国特色区域国别学研究的目的在于建立有关域外世界的文化、政治、经济、社会等方面的综合性和全面性的认知，以丰富我们对人类文明多样性的经验认识和知识生产，以期与世界共建"美人之美，美美与共"的良好关系格局。

第二，基于深入的田野调查所得出的有关正确认识和把握中国与域外世界关系的方案，方能为发挥中国特色区域国别学经世致用的功能提供科学依据。中国特色区域国别学是一门实践性很强的学科，是一门为应对世界百年未有之大变局下国际关系的不公正不平等，全球治理体系与国际形势变化的不适应、不对称的难题提供中国智慧与中国方案的学问。面对如此重大的课题，正确、深入、全面了解和认识域外世界，了解"他者"的需求，是我们制定互惠共赢合作政策的基础。人类学的田野调查，理应成为中国特色区域国别学服务现实需求的重要抓手。

第三，田野调查是中国特色区域国别学人才培养的重要载体。区域国别学的人才培养目标是培养掌握特定区域、国家的综合性知识的复合型人才，该学科从建立之初就明确了其交叉性、综合性的学科属性。在区域国别学人才培养过程中，一方面，我们需要将涉及特定区域和国别的历史、文化、民族、宗教、政治、经济、地理等方面的课程加入学术培养和训练环节，以构建学生对特定区域和国别的知识体系。另一方面，如果缺乏田野调查的训练和体验，学生无法获得对特定区域和国别的实在感、地方感，难免会产生"纸上谈兵"的现象。

总之，长久以来，由于西方中心主义视角下对非西方社会的误读，以及我国在域外世界研究领域方法上的缺陷与不足，使得我们对域外世界的认识难免陷入"他者的想象"之困局。这不仅对我们认识人类社会、认识世界可能造成误导，也有可能会对我们认识和处理中国与世界的关系埋下隐患。应对既往的不足，建立从中国出发，关心域外世界，以综合性问题为导向，基于人类学田野调查的研究范式，也许是发展中国特色的、破除和超越西方话语的区域国别学的重要路径。

（作者为青海民族大学区域国别研究院教师，文章刊自《中国社会科学报》）

大力推动青海文化产业高质量发展

马玉琴

党的二十大提出了健全现代文化产业体系和市场体系，实施重大文化产业项目带动战略等一系列重要举措，为新时代繁荣发展文化产业指明了前进方向，提供了根本遵循。2023年10月召开的全国宣传思想文化工作会议上，首次提出并系统阐述习近平文化思想，为做好新时代新征程宣传思想文化工作、担负起新的文化使命提供了强大思想武器和科学行动指南。随着文化产业在国家和地区经济社会发展中的地位日益凸显，文化产业发展将进入黄金机遇期和转型升级的战略关键期。青海文化资源富集而独特，是文化产业高质量发展的重要基础。当前，青海文化产业发展正处于新旧动能转换的关键阶段，文化产业发展阶段性特征发生显著变化。在新时代新征程上，青海必须要以习近平文化思想为引领，以高质量发展作为文化产业发展的主题和着力点，围绕加快现代化新青海建设的战略目标，将扩大内需与深化供给侧结构性改革结合起来，促活力、抓重点、补短板、增潜力，通过发力供给侧、激活需求端、促进供需两端结构优化升级，实现需求牵引供给、供给创造需求的更高水平的动态平衡，走出一条具有地方特色的文化产业高质量发展之路。

一、融合为抓手：实施"文化+"融合工程，推动全方位、深层次和宽领域的融合发展

融合是"文化+"的关键，"文化+"突出的是文化的融入，青海要以融合发展为抓手，大力实施"文化+"工程，使文化产业向相关产业深度渗透，实现产业间最大力度的耦合，推动全方位、深层次及宽领域的融合发展。一是推动"文化+旅游"融合发展。围绕青海打造国际生态旅游目的地的目标，打破行业界限，深入挖掘历史文化、地域特色文化、民族民俗文化等，以文化提升旅游内涵质量，以旅游扩大文化传播消费，促进文化与旅游资源整合、业态融合。二是推动"文化＋体育"融合发展。依托环湖赛等大型赛事，策划打造影响力大、参与度高的精品赛事，设计开发文化市场体育衍生产品，引导大众进行体育消费；加强体育类非物质文化遗产的保护开发，传承推广民族传统体育项目，开拓体育健身市场，鼓励发展健身休闲产业；加快推进体育健身、极限运动等新兴文化体育融合业态发展，带动文化体育产业发展。三是推动"文化＋工业"融合发展。促进文化创意产业和民族手工业深度融合，催生新工艺、新产品、新技术，提高产业附加值；坚持产、学、研一体化发展思路，重点培育综合实力较强的自主品牌企业，加快建设涉藏地区集产品研发、加工和销售为一体的产业集群。

二、创新为核：构建文化产业高质量发展创新体系

创新是文化产业与生俱来的特质，是其立命之本，青海必须要突显创新驱动的核心地位和关键作用，构建文化产业高质量发展创新体系。一是提升文化产业创新发展能力。改造提升传统文化产业，引导和鼓励骨干文化企业利用科技实现转型升级；打造文化科技创新平台，强化文化科技创新团队建设，促进产品创新、业态创新和商业模式创新；依托互联网相关平台进行资源利用、产品营销，为文化产业创新发展提供新思维、新平台、新动力、新空间、新服务。二是优化文化产业创新发展环境。加强文化产业发展政策的顶层设计，强化分类指导，增强政策宏观调控的科学性和精准度；实施文化产业负面清单制度，降低市场准入门槛，支持民营文化企业做大做强。三是创新文化产业人才培养模式。加快文化产业人才队伍建设，重点培养高技能人才和善经营管理人才；实施非物质文化遗产传承人群研修研习培训计划，提高民间艺人的审美能力、创新能力。

三、技术为翼：加快数字文化产业高质量发展

数字经济既是经济增长的新引擎，也是经济实现高质量发展的重要驱动力，数字文化产业将成为数字经济中最为活跃的业态之一。青海要顺应数字产业化和产业数字化发展趋势，推进高新技术成果向文化领域转化运用，不断激活文化资源，创新文化业态，培育新动能、打造新优势。一是加快文化产业数字基础设施建设。利用大数据、云计算、人工智能等先进技术，推进数字基础设施和文化产业的商业应用场景建设；加快数字文化

资源库建设,将文化数据作为新的生产要素进行创意开发和利用,推动传统文化资源进行采集、数字化处理;建设青海文化大数据体系,丰富民族文化基因库、文化遗产标本库、文化素材库、文化大数据云平台和数字化文化生产线等内容,不断推动传统文化资源的创造性转化和创新性发展。二是构建数字文化产业发展新业态体系。加快发展网络视听、数字出版等新型文化业态;鼓励企业投资应用前沿技术催生新业态和新服务;鼓励开发新型文化消费金融服务,催生文化消费新业态。三是构建数字文化产业发展协同创新平台。鼓励不同领域的合作与协作,促进数字文化产业与其他相关产业(如科技、媒体等)的融合,创造更多的协同效应;以协同创新平台为基础,构建涵盖技术研发、创意设计、生产制造、市场营销等环节的创新生态圈,推动数字文化产业全面发展。

四、统筹市场:健全现代文化市场体系

健全完善的现代文化市场体系是文化产业高质量发展的基础,青海要积极推进文化产业供给侧结构性改革,以不断健全的现代文化市场体系推动全省文化产业高质量发展。一是健全多层次文化产品市场。适应消费升级新趋势,以市场需求为导向,优化文化供给结构;积极培育以数字、网络和移动媒体为载体的新兴文化市场,加强文化产品内容、形式、服务创新,优化文化产品流通渠道。二是完善文化要素市场体系。加快健全文化生产要素市场,促进各类文化生产要素自由流动;提高文化生产要素市场运行的法治化、规范化、便利化程度。三是优化文化经营主体培育机制。鼓励文化企业通过兼并、重组的方式做优做强,重点支持"专、精、特、新"的中小型文化创意企业;培育跨界融合的领军企业、标杆企业和配套企业,加快开发附加值高、科技含量高、产业关联度大、具有较强市场竞争力的文化产品;培育大型数字文化企业,支持文化企业新技术、新业态、新模式发展。四是优化文化市场营商环境和生态。持续推动"放管服"改革;建立完善文化产品和服务内容的审核机制;创新文化市场监管方式,提升文化市场监管效能;健全文化产业市场信用体系,建立守信激励、失信惩戒机制;强化文化知识产权保护,进一步规范文化市场秩序,优化市场环境。

五、需求牵引:深挖文化消费活力,有力促进文化消费升级

文化消费是促进文化产业高质量发展的有效手段之一,青海要精准把握文化消费的新特点、新趋势,将释放文化消费潜力作为着力点,综合运用文化消费政策,不断提升城乡居民文化消费水平。一是完善常态化消费促进机制。建立文化消费综合服务平台,在全省各地区城乡常态化开展文化惠民消费季活动。二是发展新型文化消费模式。聚焦文化产品消费、文化服务消费、文化信息消费等领域,拓展线上线下互动的新型消费和创新文化消费业态。三是改善文化消费政策环境。出台一系列刺激文化领域消费潜力的政策,努力形成新型文化消费环境;广泛采取政府购买服务、以奖代、补消费补贴等措施,培育大众文化消费市场。四是建立需求反馈机制,把握消费趋势。搭建政府大数据平台,建立文化需求响应机制、健全文化消费反馈评价机制,夯实精准文化供给的基础;充分利用云计算、大数据等数字技术手段,准确、及时捕捉文化消费数据,加强对文化消费信息的分析和运用,不断满足消费者个性化、多元化、品质化的消费需求。

(作者为青海民族大学政治与公共管理学院教师,文章刊自《青海日报》)

新发展理念下少数民族优秀传统文化现代化转型路径研究

马玉琴

习近平总书记在党的十八届五中全会上提出了创新、协调、绿色、开放、共享的新发展理念。党的二十大报告提出："必须完整、准确、全面贯彻新发展理念"，明确了我国现代化建设的指导原则。从实现中国式现代化角度看，新发展理念从理论层面回答了现代化的动力、路径、目标等重大问题，也是中国式现代化的系统性理论指南。同时，党的二十大报告提出，"全面建设社会主义现代化国家，必须坚持中国特色社会主义文化发展道路，增强文化自信，围绕举旗帜、聚民心、育新人、兴文化、展形象建设社会主义文化强国，发展面向现代化、面向世界、面向未来的，民族的科学的大众的社会主义文化，激发全民族文化创新创造活力，增强实现中华民族伟大复兴的精神力量"。随着中国式现代化进程的推进，民族地区的经济社会发展发生深刻的变迁，少数民族优秀传统文化的现代化转型既是民族优秀传统文化自身发展的必然趋势和民族地区现代化发展的客观要求，也是关系到一个民族、一个地区乃至国家能否实现现代化的重大问题。少数民族优秀传统文化现代化主要是指在现代化进程中，文化发生同质、同向的变迁。民族地区在现代化进程中，既要保持和传承自己独特的优秀文化传统以及价值观，又要与现代文明相结合，实现文化的自我更新和发展，主要表现在文化创新和传承、文化产业的发展、新兴文化形态的出现以及文化多元性和交流等方面。当前，铸牢中华民族共同体意识是新时代党的民族工作的主线，也是维护各民族根本利益和实现中华民族伟大复兴的必然要求。铸牢中华民族共同体意识，推进中华民族共同体建设，就要更好满足各族人民日益增长的美好生活需要，不断推动少数民族优秀传统文化现代化转型，从而在实现共同富裕、迈向社会主义现代化的征程中同舟共济、携手并进，汇聚起实现中华民族伟大复兴的磅礴力量。

一、新发展理念与少数民族优秀传统文化现代化转型的关系

（一）创新发展是少数民族优秀传统文化现代化转型的第一动力

创新发展注重的是解决现代化动力问题，对于处于全球化浪潮中的少数民族优秀传统文化的现代化转型而言，创新发展更是关键。首先，技术创新推动生产生活方式的现代化。一些民族地区由于受地理环境的限制，其生产和生活方式相对于发达地区而言较为落后。引进和利用新的科技手段可以更好地实现少数民族优秀传统文化的保护、传承和传播。比如，利用互联网技术进行文化资源的数字化，既能保护文化资源，又能让更多的人通过网络了解和学习少数民族优秀传统文化。其次，制度创新保障少数民族优秀传统文化权益。制度的创新和完善，可以帮助民族地区更好地保护和传承自己的文化。第三，文化创新提升文化吸引力。新时代必须对少数民族优秀传统文化进行创造性转化和创新性发展，使其在主题内容、表现形式和传播渠道上易于受众接受，实现"活态"传承，才能使少数民族优秀传统文化持续地适应时代的变化，增强吸引力和影响力。因此，少数民族优秀传统文化与现代社会的融合过程中，创新发展是实现这一目标的关键，通过技术创新、制度创新和文化创新等使其能更好地适应和融入现代社会，不断增强生命力。

（二）协调发展是少数民族优秀传统文化现代化转型的根本策略

协调发展既是现代化的目标要求，也是现代化发展的方式路径。协调发展要求在保护与发展、自我与他者、传统与现代之间寻找平衡，因此，是少数民族优秀传统文化现代化转型的根本策略。首先，从传统与现代的角度看。在现代化转型过程中，少数民族优秀传统文化需要在保持传统的同时，吸收现代元素，在尊重传统的基础上，对优秀传统文化进行创新和发展，使其适应现代社会的需求。其次，从经济发展与文化保护角度看。经济发展为文化保护提供了物质基础，而文化保护又能促进经济的可持续发展，要在经济发展的同时，注重文化的保护和传承。第三，从本土与全球角度看。在全球化背景下，少数民族优秀传统文化需要在保护本土文化的同时，开阔视野，学习和借鉴全球优秀文化，使本土文化更加丰富多元。

第四，从特色和主流文化的角度看。少数民族优秀传统文化现代化转型需要在尊重和保护少数民族传统文化特色的基础上进行，只有通过协调发展，才能实现与现代社会的和谐融合。第五，从文化多样性角度看。协调发展强调多元共生，倡导互相尊重、和谐共处，这一理念对于少数民族优秀传统文化现代化转型尤为重要，只有尊重每一份文化的独特性，才能既不丧失自我、也不排斥他者。

（三）绿色发展是少数民族优秀传统文化现代化转型的内在要求

绿色发展注重解决人与自然和谐共生问题，少数民族优秀传统文化的现代化需要做到开发与保护并重，以绿色发展理念为方向，才能实现健康和可持续发展，这是少数民族优秀传统文化现代化转型的内在要求与根本前提。首先，绿色发展是可持续发展的核心理念，它强调人与自然和谐共生。我国的民族地区位于生态环境相对脆弱的地区，其生存和发展依赖当地的自然资源和生态环境。因此，保护和提高当地的生态环境质量对于保障少数民族的生存条件、维持其独特的生活方式和文化传统至关重要。其次，少数民族优秀传统文化与自然环境息息相关。民族地区优秀传统文化通常表现为对自然资源的崇敬和保护，体现了对生态环境的智慧。绿色发展通过保护当地的自然资源，尊重和传承少数民族的生态智慧，使得文化与自然能够相互融合发展，进而促进少数民族优秀传统文化的传承与创新。第三，推动民族地区乡村经济发展。民族地区多以农牧业和林业为主要经济活动，这与绿色发展中提倡的生态农业、林下经济和绿色旅游等理念高度契合。通过发展绿色产业，增强经济发展的可持续性，为少数民族提供更多的就业机会和收入来源，可促进社会稳定和少数民族优秀传统文化的现代化。第四，促进社会和谐发展。民族地区是中国多民族大家庭的重要组成部分，实现少数民族优秀传统文化现代化需要保障少数民族群体的基本权益和参与机会。绿色发展通过资源配置优化、生活品质提升、社会安全感增强等方面优化社会环境，这可以增强少数民族群体的社会认同感和融合能力，促进少数民族与其他民族之间的交流与合作，从而推动社会和谐发展。

（四）开放发展是少数民族优秀传统文化现代化转型的必由之路

开放发展注重解决现代化进程中内外联动问题。对于文化的发展而言，开放体现在各种思想文化的碰撞、交流、交融、交锋，实现发展环境的优化。在互联互通的时代，各民族之间的交流更加频繁和紧密。通过开放，可以让少数民族更好地了解和适应现代社会的变化和发展，同时也能够与其他文化进行有效的对话和交流，激起发展活力，成为少数民族优秀传统文化现代化转型的必由之路。第一，优势互补与融合创新。开放发展为不同文化之间的优势互补提供了机会，通过文化交往交流交融，可以让少数民族优秀传统文化从其他文化中吸收先进的思想、科技和管理经验，在保持传统优势的基础上创新发展以促进现代化转型。第二，增加文化自信与认同感。开放发展能够增加少数民族对自身文化的自信与认同感，并通过与外部世界的交流与对比，更好地认识特色与优势，从而加强对自身文化的自信心。第三，打造文化品牌与提升国际影响力。通过对少数民族优秀传统文化的现代化推动与宣传，可以增强国际社会对中国文化的兴趣与认可，提升中国的国际形象与影响力，打造具有国际影响力的文化品牌。第四，拓展国际合作与交流渠道。少数民族优秀传统文化现代化的发展可以成为国际间的交流合作的重要纽带，促进不同国家、地区和民族之间的交流与合作，加强多元文化的繁荣与发展，进一步扩大与世界的开放合作渠道。

（五）共享发展是少数民族优秀传统文化现代化转型的本质要求

共享发展注重社会公平正义，致力于解决我国发展中共享性不足、受益不均问题，维护社会公平正义，缩小收入差距，促进区域、城乡均衡发展，进而推进共同富裕目标逐步实现，人人共建、人人共享。因此，共享发展是少数民族优秀传统文化现代化转型的本质要求。首先，促进共享目标的实现。少数民族优秀传统文化与现代社会的融合，可以满足少数民族群众的精神和文化需求，提高其对现代社会的认同感和归属感，进而激发民族地区群众的发展动力和创造力，推动共享发展。其次，有助于推进共同富裕目标的实现。抓好少数民族优秀传统文化现代化，有利于发掘和利用少数民族独特的文化资源，推动旅游、文化创意产业、手工艺品制作等相关产业的发展，赋予这些地区更多的经济增长点，增加就业机会和收入渠道，提高民族地区的经济发展水平，进而推进共同富裕目标逐步实现。第三，有助于加强民族团结和社会和谐。共享发展旨在实现全体人民共同富裕，同时实现社会和谐稳定。推动少数民族优秀传统文化的现代化能够使不同民族之间互相了解、理解和尊重，促进各民族之间和谐共处、共同发展，进一步铸牢中华民族共同体意识，不断构筑中华民族共有精神家园。

二、新发展理念下少数民族优秀传统文化现代化转型的实现路径

新发展理念不是孤立的,而是一个系统的、贯穿新时代社会主义现代化进程中的、指导现代化建设的、内在联系紧密的理论体系。少数民族优秀传统文化的现代化转型,要以创新发展为核心、以协调发展为要求、以绿色发展为方向、以开放发展为保障、以共享发展为目标,完整、准确、全面贯彻新发展理念,加快构建新发展格局,着力推动民族地区经济社会高质量发展。

（一）创新发展为核心,提升少数民族优秀传统文化现代化转型内驱动力

创新是少数民族优秀传统文化现代化的关键因素之一,通过产业、技术等不断创新,推进少数民族优秀传统文化在现代社会中找到自己的位置和发展空间,激发内驱动力。一是建立少数民族优秀传统文化产业的创新平台。通过成立创意文化产业园区,提供场地、资金和各类资源支持,培育和孵化创意产业的发展,鼓励少数民族创意产业的发展。二是推动数字文化发展。利用互联网和新媒体的快速发展,推动少数民族优秀传统文化数字化和网络化。搭建少数民族优秀传统文化数字平台,提供在线展览、文化活动和资源交流等功能。同时,开展少数民族优秀传统文化的数字内容开发项目,例如,建立数字图书馆、语言学习平台等。三是促进文化创意与科技创新融合。鼓励少数民族优秀传统文化与科技创新的融合,开展科技创新与文化创意的合作项目,通过创意产品研发和生产推动文化创意产业的现代化转型。此外,要加强少数民族科技人才的引进和培养,以提升科技创新能力。

（二）以协调发展为要求,构建少数民族优秀传统文化现代化转型战略格局

少数民族优秀传统文化作为一个系统,既有民族、文化、历史等特征,又有资源、人才、作品等构成要素；既有中外文化的差异和交流现实,又有文化事业和文化产业相互促进的需求,这就要求各要素之间要协调发展,才能实现少数民族优秀传统文化现代化的整体发展。一是推进文化事业与文化产业的协调发展。加大公共文化基础设施建设,大力推动少数民族的文化事业,保障少数民族群众的基本文化需要和权益的满足。同时,借助国家扶持政策和资金援助,依托民族地区自身丰富和独特的文化资源,发展适合自身的文化产业,满足群众多元化、个性化的文化需要,最终实现文化事业与文化产业的整体规划、协同发展、相互促进,推动少数民族优

秀传统文化大发展、大繁荣。二是推进文化与社会经济协调发展。正确处理文化的经济功能与社会功能之间的关系。现阶段，文化对经济发展的驱动作用愈发明显。民族地区应积极利用独特的民风民俗、民族建筑、民族工艺、民族饮食等文化资源，将这些转变为可发展的产业优势，并推动特色文化产业的发展，实现经济效益。少数民族优秀传统文化在现代化转型过程中必须在经济效益和社会效益之间寻找一个稳固的平衡点，积极寻求保护少数民族优秀传统文化与发展民族地区经济的最佳结合点，使两者之间形成良性互动。三是推进不同区域和城乡间文化的协调发展。相比较于东部发达地区，一些少数民族聚居区经济社会文化发展相对滞后，不同区域和城乡之间的差距更为悬殊，必须提高基本公共文化服务的可获得性，弥补短板，缩小城乡、区域文化发展的差距，实现区域内文化的均衡协调发展，从而保障每个人的基本文化权益。

（三）以绿色发展为方向，明确少数民族优秀传统文化现代化转型价值导向

民族地区拥有丰富的自然资源，保护环境、实现可持续发展是少数民族优秀传统文化现代化转型的重要方向和必然选择。绿色发展涉及资源的合理利用、生态环境的保护和修复等方面，可以实现民族地区经济、社会和文化的可持续发展。一是加强生态环境保护。加强对民族地区生态环境的保护和治理，促进环境友好型文化产业发展。政府要加大对生态环境保护的投入，加强监管执法力度，推进生态文明建设，保护民族地区的自然资源和生态环境，为文化产业提供可持续发展的基础。二是鼓励民族地区将民族优秀传统文化与现代科技相结合，推动绿色发展和可持续发展。政府通过资金支持、科技转化等方式，推动对少数民族优秀传统文化的整理、研究和创新应用，培养民族地区的科技创新人才，提高在绿色发展领域的专业能力和竞争力。三是鼓励绿色创业和可持续发展模式。支持民族地区发展与绿色发展相适应的文化产业和创业项目。四是加强普及教育和文化传承。加大对民族地区教育和文化传承的投入力度，加强环境保护和生态文明教育，培育民族地区群众的环保意识。

（四）以开放发展为保障，优化少数民族优秀传统文化现代化转型内外环境

少数民族优秀传统文化现代化需要开放的心态和态度，开放可以促进

文化的多元交流和融合。一是深化国际交流与合作。加强与国际文化机构、学术界和艺术家的交流与合作，提升少数民族优秀传统文化在国际上的影响力和竞争力，通过组织国际交流活动，如文化节、艺术展览和学术研讨会等，促进文化交流和合作。此外，可以建立国际文化交流平台，加强国际合作项目的推进，共同推动少数民族优秀传统文化的国际化发展。二是建立开放的文化交流平台。政府设立专门的开放平台，如文化中心等，吸引国内外专业人士和游客前来交流观摩，学习体验少数民族优秀传统文化，从而提升少数民族优秀传统文化现代化的能力和影响力。三是推广少数民族优秀传统文化优秀作品和艺术表演。推广少数民族艺术作品，使国内外观众更好地了解和欣赏少数民族优秀传统文化。政府扶持和鼓励少数民族艺术家和文化机构走出本土，参与国内外艺术节、展览、演出等活动，提升其国际影响力。四是提供开放的文化教育资源。政府要在教育领域加大对少数民族优秀传统文化的教育培训力度，提供相应的教育资源和师资，推动少数民族优秀传统文化教育的现代化。同时，鼓励少数民族学生参与国内外的文化交流与学习，拓宽视野，提升跨文化交流能力。总之，以开放发展为保障，优化少数民族优秀传统文化现代化转型的内外环境，需要政府加大支持力度，也需要少数民族自身的努力，不断创新、传承自己的文化，积极参与现代社会治理，促进少数民族优秀传统文化的发展。

（五）以共享发展为目标，促进资源的公平分配、社会公正和文化权益保护

共享是少数民族优秀传统文化现代化中关注民众福祉的重要原则，通过促进资源的公平分配、社会公正和文化权益的保护，让少数民族群众更好地享受现代社会发展的成果，强调少数民族优秀传统文化与其他民族优秀传统文化之间的交流和共同发展，共同构建一个多元、包容、和谐的社会。一是要让少数民族群众共传、共承、共建本民族优秀传统文化。共传、共承、共建是共享的前提和基础。共同传承，共同建设，才会更有认同感和归属感。相关政府部门要鼓励、支持和引导文化从业者、学者、社会组织和少数民族群众对本民族优秀传统文化的参与和关注，让少数民族群众成为本民族优秀传统文化的参与者和建设者。二是要让少数民族群众共享文化产业发展的成果。对民族地区而言，文化产业的发展对满足各族群众精神文化生活、转变经济发展方式、保护和传承优秀传统文化、丰富文化产品的多样

性供给、提升我国文化竞争力等方面有重要意义。要依托少数民族优秀传统文化资源，打造具有民族民间特色的演艺、工艺品、文化产品等少数民族特色文化产业，扩大文化发展成果的惠及面，提高少数民族群众参与度，让少数民族群众共享文化产业发展的成果，使他们有更多的获得感、满足感、幸福感和归属感。

（作者为青海民族大学政治与公共管理学院教师，文章刊自《青海党的生活》）

扎实践行"懂青海、爱青海、兴青海"

于 俊

携手向未来，奔赴新征程。面对浩浩荡荡的时代潮流，每一个青海人都要懂青海、爱青海、兴青海。建设现代化新青海，使命光荣，任务繁重，我们要积极响应"懂青海、爱青海、兴青海"的时代号召，增强"懂青海、爱青海、兴青海"的进取意识、机遇意识；持续汇聚"懂青海、爱青海、兴青海"的强大合力，展现"懂青海、爱青海、兴青海"的责任担当、赤子初心，把以人民为中心的发展思想融入政绩观、价值观，把所有心思和精力都用在干事创业、造福人民上，坚定当好贯彻党中央决策部署的执行者、行动派、实干家，以"干"的真功夫、"谋"的硬本领、"严"的新气象，在强国建设、民族复兴新征程上书写更加精彩的青海新篇章。

一、懂青海：与时俱进深化省情认识

青海集高原地区、西部地区、民族地区、欠发达地区于一身，社会主要矛盾变化在青海表现得尤为突出，与全国同步实现第二个百年奋斗目标需要付出更为艰巨的努力。坚持与时俱进，是中国共产党永葆蓬勃朝气的秘诀。我们要始终牢记"三个最大"省情定位、"三个更加重要"战略地位，奋力打造生态文明高地、建设产业"四地"，有力推动习近平总书记重要要求在高原大地落地生根、开花结果，在把握历史主动中抢抓发展机遇，不断缩小与其他地区的差距，大踏步赶上时代发展潮流，把中国式现代化的美好图景在青海一步步变为现实。

懂青海，就要把坚持实事求是落到实处。实事求是，是马克思主义的根本观点，是中国共产党人认识世界、改造世界的根本要求，是我们党的基本思想方法、工作方法、领导方法。青海最大的价值在生态、最大的责任在生态、最大的潜力也在生态，扎扎实实推进生态环境保护，让绿水青山永远成为青海的优势和骄傲……这是习近平总书记对青海的殷切嘱托。坚持实事求是，就要坚定不移沿着习近平总书记指引的方向奋勇前进，立足"三个最大"省情定位和"三个更加重要"战略地位，坚持稳中求进工作总基调，完整准确全面贯彻新发展理念，加快构建新发展格局，着力推动高质量发展，全面深化改革开放，统筹扩大内需和深化供给侧结构性改革，统筹新型城镇化和乡村全面振兴，统筹高质量发展和高水平安全，不断推进生态文明高地和产业"四地"建设取得新成就。

懂青海，就要深化对新时代经济工作、青海发展阶段的理解和把握。要把推进中国式现代化作为最大的政治，坚持把高质量发展作为新时代的硬道理，稳中求进、以进促稳、先立后破，突出重点、把握关键，扎实推进中国式现代化青海实践迈出坚实步伐。具体而言，就是要抓住主要矛盾和中心任务带动全局工作。聚焦创建美丽中国先行区，奋力推动更高水平保护。聚焦构建现代化产业体系，加速推进绿色低碳高质量发展。聚焦扩大有效需求，全力推动经济持续稳定增长。聚焦深化改革开放，聚力增强发展内生动力。聚焦乡村全面振兴，着力推进农业农村现代化。聚焦融合联动共享，用力推动区域协调发展。聚焦群众所需所盼，努力提高人民生活品质。聚焦强保障防风险，大力促进更高水平安全发展，奋力谱写中国式现代化青海新篇章。

二、爱青海：满腔热忱守护青海的蓝天厚土

知之愈深、爱之愈切；信之愈笃、行之愈实。青海生态地位重要而特殊，必须担负起保护三江源、保护'中华水塔'的重大责任。要全面贯彻习近平生态文明思想，以更大决心、更大力度、更实举措，守护好大美青海的生灵草木、万水千山，这就要求我们必须牢记"国之大者"，把贯彻党中央精神体现到谋划战略、制定政策、部署任务、推进工作的实践中去，经常对标对表，及时校准偏差，把生态答卷工工整整写在青山绿水间，让生态成为青海最重要、最可持续的品牌，让"生态文明高地"成为大美青海的内在支撑。

爱青海，就要始终心怀"国之大者"。"大者"关乎全局、关乎根本，"国之大者"事关方向方位、事关行稳致远。对"国之大者"了然于胸，才会站位高、视野宽、胸襟广，方可有大格局、大担当、大作为。保护好青海生态环境，是"国之大者"。我们要坚持把生态保护作为最大责任，始终坚定自觉地坚持生态保护优先，推进生态生产生活良性循环发展，促进人与自然和谐共生，积极构建人与自然生命共同体，肩负起维护国家生态安全的历史使命。牢固树立绿水青山就是金山银山理念，切实保护好地球第三极生态；深入践行习近平生态文明思想，努力探索人与自然和谐共生的现代化新青海实践，把青海打造成习近平生态文明思想的实践高地；坚持生态优先、绿色发展，不断提高战略思维能力，增强工作的原则性、系统性、预见性、创造性，奋力推动发展方式绿色低碳转型，积极探索生态产品价值实现路径，让青海的天更蓝、山更绿、水更清、环境更优美，让绿水青山永远成为青海的优势和骄傲，努力为美丽中国建设做出青海贡献。

爱青海，就要发挥历史主动精神。历史主动精神，萌生于共产党人的信仰自觉，蕴含于党的精神谱系，焕发于新时代变革性实践，是习近平新时代中国特色社会主义思想的基本特质和鲜明品格，是党的自我革命的精神内核和引领力量。新征程上必须发扬历史主动精神，确保党的自我革命意志更加坚定、方向更加明确、底气更加充盈。要坚决扛起全面从严治党主体责任，拓展主题教育成果，自觉践行"干部要干、思路要清、律己要严"的工作要求，不断深化以案促改和作风突出问题专项整治成果，建设风清气正的政治机关和政治生态，以全面从严治党引领保障各项工作高质量发展。要强化政治建设抓落实，坚持依法行政抓落实，提高能力本领抓落实，改进工作作风抓落实，加强廉政建设抓落实，以"舍我其谁"的责任感，"只争朝夕"的紧迫感，多接"烫手山芋"，多当"热锅上的蚂蚁"，强化作风建设，提升工作效能，让敢干会干实干成为青海人的新风尚，推动各项工作紧起来、实起来、严起来，努力创造经得起实践检验的业绩。

三、兴青海：坚定不移推进兴省富民

"一张好的蓝图，只要是科学的、切合实际的、符合人民愿望的，大家就要一茬一茬接着干，干出来的都是实绩，广大干部群众都会看在眼里、记在心里。"兴青海要求青海各级干部始终保持历史耐心，有定力、不摇摆，一张蓝图绘到底，一任接着一任干，恪守富民之责，厚植兴青之势，为青海高质量发展打开出路。

兴青海，就要完整准确全面贯彻新发展理念。实践充分证明，新发展理念具有很强的战略性、纲领性、引领性，是指挥棒、红绿灯，是我国发展思路、发展方向、发展着力点的集中体现，是管全局、管根本、管长远的导向。贯彻新发展理念是关系我国发展全局的一场深刻变革，不能简单以生产总值增长率论英雄，必须实现创新成为第一动力、协调成为内生特点、绿色成为普遍形态、开放成为必由之路、共享成为根本目的的高质量发展，推动经济发展实现质量变革、效率变革、动力变革。我们要从根本宗旨、问题导向、忧患意识上深刻把握新发展理念，把青海放在全国大局中谋划，深度融入国家大局，着力服务国家大局，充分认识青海最大的机遇是政策、最大的价值是生态、最厚的底蕴是资源、最强的动力是改革、最佳的路径是开放、最宝贵的财富是精神，时刻牢记地处高原是青海的区位短板、发展不足是青海的现实之困、区域差异是青海的协调难题、转型缓慢是青海的发展瓶颈、人才短缺是青海的最大制约、社会治理现代化是青海的压力所在，以此来实现自身更好更大发展。要坚定不移把习近平总书记对青海工作的重大要求作为总方针、总纲领、总遵循，主动融入和服务国家战略、发展大局，用好科技创新这个"关键变量"，在高水平开放中实现高质量发展；立足高原特有资源禀赋，结合实际、扬长避短，加快推进产业"四地"建设，走出一条具有地方特色的高质量发展之路，把比较优势转化为发展优势，真正让机遇变成红利、变成资源、变成生产力，更加务实有力推动现代化新青海建设重点任务取得新成效。

兴青海，就要坚持以人民为中心的发展思想，切实保障和改善民生。一方面，坚持以人民为中心的发展思想，体现了党的理想信念、性质宗旨、初心使命，也是对党的奋斗历程和实践经验的深刻总结。另一方面，中国式现代化是亿万人民自己的事业，要尊重人民主体地位和首创精神，切实把人民群众的丰富智慧和无限创造力凝聚到现代化建设事业中来。要始终把人民放在心中最高位置，用知重负重、攻坚克难的实际行动，诠释对党的忠诚、对人民的赤诚，坚持尽力而为、量力而行，处理好"尽力"和"量力"的辩证关系，着力探索实现共同富裕的实践路径，努力让现代化更好回应人民各方面诉求和多层次需要，让现代化新青海建设成果更多更公平惠及全省各族人民。要把加快补齐民生短板放在更加突出位置，用心用情用力解决就业、医疗、住房等群众急难愁盼问题，更加关注地区之间、城乡之间、群体之间基本公共服务资源的均衡和有效配置，始终兜住、兜准、兜牢民生底线，织密扎牢社会保障网。要聚焦群众所需所盼，努力提高人民生活品质，更加突出就业优先导向，办好人民满意的教育，更好保障人民健康，加强社会保障服务，繁荣发展文体事业，铸牢中华民族共同体意识，全面完成地震灾后恢复重建。要坚持在发展中保障和改善民生，鼓励共同奋斗创造美好生活，不断实现人民对美好生活的向往，通过奋斗让各族群众的日子更红火、让大美青海的前程更远大。

（作者为青海民族大学马克思主义学院教师，文章刊自《青海日报》）

主动适应新质生产力发展要求推进青海哲学社会科学高质量发展的思考

胡西武

习近平总书记指出,"要按照发展新质生产力要求,畅通教育、科技、人才的良性循环,完善人才培养、引进、使用、合理流动的工作机制。要根据科技发展新趋势,优化高等学校学科设置、人才培养模式,为发展新质生产力、推动高质量发展培养急需人才。"他强调,"一个国家的发展水平,既取决于自然科学发展水平,也取决于哲学社会科学发展水平。一个没有发达的自然科学的国家不可能走在世界前列,一个没有繁荣的哲学社会科学的国家也不可能走在世界前列。"哲学社会科学同自然科学一样,在社会发展中具有不可替代的巨大作用,回答当代社会问题是其崇高使命和重要任务。在中国式现代化伟大实践中,我省哲学社会科学要以马克思主义为指导,主动适应新质生产力发展要求,立足新时代,践行新使命,以研究解决重大现实问题为主攻方向,加快学科体系、学术体系、话语体系建设,推进全省哲学社会科学高质量发展。

一、把握新文科发展方向,增强学科体系竞争力,用高水平融合打造优势学科集群

把握新文科多学科交叉与深度融合新趋势,加强学科方向、学科组织和学科制度建设,全面打造有竞争力的优势特色学科集群。一是凝练学科方向,促进多学科融合发展。打破传统学科专业壁垒和学科藩篱,推动民族学、宗教学等优势学科与人类学、经济学、管理学、法学、艺术等人文学科及地理学、计算机等理工学科的深度融合,突破传统文科的研究范式,把传统的田野调查方法与人工智能、数理模型、数字技术和计量实证等研究方法有机融合,拓展多学科交叉融合新研究领域,探索新文科建设路径,推动优势学科形成与集聚。二是健全学科组织，推进学科资源整合。整合全省科研力量，围绕国家哲学社会科学重点发展方向，组建省级多学科交叉科研团队，确定首席科学家，明确重点研究方向和研究任务，推动交叉学科研究。同时在高校及科研院所探索推进学部制改革，整合相同和相近学科的院系（所）形成学部，统筹学部内学院、系（所）学科规划与布局，促进学部内或学部间跨学科研究，提高学科建设整体水平。三是完善学科制度，提升学科整体竞争力。构建科研评价新机制，弱化学科归属、模糊学科界限，探索根据不同研究者贡献大小核算科研绩效的评价模式，鼓励跨学科的科研成果。建立学科交叉资金支持机制，在省级规划项目中单独设立交叉学科研究项目和专项资金，大力支持交叉学科研究。探索建立省级哲学社会科学交叉研究的机构和平台，给予重点支持，形成相互支撑、开放融合的合作机制。

二、围绕重大理论和实践问题，培育学术体系创新力，用高效能机制激发学术研究活力

创新是哲学社会科学发展的永恒主题和不竭动力。以重大理论和实践问题为主攻方向，全面提升学术原创能力是推动全省哲学社会科学高质量发展的关键点和着力点。一是服务国家重大战略，谋划一批重大项目。新质生产力引起的生产生活方式深刻变革、利益格局重大调整、社会秩序调整重构，是我国哲学社会科学关注的重要课题和热点话题。全省要以服务中国式现代化和形成新质生产力等国家重大战略和重大理论为目标，立足"六个现代化新青海"的现实需求，围绕优势学科，突出区域特色，强化问题导向、目标导向、结果导向，实施重大项目培育工程，全面提升全省哲学社会科学的原创能力和水平。二是统筹全省创新力量，推进创新平台建设。全力争创国家级人文社科研究基地和重点实验室，以国家级人文社科科研平台为抓手，组建跨学科科研团队，推动交叉学科问题研究，形成高质量科研成果的良性产出机制。同时借鉴外省经验，试点建设省级人文社科重点实验室，打造多学科交叉，产、教、研、用融合的创新研究平台。三是创新人才工作机制，激发学术创新活力。在落实省委"四个一批"人才工程的基础上，充分发挥青海省科学成果奖（哲学社会科学类）的人才发现、培养与激励功能，强化国家社科基金项目的引领示范作用，扩大"揭榜挂帅"重大社科项目的重点支持效应，做实社科规划项目的基础支撑功能，完善科研人员培训研修、交流、合理使用机制，构建"奖励激励＋项目支持+能力提升"人才工作新机制,形成优秀人才健康成长、创造活力竞相迸发的良性机制。

三、注重学术品牌打造,提升话语体系影响力,用高质量成果传递青海好声音

要总结好马克思主义中国化时代化的高原实践成果,表达出中国式现代化中的青海贡献,形成我省哲学社会科学的特色学术品牌,扩大青海话语体系影响力,有效摆脱"有理说不出、说了传不开"的困境。一是优化传播内容,提炼形成青海人文学术标识。扩大优质哲学社会科学成果供给,推出更多精品力作,用高质量的传播内容,增强青海哲学社会科学竞争力和影响力。联系融通学理性话语体系、政策性话语体系、通俗性话语体系,促进哲学社会科学大众化、国际化,提炼展示新时代青海人文社科学术标识,写好青海文章、讲好青海故事、传播好青海声音,加快推动青海哲学社会科学立起来、走出去。二是拓宽表达渠道,主动融入国内国际学术圈层。采取高质量科研项目、高水平学术论文、高层次合作交流等方式,通过申报国家社科基金重大重点项目、发表国内国际顶级权威期刊论文、开展国内国际多层次合作交流,促进青海哲学社会科学学术圈与国内国际学术圈的互通互融,使"六个现代化新青海"实践中产生的理论成果,在全省有传颂度、在全国有知名度、在国际有影响力。三是丰富对话阵地,建设青藏高原学术交流平台。做强《青海社会科学》等一批优质学术期刊,不断扩大其学术影响力。做好"国家公园论坛""'一带一路'清洁能源发展论坛"等国内国际学术交流平台,充分放大其学术交流效应。做优《决策参考》等决策智库刊物质量,稳步提升服务国家重大战略的咨政建言水平。建设青海哲学社会科学融媒体,探索多样化、迅即式的表达路径,开辟新的学术对话阵地。

(作者为青海民族大学双碳研究院教师,文章刊自《青海日报》)

大兴务实之风、清廉之风、俭朴之风

于 俊

作风建设是党的建设的永恒主题,只有进行时,没有完成时。在学习贯彻习近平新时代中国特色社会主义思想主题教育总结会议上,习近平总书记强调:"要大兴务实之风、清廉之风、俭朴之风,发扬自我革命精神,在全党组织开展好集中性纪律教育。"党要永葆青春、长期执政,党的事业要蓬勃发展、行稳致远,抓作风、抓纪律就必须驰而不息、坚定不移。当前,青海正处在历史最好发展时期,我们一定要以严明纪律推进党的自我革命,站在自我革命的政治高度,持续推动能力作风建设走深走实,将好作风弘扬在新时代新青海。以彻底的自我革命精神强身健体,大兴务实、清廉、俭朴之风,始终保持蓬勃朝气、昂扬锐气和浩然正气,为牢记嘱托、感恩奋进,团结奋斗、勇毅前行,在新征程上书写更加精彩的青海新篇章提供坚强纪律和作风保障。

一、大兴务实之风

实事求是是马克思主义的精髓,坚持一切从实际出发,是我们想问题、作决策、办事情的出发点和落脚点。务实之风的核心就在于实践,实践是马克思主义理论的本质特征。马克思在《关于费尔巴哈的提纲》中明确指出,"哲学家们只是用不同的方式解释世界,而问题在于改变世界"。没有调查就没有发言权,没有调查就没有决策权。调查研究是谋事之基、成事之道,是做好各项工作的基本功。我们要大兴务实之风,抓好调查研究,在察实情、出实招、求实效上下功夫,把工作抓实、基础打实、步子迈实,特别是要在力戒形式主义、官僚主义上取得明显实质性进展。客观实际总是处在不断发展变化过程之中,要把问题作为研究制定政策的起点,坚持问题导向,增强问题意识,敢于正视问题、善于发现问题,以解决问题为根本目的,通过调查研究把情况摸清、把问题找准、把对策提实。越是风云变幻、风高浪急,越需要坚持系统观念,把握好全局和局部、当前和长远、宏观和微观、主要矛盾和次要矛盾、特殊和一般的关系,通过调查研究把握事物的本质和规律,找到破解难题的办法和路径,"抓住一切有利时机,利用一切有利条件,看准了就抓紧干,把各方面的干劲带起来",把一个个"问题清单"变为"成果清单",积小胜为大胜,用实际行动扎实推进中国式现代化。

做好调查研究,考验的是工作作风,厚植的是人民情怀。"走心的调研不仅要身入基层,实地去看、去听、去问、去体验、去感悟,更要心到基层,将心比心、以心换心,以忠诚之心、爱民之心、责任之心、敬畏之心走好深入基层的'最后一公里'。"以调研开路,用实干作答,省委书记陈刚在调研路上的真切心声,是对青海广大党员干部的具体要求。纪律教育唤醒敬畏之心,改进作风促进担当作为,我们要树牢造福人民的政绩观,把心系群众、情系百姓体现到履职尽责全过程各方面,推动调查研究经常化制度化,自觉问需于民、问计于民,扑下身子当好"施工队长",完善督查激励措施,持续为基层减负赋能、为实干撑腰鼓劲。按照青海省第十四次党代会确定的目标任务和战略举措,坚持一张蓝图绘到底,强化"干部要干、思路要清、律己要严"的鲜明导向,响应"懂青海、爱青海、兴青海"的时代号召,让想干敢干会干成为全省党员干部新风尚,真正把"时时放心不下"的责任感转化为"事事心中有底"的行动力。坚持把高质量发展作为新时代的硬道理,稳中求进、以进促稳、先立后破,突出重点,把握关键,扎实做好经济工作。持续打造生态文明高地,构建以产业"四地"为引领的现代化产业体系,加快发展以绿色算力为引领的新质生产力,切实把解决群众关心的实际问题作为打开工作局面的突破口和切入点,奋力把建设现代化新青海的各项部署落实落细,将宏伟蓝图变成美好现实。

二、大兴清廉之风

清廉是马克思主义政党性质和宗旨的内在要求。"中国共产党始终代表最广大人民根本利益,与人民休戚与共、生死相依,没有任何自己特殊的利益,从来不代表任何利益集团、任何权势团体、任何特权阶层的利益。"一身正气、两袖清风,是共产党人的做人之本;洁身自好、克己奉公,是领导干部的从政之基。党员干部要坚决反对特权思想、特权现象,保持对人民的赤子之心。加强作风建设必须紧扣保持党同人民群众血肉联系这个关键，坚持工作重心下移，扑下身子深入群众，面对面、心贴心、实打实做好群众工作。腐败是危害党的生命力和战斗力的最大毒瘤，也是人民群众十分痛恨和忧心的问题。"要弘扬清廉之风，教育各级领导干部牢固树立正确权力观，全面查找廉洁风险点，筑牢思想防线，坚守法纪红线。要按照'三不腐'要求健全相关制度、严格执纪，建好护栏。"要把反面典型作为"活教材"，上好纪律教育警示课，以案说德、以案说纪、以案说法、以案说责。始终明大德、守公德、严私德，知敬畏、存戒惧、守底线，让铁规发力、让禁令生威，营造担当负责、风清气正的从政环境，以严明纪律规矩、过硬作风能力确保党的肌体健康，永葆清正廉洁政治本色，始终赢得广大人民群众的拥护和支持。

"廉者，政之本也。"不久前召开的全省领导干部警示教育大会强调"从思想源头消除贪腐之念"，要求领导干部"做政治坚定的'明白人'、言行一致的'老实人'、清正廉洁的'干净人'、群众信任的'贴心人'、履职尽责的'规矩人'、道德高尚的'纯粹人'"，为此，我们要坚持用习近平新时代中国特色社会主义思想凝心铸魂，用中华优秀传统文化正心明德，以马克思主义的认识论为基础，从传统"心学"中汲取有益养料，深化对知行关系的认识和把握，在知行合一中修好党性教育、党性修养这一共产党人的"心学"，筑牢思想防线、守住廉洁底线、强化斗争精神，加强纪法"体检"、堵塞廉洁漏洞、化解廉洁风险，少些侥幸心理、多些危机意识、事前多想后果，自重自省自警自励、慎独慎微慎始慎终、注重家庭家教家风建设，从"小处"着手、从"小事"防起、从"小节"治起，防止老问题复燃、新问题萌发、小问题做大，始终把"三严三实"作为终身追求，做忠诚干净担当的共产党人。"不能胜寸心，安能胜苍穹"。在青海，持之以恒抓作风建设的立场不会变、力度不会减、尺度不会松，必将一以贯之、一严到底。我们要持续深化6名领导干部严重违反中央八项规定精神问题以案促改专项教育整治，与时俱进纠"四风"树新风；紧盯"七个有之"问题，把严惩政商勾连的腐败作为攻坚战重中之重，坚决铲除腐败滋生的土壤和条件；紧盯"关键少数"和重点领域，深化整治金融、国企、能源、医药和基建工程等权力集中、资金密集、资源富集领域的腐败；紧盯群众身边的腐败和不正之风，推动反腐败斗争向基层延伸。

三、大兴俭朴之风

习近平总书记深刻指出:"抓改进工作作风,各项工作都很重要,但最根本的是要坚持和发扬艰苦奋斗精神。"唐代诗人李商隐在《咏史》一诗中写道:"历览前贤国与家,成由勤俭破由奢。"能不能坚守艰苦奋斗精神,是关系党和人民事业兴衰成败的大事。节俭朴素,力戒奢靡,是我们党的传家宝,是我们党一路走来不断发展壮大的重要保证。一代又一代中国共产党人以俭修身、砥砺前行,带领中国人民创造了举世瞩目的伟大成就。历史表明,唯有自觉秉承勤俭节约的政党才是真正代表人民利益的政党,才能真正为人民造福。同时要看到,我国仍处于并将长期处于社会主义初级阶段的基本国情没有变,我国是世界最大发展中国家的国际地位没有变,我国发展不平衡不充分的问题仍然突出,14亿多人口要整体迈入现代化是一项长期艰巨的任务,党员干部必须养成俭朴之风,大力弘扬艰苦奋斗精神。奢靡享乐不仅浪费资源,更会腐蚀人的心灵、消磨人的意志。我们要对照初心使命、对照党章党规党纪、对照中央八项规定及实施细则精神的要求,刀刃向内、细照深查,扪心叩问、总结反思,让自我检视建立在实际行动和价值认同的基础上,就问题的"三寸之坎"挖掘原因的"万仞之深",从思想根源上解决问题,将纠治"四风"进行到底。

倡导俭朴、力戒奢靡必须常抓不懈、久久为功,直至真正化风成俗。我们要坚持勤俭办一切事业,坚决反对讲排场比阔气,坚决抵制享乐主义和奢靡之风;要大力弘扬中华民族勤俭节约的优秀传统,大力宣传节约光荣、浪费可耻的思想观念,努力使厉行节约、反对浪费在全社会蔚然成风。去年中央经济工作会议提出"党政机关要习惯过紧日子"。这就要求各级政府要习惯过紧日子,真正精打细算,切实把财政资金用在刀刃上、用出实效来。要让过紧日子成为预算安排和预算执行的根本原则,按照今年青海省两会部署,严肃财经纪律,精打细算过紧日子,一般性支出和"三公"经费压减10%以上,集中财力保障"三保"和重大战略、重大项目实施,能省的钱必须省,不该花的一分都不乱花!古人云:"俭,德之共也;侈,恶之大也。"俭朴意味着适度、节用、合理的生活方式,蕴含着以艰苦奋斗为荣、以骄奢淫逸为耻的道德品质。作风无小事,俭与奢映照着党员干部的党性修养。广大党员干部要保持警醒,增强自制力,在日常生活的点滴中约束自己,形成克己奉公、拒腐崇廉、戒奢尚俭的自觉。坚决摒弃贪图享乐、爱慕虚荣心理，杜绝讲排场、比阔气和炫耀性消费、奢侈性消费。做简约生活的倡导者、践行者、推动者，养成节约适度、绿色低碳、文明健康的生活方式，真正把"俭朴"二字融入血脉。

（作者为青海民族大学马克思主义学院教师，文章刊自《青海日报》）

"三江源"打造"双碳"高地

胡西武 李中昊

位于青藏高原腹地的青海省,风光资源富集,是我国重要的新能源生产基地。如今,在青海能源结构中,以风能和太阳能为主的新能源装机量和发电量占比均超过水电、火电等传统能源,成为能源主力。在经济体系建设和产业布局发展中,青海省着力发挥新能源优势,全力打造"双碳"高地。

建设高水平国家清洁能源产业高地。作为长江、黄河、澜沧江的发源地,青海被称为"江河源头"。青海水能资源理论蕴藏量位居全国第五,太阳能年总辐射量位居全国第二,是我国第四大风场,可用于新能源开发的荒漠化土地超过10万平方公里,具有发展清洁能源的天然优势。青海充分利用"水丰、光富、风好、地广"的自然禀赋,以海南、海西两个千万千瓦级清洁能源基地为依托,以光伏、储能两大千亿级产业为载体,积极融入国家重大能源战略布局,加快推进清洁能源规模化、基地化发展,着力破解电源结构、网源时空、生产消纳、储能周期、价值价格"五大错配"问题,不断提升能源产业的含绿量、含金量、含新量,为全国新质生产力发展提供充足的清洁能源支撑。

打造绿色算力基地。青海地处青藏高原东北部,气候寒冷干燥,年平均气温3.4摄氏度,数据中心可实现全年314天自然冷却,制冷用电比全国平均水平低40%,绿色算力发展成本优势明显。青海抢抓"东数西算""东数西存""东数西训""数据要素x""人工智能+"等重大机遇,着力推进数据资源、重大项目、头部企业、重点产业、科创平台、专业人才"六个一批"工程,聚力打造"绿色算力"品牌,加快建设西宁—海东智算、超算核心集群,围绕绿色算力产业链增强服务支撑能力,打造绿色算力产业集群,努力建成全国一体化算力网的重要节点。

建设智能化世界级盐湖基地。盐湖资源是青海的第一大资源。当前，青海盐湖资源综合利用已形成钾、钠、镁、锂、氯五大产业集群，建成全国最大的钾肥生产基地和全球最大的金属锂生产线。青海以提升盐湖综合开发利用水平为抓手，加快绿色低碳循环发展，以生态保护为前提、技术创新为动力、循环利用为路径、市场需求为导向，加快构建盐湖产业协同发展新体系，增强融合发展内生动力，加速抢占价值链高地。同时因地制宜加快信息化和智能化建设，着力推进质量变革、效率变革、动力变革，培育形成新的绿色动力和新质动能，不断增强盐湖产业的国际竞争力、影响力。

建设传统产业转型示范基地。青海稳妥有序淘汰落后产能，坚决遏制"两高一低"项目盲目上马；同时瞄准高端、智能、绿色等方向，推进金属冶炼、基础化工、藏毯绒纺、生物医药等传统产业技术改造。加快工业"智改数转"，推动数字化车间和智能工厂建设，培育数字化转型"小灯塔"企业，推进建设"无人车间""黑灯工厂"和大模型AI数字应用，促进数字经济与实体经济深度融合。此外，青海还聚焦新一代信息技术、生物技术、新能源、新材料、高端装备、绿色环保等领域，培育壮大新兴产业；聚焦人工智能、量子信息、生物制造、低碳能源等前沿和颠覆性技术，加速未来产业孵化孕育和成长。

建成碳汇净盈余输出地。青海生态固碳增汇潜力巨大。2012年以来，三江源区水源涵养年均增幅6%以上，全省草地覆盖率、产草量分别提高11%、30%以上。植被碳库占比排在全国前列，湿地生态系统固碳总量全国第一。2000至2020年，青海总固碳量年均增长率为1.41%，碳收支有较大盈余，年均碳汇盈余超过10亿吨。青海将持续提升清洁能源比重，进一步扩大清洁能源生产能力和输出能力；持续扩大森林蓄积量、草原综合植被盖度及湿地保护率，拓展扩充生态固碳容量，建成碳汇净盈余输出地，为全国碳中和提供碳汇支持。

（作者分别为青海民族大学双碳研究院教师、经济与管理学院学生，文章刊自《半月谈》）

围绕主线，书写青海篇章

马成俊　刘子平

青海是我国少数民族分布较为集中的省份，习近平总书记对青海尤为关心。党的十八大以来，习近平总书记三次赴青海考察，两次参加全国人大青海代表团审议。2024年6月，习近平总书记再次到青海考察调研，为青海继续做好各项工作指明了前进方向。青海各族人民牢记习近平总书记嘱托，把握主线，创新推进各项工作，奋力谱写铸牢中华民族共同体意识的青海篇章。

各民族交往交流交融的大舞台

青海是一个多民族聚居的省份，少数民族人口占全省人口总数的49.47%，自古就是各民族交往交流交融的大舞台。考古发现，在距今4000年至5000年前，甘青地区就已经形成了马家窑文化、齐家文化、卡约文化、诺木洪文化，流传着西王母传说与昆仑神话。《后汉书》记载，青海地区最早是古羌人活动的地区，至今在湟水流域和柴达木周边地区遗留的海晏三角城、尕海城、刚察北向阳城等古代城址，就是早期羌民的居住地。秦汉以来，羌人不断向内地迁徙，汉武帝时建令居塞，宣帝时赵充国屯田置破羌县，东汉建安中分置西平郡，中原人口大量迁入青海东部，形成羌汉杂居格局。公元3世纪末，慕容鲜卑吐谷浑部西迁。公元609年，隋炀帝破吐谷浑并置西海郡，移民实边，加强了与内地的交流融合。唐初，吐蕃势力逐渐东扩。公元11世纪初，青唐城（今西宁）成为北宋与吐蕃进行大规模茶马互市的交易中心。元明时期，青海多民族居住格局逐渐形成。

在漫长的历史中，各民族不断交往交流交融。生活在青海的汉族人口，既有秦汉时戍边屯田的军士后裔，也有明初应朝廷征召迁入河湟地区的江苏、安徽、陕西等内地军户，留下了"祖籍南京珠玑巷"的历史记忆；青海的藏族人口，主要是吐蕃王朝分裂后，滞留的军士与当地羌等民族融合形成的；青海的回族人口，主要是唐宋时期的西域人，元朝时随军屯戍的西域签军、工匠、回回色目人以及明清以来内地迁来的移民与本地人融合形成的；撒拉族是元初东迁人口与当地的藏族、回族等民族通婚后形成的；土族也是元时迁来的蒙古人与吐谷浑、藏、汉等民族不断融合形成的。

在青海这个大舞台上，各族人民展现出你中有我、我中有你的生动景象。如，撒拉族与藏族群众形成了"许乎""达尼希"（朋友、世交）的兄弟情谊，他们用"一个爸的儿子，一头牛的皮子"来描述彼此的密切关系；青海湖周边的蒙古族与土族群众长期互动，建立了结拜兄弟关系；海西地区的蒙古族与藏族群众长期保持着游牧互补的和谐关系；撒拉族、回族与汉族、藏族、土族等建立的农牧商互补生计模式，一直以来在促进农区与牧区、城市与乡村联动上发挥着重要作用。在历史上，青海还有唐蕃古道、丝绸之路等重要文化通道和探寻河源、西海会盟等文化活动，架起了各民族交往交流交融的桥梁，也反映出各民族在分布上交错杂居、文化上兼收并蓄、经济上相互依存、情感上相互亲近，始终追求团结统一的内生动力。

铸牢中华民族共同体意识的"青海样板"

党的十八大以来，青海紧紧围绕铸牢中华民族共同体意识这条主线，立足自身深厚的历史文化基础，持续打造新时代民族团结进步的"青海样板"，在铸牢中华民族共同体意识、推进中华民族共同体建设方面积累了宝贵经验。

一是有形有感有效铸牢中华民族共同体意识。青海省委成立铸牢中华民族共同体意识工作领导小组，率先实施全国民族团结进步示范省创建工作第三方评估和奖励机制，较早颁布《青海省促进民族团结进步条例》等专项法规，全省所有市州、93.3%的县（市、区）建成全国民族团结进步示范区。

二是大力构建中华民族共有精神家园。把铸牢中华民族共同体意识纳入各级各类教育全过程，成立铸牢中华民族共同体意识研究"一中心三基地",建设十世班禅大师故居、青海原子城纪念馆等铸牢中华民族共同体意识教育实践基地。

三是全面推动各民族交往交流交融。青海拉面产业是各民族交往交流交融的典范。青海各族群众在全国300多个城市及境外开办的拉面馆有3.3万多家,年均营业性收入130多亿元,从业人员工资性收入达70多亿元。人们形象地说:"汉族、土族群众种的小麦磨成了面粉,藏族、蒙古族群众养的牦牛熬成了鲜汤,撒拉族群众栽的花椒、辣椒做成了调料,回族群众用双手拉出了一碗碗致富面、和谐面、幸福面。"

四是坚持我国宗教中国化方向。积极引导宗教与社会主义社会相适应,弘扬爱国爱教优良传统,促进宗教和顺、社会和谐、民族和睦,在中国式现代化进程中发挥积极作用。

（作者分别为青海民族大学副校长、青海民族大学民族学与社会学学院学生,文章刊自《中国民族报》）

后 记

今年是青海民族大学建校75周年。为了更好挖掘校史资源，赓续政治建校传统，凝聚广大校友力量，提振办学兴校的精气神，学校于2023年底决定编辑出版一部综合反映学校历史、师生风采和发展成就的文集——《桃李沐春阳——青海民族大学建校75周年纪念文集》；一部综合反映近五年来师生学习党的创新理论形成的思想认识、感悟和体会的理论文集——《琢玉成大器——青海民族大学建校75周年师生理论文集（2020—2024）》。经过半年多时间的辛苦努力，终于形成了现在的书稿。

《桃李沐春阳——青海民族大学建校75周年纪念文集》共分四个板块，收录了自2019年9月至今反映学校历史和发展的72篇文章，这些文章此前已在《青海民族大学报》刊载过。其中，第一板块收录反映学校历史及广大校友回忆母校的文章30篇，从中可以感受到学校的厚重历史及学校在师生心中的重要地位。第二板块收录了29篇深情缅怀李文实、芈一之、胡安良、桑杰等老一辈学者的文章，让我们再次领略到他们高尚的师德和丰硕的学术成就，春风化雨，至今滋养和影响着学府。第三板块收录了13篇校友事迹的文章，他们都是各行各业的翘楚，从一个侧面反映了民大学子投身新时代民族复兴伟业的动人风采。第四板块收录了"省垣艺术家进民大"主题活动29篇诗歌散文作品和30幅书画摄影作品，通过全省文学、绘画、书法、摄影等艺术家的独特视角，展示民大的历史和发展成就。

《琢玉成大器——青海民族大学建校75周年师生理论文集（2020—2024）》按照时间线索，收录了70年校庆之后，全校师生在《中国教育报》《中国民族报》《青海日报》《青海党的生活》等党报党刊发表的理论文章70篇。文章内容涵盖党的建设、思政教育、民族团结、经济建设、生态文明、法治建设、社会治理、文化研究等各个方面，是民大师生学习贯彻习近平新时代中国特色社会主义思想的认识成果，也是立足新青海建设提出的民大思考和方案，具有一定的理论意义和实践价值。

文化在传承中生生不息。党的十八大以来，我们先后编辑出版了《青海民族大学校史（1949—2019）》《高原沃土》《雪域芬芳》《西海英华》《青藏记忆》《三江追梦》《江源往事》《河湟记忆》《风从高原来》《木铎传金声》《雪域著华章》《辉煌的记忆》《奋进的足迹》等校史丛书，这些文集前后连贯，一脉相承，相得益彰，共同构成了反映青海民族大学光辉历史的精神体系、话语体系和史料体系，对于我们更好地"懂民大、爱民大、兴民大"发挥了积极的作用。如何从更高层面学习利用校史资料，提炼阐发学校精神，更好服务于学校高质量发展，是我们所期待的。但愿我们的工作对全校师生和广大校友了解研究校史和激发奋进精神有所帮助。

在编辑书稿过程中，黄世和书记、马维胜校长和马成俊副校长始终给予了高度重视、亲切关怀和具体指导，确保编辑工作有力有效有序推进。具体工作由宣传部苏中颖、邰峰、祁仁增、唐满龙、韩翠翠等同志负责，他们夜以继日，加班加点，付出了很多业余时间和精力，保证了书稿应有的质量。

与此同时，青海人民出版社梁建强同志以高度负责的敬业精神推进了出版工作。青海天和地矿印刷有限公司范更有总经理及其员工以认真负责的态度和专业的技术水平，保证了印刷质量。

对以上各位领导和同志们表示敬意和感谢。由于编者水平有限，时间紧张，书中肯定还有很多不妥之处，恳请读者指正并予以谅解。

书成之时，如释重负，深感欣慰的同时也有遗憾。近几年来，学校发展日新月异，民大故事精彩纷呈。但由于受疫情等客观因素影响，师生和校友的约稿力度还不够，很多精彩的民大故事没能及时发掘展示出来，留下了继续做好工作的巨大空间。今后，我们将继续努力，传承薪火，接续文脉，讲好新时代民大故事，让青海民族大学这棵参天大树，在新时代更加根深叶茂，郁郁葱葱，硕果累累，生机勃发。

阿进录

2024 年 6 月